高职高专智慧物流与供应链岗课赛证系列教材
“基于中高本一体化人才培养模式的课程内容体系构建及新形态教材开发”
课题研究成果

# 物流成本与绩效管理

主　编　姜大立　王　科　朱光福
副主编　张　旭　武超茹　田向果　杜娇娇

中国财富出版社有限公司

**图书在版编目（CIP）数据**

物流成本与绩效管理 / 姜大立，王科，朱光福主编．—北京：中国财富出版社有限公司，2024.5（2025.7 重印）

ISBN 978－7－5047－8164－2

Ⅰ.①物…　Ⅱ.①姜…②王…③朱…　Ⅲ.①物流管理—成本管理—高等职业教育—教材②物资企业—企业绩效—企业管理—高等职业教育—教材　Ⅳ.①F253

中国国家版本馆 CIP 数据核字（2024）第 101117 号

| | | | | | |
|---|---|---|---|---|---|
| **策划编辑** | 雷晓玲 | **责任编辑** | 雷晓玲 | **版权编辑** | 李　洋 |
| **责任印制** | 尚立业 | **责任校对** | 杨小静 | **责任发行** | 敬　东 |

| | | | |
|---|---|---|---|
| **出版发行** | 中国财富出版社有限公司 | | |
| **社　址** | 北京市丰台区南四环西路 188 号 5 区 20 楼 | **邮政编码** | 100070 |
| **电　话** | 010－52227588 转 2098（发行部） | | 010－52227588 转 321（总编室） |
| | 010－52227566（24 小时读者服务） | | 010－52227588 转 305（质检部） |
| **网　址** | http://www.cfpress.com.cn | **排　版** | 义春秋 |
| **经　销** | 新华书店 | **印　刷** | 北京九州迅驰传媒文化有限公司 |
| **书　号** | ISBN 978－7－5047－8164－2/F・3665 | | |
| **开　本** | 787mm×1092mm　1/16 | **版　次** | 2024 年 7 月第 1 版 |
| **印　张** | 14.5 | **印　次** | 2025 年 7 月第 2 次印刷 |
| **字　数** | 326 千字 | **定　价** | 49.80 元 |

# 前言
PREFACE

随着全球经济的不断发展，现代物流已成为先导性、基础性、战略性产业，是延伸产业链、提升价值链、打造供应链的重要支撑，也是新质生产力中新服务的核心组成部分。物流成本控制与绩效管理能力则是现代物流能否高质量发展、新质生产力能否有效形成、产业链供应链能否安全稳定的关键。党的二十大报告指出："培养什么人、怎样培养人、为谁培养人是教育的根本问题。"为此，必须大力培养具备物流成本与绩效管理技能的现代物流专门人才，为我国经济良好发展打下坚实基础。基于此，编者以《关于深化现代职业教育体系建设改革的意见》等我国新阶段职业教育改革文件精神为引领，以最新版高职高专物流类专业教学标准、最新国家标准《企业物流成本构成与计算》等为准绳，以物流业人才需求为牵引，以知识、能力、课程思政为目标，依托相关院校多年教学与科研经验，编写成此书。

本书共分6个项目，每个项目的知识点都融合有国家职业技能证书和职业技能大赛的相关知识点，同时配有相关测评题和专业技能实训，以求为广大教师和学生提供贴近岗位实际需求、贴近书证融通及竞赛需求、面向未来发展的物流成本与绩效管理知识和技能。项目一对物流成本管理的相关概念、成本构成、影响因素、性态分析等进行了介绍，进行做好成本管理的专业技能实训；项目二对物流成本核算的作用、相关程序和方式、作业成本法的计算步骤进行了介绍，进行作业成本法应用的专业技能实训；项目三对物流成本核算科目、物流成本核算账户、物流成本主表的结构及编制方法、企业自营物流成本支付形态表的结构及编制方法等进行了介绍，进行填报企业物流成本表的专业技能实训；项目四对物流成本控制的概念及程序、相关成本控制方法的含义、目标成本法的实施步骤、标准成本法的核算程序等进行了介绍，进行核算和分析企业物流成本差异的专业技能实训；项目五对物流成本分析的内容和程序、物流成本效率与效益分析的含义及指标、常见物流成本分析方法与程序进行了介绍，进行企业物流成本分析的专业技能实训；项目六对物流成本绩效评价的指标和方法进行了介绍，介绍了平衡计分卡、关键绩效指标法、层次分析法等，介绍了物流成本绩效分析程序，并进行改进企业物流绩效的专业技能实训。

本书由重庆商务职业学院、重庆交通职业学院、重庆城市管理职业学院联合编写而成，是上述院校物流成本与绩效管理教学及科研成果的总结和提炼。姜大立、王科、朱光福担任本书的主编，张旭、武超茹、田向果和杜娇娇担任本书的副主编，具体撰写分工为：项目一（武超茹），项目二（王科、姜大立），项目三（朱光福），项目四（田向果），项目五（ 杜娇娇），项目六（张旭、姜大立）。附录由朱光福提供，全书由姜大立、张旭统稿。

2024 年 4 月 16 日，由中国财富出版社有限公司参与申报的课题“基于中高本一体化人才培养模式的课程内容体系构建及新形态教材开发”经中国物流学会、教育部高等学校物流管理与工程类专业教学指导委员会、全国物流职业教育教学指导委员会组织的专家评审并进行综合评议，立项通过。为深入推进课题研究，在编写本书的过程中，编者与课题组成员进行对接，就如何进行中高本衔接，确保学生在不同阶段的学习中能够顺利过渡，减少知识断层和重复学习的情况，对实现教育的连贯性和整体性进行了深入的探讨，并以新形态教材的出版形成课题研究成果。

在编写本书的过程中参考了大量的文献资料，作者已尽可能在参考文献中列出，在此对这些文献作者表示真诚的感谢。同时由于记述和追溯的不便，也可能有疏漏之处，请相关作者与我们联系，在此表示谢意。

因为编者水平有限，本书仍存在有待改进的地方，望广大读者批评指正。

**编　者**

# 目录
CONTENTS

01 PROJ

项目一

# 物流成本管理概述

◎知识目标

- 了解物流成本管理相关职位的工作职责与工作价值；
- 掌握物流成本的含义、特征及影响因素；
- 掌握物流成本的分类及构成；
- 了解物流成本管理的内容和方法；
- 掌握各项物流成本功能、成本构成及性态分类。

※能力目标

- 能进行运输成本的构成与影响因素分析；
- 能进行仓储成本的构成与影响因素分析；
- 能进行包装、装卸搬运等的成本构成与影响因素分析；
- 能对隐性成本进行分析；
- 能运用正确的物流成本管理观念服务于物流作业。

◎思政目标

- 具备抽象思维及透过现象把握本质的能力；
- 能理论联系实际并运用所学理论解决实际问题；
- 能通过课程学习，树立起在奉献中实现人生价值的正确人生价值观，增强全心全意为人民服务的意识，能自觉为社会创造价值，在劳动和奉献中实现人生价值；
- 能够树立正确的物流成本管理观念。

## 知识图谱

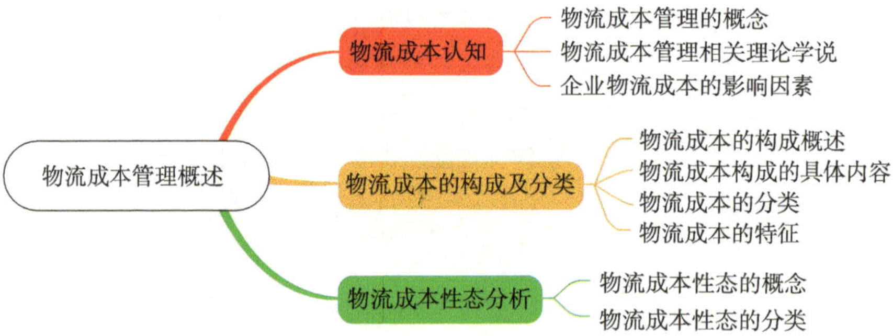

物流成本管理概述
物流成本认知
物流成本管理的概念
物流成本管理相关理论学说
企业物流成本的影响因素
物流成本的构成及分类
物流成本的构成概述
物流成本构成的具体内容
物流成本的分类
物流成本的特征
物流成本性态分析
物流成本性态的概念
物流成本性态的分类

## 岗位分析

### 岗位：物流成本管理员

**岗位职责：**确定项目的目标成本；确定部门的工作目标及工作计划；定期检查成本控制目标的执行情况；制定有效的成本控制方法；负责监督和落实部门的工作计划；组织制定成本管理的有关规范；组织对成本管理规范的有关培训工作；负责公司成本管理制度的制定。

**典型工作任务：**物流台账管理；客户关系管理；账单输出核对；应收款进度跟催。

**职业素质：**责任意识、服务意识、效率意识、成本管理意识、法律意识。

**职业能力：**能够掌握成本控制方法；能够根据物流业务编制物流台账。

**可持续发展能力：**能够进行客户账务管理；具备全局协调能力。

## 项目导读

### 一家饺子馆的物流成本管理实务

三年前，H经理在某地开了家饺子馆，如今生意还算火爆。不少周围的小区住户常来光顾小店，有些老顾客一次能吃半斤饺子。H经理说："别看现在生意还不错，开业这一段时间，让我头疼的就是每天怎么进货，很多利润被物流吃掉了。"

最初，卖出10个饺子，定价为5元，直接成本为饺子馅、饺子皮、调料和燃料，每个饺子成本大约0.2元。虽然存在价差空间，可是H经理的小店总是赚不了钱，原因在于每天都有大量剩余原料，这些采购的原料不能隔天使用，算上人工、水电、房租等经营成本，每个饺子的成本都接近4角了。

H经理感慨，如果一天卖出1 000个饺子，同时剩余500个饺子的原料，相当于亏损了100元左右，每个饺子的物流成本最高时为0.1元，加上当时粮食涨价，因此利润越来越薄。

成本控制的关键在于控制数量，准确供货。其实做饺子的数量很难掌握。做少了吧，顾客来买的时候易缺货，也等不及现做，眼看着要到手的钱飞走了；做多了吧，就要剩下。

从理论上说，一般有两种供应方式：一种是每天定量供应，一般早上10：00开始，晚上9：00结束，这样可能会损失客流量；另外一种是根据历史做大概预测。时间序列是个重要因素，对于面粉等保质期较长的产品，一般做周预测，周末进行订货、补货，每天的饺子馅采取每日预测的方法，然后根据物料清单进行采购，一日采购两次，下午可以根据上午的消耗进行补货，晚上采购第二天需要的原料。根据以往的经验做预测，面粉每天的用量比较大，因为不管包什么馅儿都得用面粉，所以这部分的需求量相对比较固定。

后来H经理又开了两家连锁店，原料供货就更需统筹安排了。饺子馅的原料要根据头天用量进行预测，然后根据原料清单进行采购。一日采购两次，下午会根据上午的消耗进行补货，晚上采购第二天需要的原料。

麻雀虽小，五脏俱全。一个饺子馆的物流管理同样容不得差错。H经理咨询了一些物流专家，这是波动的需求和有限的生产能力之间的冲突。在大企业里，他们通常会提高生产柔性去适应瞬息万变的市场需求。

可是对于经营规模有限的小店来说，要做到这点太难。所以有些人建议想办法调整顾客的需求以配合有限的生产能力，即平衡物流。比如用餐高峰期大概在每天12：00—13：00和19：00—20：00这两个时段，H经理就选择在11：00—11：45和18：00—18：45推出9折优惠计划，吸引了部分对价格比较敏感的顾客，有效分散了需求。

如果碰到需求波动比较大的情况，也就是说某一种饺子的需求量非常大的时候，比如客户要的白菜馅儿饺子没有了，H经理就要求店员推销牛肉馅儿或者羊肉馅儿的饺子，同时改进店面环境，安上空调，提供杂志和报纸，使顾客在店里的平均等待时间从5分钟延长到10分钟。

三年的水饺生意下来，每个饺子最初大约分摊0.1元的物流成本，去年降至0.05元，而今年成本就更低了。由于做饺子的时间长了，需求的种类和数量相对固定下来，每个饺子的物流成本得到有效控制。

案例点评：

任何生产系统都是为了适应社会对某种产品的需求而形成的。也就是说，向社会提供一定的产品是生产系统存在的必要条件。生产系统为了制造产品，必须占据一定的生产空间，有一定数量的生产设备、人员，有一定的运行方式以及特定的管理模式。产品从材料采购到生产再到供应，不但包括积极的物流支持，而且需要积极的物料需求的计算预测和控制，即物料管理。

一般地，任何一个企业都可以看作将原材料转化为产品的系统。在这个系统中，生产产品所需的各种资源是关键的部分，如机器、工人、厂房和其他固定资产等。按照通常的假设，在设计一个企业时，可以尽量使生产过程中各阶段的生产能力协调一致，即达到能力的平衡。而物料管理涉及原材料、在制品库存、产成品从初始点到消费点的高效流动。这是物流管理过程中的一个必不可少的环节。低下的物料管理水平可能导致缺货现象，使客户寻找替代品或到竞争厂商处购买，在医疗等服务业中，缺乏所需物料可能使检查或关键治疗拖延，甚至威胁到患者的生命。

物料管理通常由以下4项基本活动组成：

①预测物料需求；

②寻找货源和获得物料；

③把物料引入组织中；

④把物料作为现有资产，监控其状态。

物料管理负责人（物料经理）的职能包括：采购，原材料和产成品库存控制，接收货物，仓储、生产进度安排以及运输。

合理规划物流可以有效降低成本，这已成为公认的事实。物料管理是其中的关键，很多系统的开发都是以它为中心的。

从一个饺子馆的物流管理上，我们看到物流不仅仅是大企业才需要考虑的事情，所有商家都能从一条顺畅、廉价的物流链条中获利。特别是在现今各种物流要素涨价的压力下，商家必须寻找快捷路径，合理调配运力和控制进货数量，努力降低物流成本，提高物流效率。

# 任务一　物流成本认知

## 任务描述

广顺物流有限公司是一家综合型物流公司，主要承揽仓储、运输业务。目前该公司正在进行成本核算体系的改革，首要问题就是明确物流成本核算范围，而该公司很多与物流相关的费用都包含在“管理费用”和“销售费用”中，一时间很难确定哪些属于物流成本，哪些属于非物流成本。财务部经理把这项任务交给了小张，小张拿到了三月份的部分成本费用资料，具体情况如下：

本月折旧费用共200 000元，其中，仓库及储存设备折旧费用为90 000元，运输车辆折旧费用为60 000元，仓库各种装卸搬运设备折旧费用为40 000元，行政办公设备折旧费用为10 000元。

本月水电费为10 000元，其中，仓库水电费为7 000元，车队管理处水电费为2 000元，行政部门水电费为1 000元。

本月燃料动力费共232 000元，其中，运输车辆消耗燃料动力费为200 000元，装卸搬运设备消耗燃料动力费为12 000元，流通加工设备消耗燃料动力费为15 000元，行政部门消耗燃料动力费为5 000元。

本月材料费共47 000元，其中流通加工消耗材料费为30 000元，包装过程消耗材料费为10 000元，运输过程消耗材料费为5 000元，行政部门消耗材料费为2 000元。

各类人员的工资及福利费共600 000元，其中运输业务相关人员的工资及福利费为300 000元，仓储业务相关人员的工资及福利费为200 000元，行政部门人员的工资及福利费为100 000元。

小张认为，首先要确定物流成本的含义、构成及特征，于是他翻阅了一些资料，进行了合理的分析，为正确区分物流成本和非物流成本做了充分的准备。

## 知识链接

### ✣ 知识点1：物流成本管理的概念

物流成本是指伴随企业的物流活动而发生的各种费用，是物流活动中所消耗的物化劳动和活劳动的货币表现，是物品在实体流动过程中，如运输、仓储、装卸搬运、包装、流通加工、配送、物流信息处理等各个环节支出的人力、财力、物力的总和。

物流成本有广义和狭义之分。狭义的物流成本仅指由于物品移动而产生的运输费、包装费、装卸费等。广义的物流成本是指在生产、流通、消费全过程中，因物品实体与价值变化而发生的全部费用。它具体包括了从生产企业内部原材料的采购、供应开始，经过生产制造中的半成品、产成品的仓储、搬运、装卸、包装、运输，到在消费领域发生的验收、分类、仓储、配送、废品回收等环节发生的所有成本。

✣ **知识点 2：物流成本管理相关理论学说**

1. “黑大陆”学说

著名的管理学权威学者德鲁克曾经讲过：“流通是经济领域里的黑暗大陆”。这里所指的流通涵盖了广泛的范畴，但是由于流通领域中物流活动的模糊性尤其突出，更是人们认识不清的领域，所以，“黑大陆”这一表述现在被用来特指物流领域。

所谓物流的“黑大陆”，是指物流是一块未被发掘的“大陆”，这一学说充分体现了物流领域的可开发潜力。

财务会计中涉及物流的部分极少，所以在很长的时间内，人们并没有注意到物流成本这一领域，物流成本项目如何划分，如何科学地核算，都没有现成成熟的机制。

2. 物流冰山理论

物流冰山理论是由日本早稻田大学的西泽修教授提出来的。在研究物流成本时，他发现现行的财务会计制度和会计核算方法都不可能准确掌握物流费用的实际情况，因而人们对物流费用的了解往往是不全面的，甚至存在很大的误差，他把这种情况比作“物流冰山”：就像冰山只有一小部分露出了海面，更大的部分则隐藏在海面之下一样，物流成本也有类似的特征。

人们有意识地加以核算的都是些外付的费用，它们占据物流总成本很小的部分。而企业内部的物流成本被忽略了或者在其他部门进行统计，并没有一个完整的物流成本体系单独对它们进行核算。传统的会计方法不能满足物流一体化的要求。物流活动及相关费用常常是跨部门发生的，传统会计将各种物流活动费用与其他活动费用混在一起，归集为诸如工资、租金、折旧等形态，这种归集方法不能确认各项活动的财务责任。在传统会计中，外付的运费和储存费不过是冰山一角，大量的物流成本混杂在企业其他费用中，如不把这些费用核算清楚，就很难了解物流费用的全貌。但是如果把所有的物流成本细节都单独列出来就势必会破坏现在的会计体系。因此，需要进行单独核算和管理的是那些对物流工作有影响的数据。

目前，各企业计算物流成本的方法和范围也不尽相同，因此无法与其他企业进行比较，也很难计算行业的平均成本。大部分隐藏在水面以下的是我们看不到的黑色区域，而我们看到的不过是物流成本的一小部分。

3. 物流“第三利润源”学说

“第三利润源”这一说法起源于日本。从历史发展角度来看，人类历史上曾经有过两个大量提供利润的领域。第一个利润源是资源领域，它通过提高生产量、扩大生产规模和降低生产成本以获取更多利润，着重于开发劳动对象。

第二个利润源是人力领域，它通过提高劳动生产力和降低单位产品的劳动消耗来实现单位产品的盈利增加，着重于开发劳动力。

随着前两个利润源潜力越来越小，利润开拓越来越困难，物流领域的潜力开始受到重视，被称为“第三利润源”，该领域通过降低产品流通费用，以获得比竞争对手更低的成本。

4. 物流效益背反说

物流效益背反是物流领域中很普遍的现象，是这一领域中内部矛盾的反映。例如，在包装方面，每少花一分钱，这一分钱就必然转到收益上来，包装费用越省，利润则越高。但是，一旦商品进入流通环节，简单节约的包装可能降低产品的防护效果，造成储存、装卸、运输等环节效率下降，进而导致成本增加。

物流成本和服务水平之间存在效益背反的关系。一般来说，物流服务水平上升，物流成本也会增加，但是它们之间的关系不是线性的，增加同样的物流成本所带来的边际效益是递减的。

物流各种活动之间也存在效益背反现象。物流的各项活动处在一种动态的平衡之中，达到某一项活动的目的总是以另外一项或几项活动效益减少为代价。正是因为这种效益背反现象，企业要从整体上设计物流系统，追求整体的成本降低。例如，制造企业把运输、仓储外包给专业物流公司来做，虽然外付的运输、仓储费用增加了，但是从企业内部来看，降低了相应的管理费用、人工费用，总体的成本是下降的。

5. 其他学说

（1）成本中心说

成本中心说的含义是在整体企业战略中，物流只对企业营销活动的成本产生影响，物流是企业成本的重要的产生点，因此，解决物流的问题并不主要是为了实现合理化、现代化，也不主要是为了支持保障其他活动，更重要的是通过物流管理和一系列的物流活动降低成本。所以，成本中心既是指主要成本的产生点，又是指降低成本的关注点，物流是“降低成本的宝库”等说法正是这种认识的形象表述。

（2）利润中心说

利润中心说的含义是物流可以为企业提供大量直接和间接的利润，是创造企业利润的主要活动之一。非但如此，对国民经济而言，物流也是国民经济中创造利润的主要活动之一。

（3）服务中心说

服务中心说代表了美国和欧洲等一些国家和地区的学者对物流的认识，这种观点认为，物流活动最大的作用，并不在于为企业节约消耗、降低成本或增加利润，而在于提高企业对用户的服务水平，进而增强企业的竞争力。因此，他们在描述物流时选择了“后勤”一词，特别强调其服务保障的职能。通过物流的服务保障，企业以其整体能力来压缩成本并增加利润。

（4）战略说

战略说是当前非常流行的观点，实际上学术界和产业界越来越多的人开始认识到，物流具有较高的战略性，是企业发展的战略，而不是一项具体操作性任务。应该说这种观点把物流放在了很高的位置。

**✣ 知识点3：企业物流成本的影响因素**

1. 竞争性因素

1）订货周期

企业物流系统的高效必然可以缩短企业的订货周期，降低客户的库存，从而降低客户的库存成本，提高企业的客户服务水平和企业的竞争力。

2）库存管理

无论是生产企业还是流通企业，都应对库存进行控制，严格控制进货数量、次数和品种，减少资金占用、贷款利息支出，降低库存、保管、维护成本。另外，良好的物品保管、维护、发放制度，可以减少物品的损耗、霉烂、丢失等事故，从而降低物流成本。相反，若在保管过程中，物品损耗、霉烂、丢失等时有发生，物流成本必然增加。

3）运输

不同的运输工具和方式，其成本不同，运输能力也不一样。在选择运输工具和方式时，一方面要考虑所运货物的体积、重量及客户的要求；另一方面要考虑企业对某种物品的需求程度及工艺要求。因此，在选择运输工具和方式时，要兼顾多方面因素，既要保证生产和销售的需要，又要力求物流成本最低。

2. 产品因素

1）产品价值

一般来说，产品的价值越大，对其所使用的运输工具的要求越高，仓储和库存成本也随着产品价值的增加而增加。

2）产品密度

产品密度越大，相同运输单位所装的货物越多，运输成本就越低。同理，仓库中一定空间存放的货物也越多，库存成本就会降低。

3）产品废品率

影响物流成本的一个重要方面是产品的质量，即产品废品率。生产高质量的产品可以减少因次品、废品等回收、退货而发生的各种物流成本。

4）易损性

物品的易损性对物流成本的影响是显著的，易损物品对物流各环节（如运输、包装、仓储等）都提出了更高的要求。

3. 空间要素

空间要素是指物流系统中关于制造中心或仓库相对于目标市场或供应点的位置因素。若企业距离目标市场太远，则必然会增加运输成本及包装成本等；若在目标市场建立或租用仓库，可能会减少运输成本，但会增加库存成本。另外，进货方向也会影响企业货物运输距离及运输成本。因此，空间因素对物流成本的影响也较大。

4. 管理因素

管理成本与生产和流通没有直接的数量依存关系，但也影响着物流成本的大小，节约办公费、水电费、差旅费等管理成本可以相应地降低物流成本的总体水平。另外，企业利用贷款开展物流活动，必然要支付一定的利息；如果是自有资金，则存在机会成本问题。资金利用率也会影响物流成本的高低。

## 任务实施

阅读任务描述内容，回答以下问题。

1. 广顺物流有限公司物流成本包括哪些内容？

______________________________

______________________________

______________________________

2. 分析广顺物流有限公司物流成本居高不下的原因。

______________________________

______________________________

______________________________

3. 简述降低广顺物流有限公司物流成本的对策。

______________________________

______________________________

______________________________

## 任务评价

在完成上述任务后，教师组织三方评价，并对学生任务执行情况进行点评。学生完成考核评价表（见表 1-1）的填写。

表 1-1　　考核评价表

<table>
<tr><td>班级</td><td colspan="2"></td><td>团队名称</td><td colspan="4"></td></tr>
<tr><td>团队成员</td><td colspan="7"></td></tr>
<tr><td colspan="2">考核项目</td><td>要求</td><td>分值</td><td>学生自评（30%）</td><td>团队互评（30%）</td><td>教师评定（40%）</td></tr>
<tr><td rowspan="3">知识能力</td><td>物流成本内容要点分析</td><td>分析正确</td><td>20 分</td><td></td><td></td><td></td></tr>
<tr><td>分析导致物流成本较高的原因</td><td>分析合理</td><td>20 分</td><td></td><td></td><td></td></tr>
<tr><td>降低物流成本措施的要点分析</td><td>分析合理</td><td>30 分</td><td></td><td></td><td></td></tr>
<tr><td rowspan="3">职业素养</td><td>团队协作精神</td><td>相互协作、相互帮助</td><td>10 分</td><td></td><td></td><td></td></tr>
<tr><td>工作态度</td><td>严谨认真</td><td>10 分</td><td></td><td></td><td></td></tr>
<tr><td>沟通表达能力</td><td>用词准确、表述流畅</td><td>10 分</td><td></td><td></td><td></td></tr>
<tr><td colspan="3">合计</td><td>100 分</td><td></td><td></td><td></td></tr>
</table>

## 牛刀小试

**一、单选题**

1.（　　）认为，由于流通领域中物流活动的模糊性尤其突出，是人们更认识不清的领域。

A. “黑大陆”学说　　B. “第三利润源”学说

C. 物流冰山理论　　D. 利润中心说

2. 根据“物流成本冰山”说，露在水面之上的部分是（　　）。

A. 企业内部消耗的物流费　　B. 制造费用

C. 委托的物流费用　　D. 自家物流费

**二、多选题**

1. 影响企业物流成本的产品因素有（　　）。

A. 产品密度　　B. 产品价值　　C. 产品库存　　D. 产品废品率

2. 影响企业物流成本的竞争性因素有（　　）。

A. 订货周期　　B. 产品价值　　C. 运输　　D. 库存管理

三、简答题

1. 举例说明物流成本的效益背反现象。

2. 企业物流成本的影响因素有哪些?

四、案例分析题

### 物流成本节省50%! 这家独立站如何成功实现降本增效

"旺季越忙问题越多，客户有时候需要30天甚至40天才能收到货物，换成SHOPLINE物流给我们推荐的美国专线小包之后，物流时间缩短了将近一半! 客户的体验提升了很多。"在运营独立站取得阶段性成功之后，东莞市博扬电子科技有限公司（以下简称博扬电子）开始集中发力提升客户体验，而在这其中，首先要解决的就是物流时效问题。

及时运输、及时清关、及时派送，想要提升物流时效，需要克服这三大挑战。究竟怎么才能在充分保障时效、快速清关的同时不带来额外的物流成本呢? 带着解决问题的决心，博扬电子找到了SHOPLINE物流，并借助其产品及服务优势，节省了50%的物流成本，在提升客户购物体验的同时成功实现了物流的降本增效。

旺季总是让人又爱又恨，一方面旺季为卖家带来了暴涨几倍的营业额，另一方面，旺季的物流时效问题却总是困扰着卖家。

博扬电子在旺季就遇到过这样的问题，原先的服务商航空资源有限，舱位不够，不仅没有及时通知，还正常对外收货，导致其大量的货物没有及时被处理，库存积压，原本20天左右的发货时效也被延长到30天甚至40天，严重影响了客户体验。

带着想要为客户提供更加优质的物流体验的初衷，博扬电子找到SHOPLINE物流，开始体验SHOPLINE物流与全球著名航空公司（如南方航空、国泰航空、东方航空）签有固定板位协议的欧美专线。

在与SHOPLINE物流签约之后，即使是在空运资源紧张的旺季，博扬电子发往国外市场的产品也可以享受头程运输的固定板位，不用再像之前一样被迫排舱，更不用担心货物被随意改排期；原本20天左右的物流时效更是大幅缩短到15天左右，博扬电子想要为客户提供更快速的物流的初衷也得以实现。

为了向客户提供更快捷的物流服务，卖家往往要承担更高的成本，而在运输阶段，包装对物流成本的影响至关重要，甚至有时候会给卖家带来许多不必要的成本支出。

"之前我们走的都是计泡渠道，这样下来如果要出3 000票左右的玩具产品，我们额外的成本真不少。"

所谓"计泡"，是指物流公司一般会使用激光设备扫描包装，以估算重量（通过包装尺寸来推算物品重量），有些货物如果计泡，价格会与实际按照重量（称重所得）计费存在差异。

博扬电子找到SHOPLINE物流的专业服务团队，咨询是否有办法在保证客户收货体验的同时，省下这笔不必要的开支。该团队专门为其寻找了一条免泡渠道的美国路线，3 000票库存商品改用免泡渠道后，寄件重量下降了52%~71%。就这样，通过改变发货渠道，博扬电子在节省了近一半的物流成本的同时还保证了客户的购物体验。

同样的事情已经不是第一次发生了，此前SHOPLINE物流的专业服务团队也帮助过另一位主攻日本市场的卖家，为他解决了计泡成本过高的问题。

随着平台限制增多，越来越多的卖家匆忙走上了运营精品独立站的道路，想要开发“第二增长曲线”。只是因为缺乏专业的独立站运营知识和能力，以及可靠的物流服务商，许多卖家只能铩羽而归。

如果你跟博扬电子一样面临物流时效、成本、清关效率等方面的难题，那就要找一个可靠的物流服务商。

讨论：SHOPLINE物流是如何帮助博扬电子降低物流成本的？

# 任务二　物流成本的构成及分类

## 任务描述

1. 基本情况

布鲁克林酿酒厂在美国分销布鲁克林拉格和布郎淡色啤酒，并且已经经营了 3 年。虽然在美国还没有成为全国性品牌，但在日本市场却已创建了一个每年 200 万美元的市场份额。

Taiyo 资源有限公司是 Taiyo 石油公司的国际附属企业。在这个公司的 Keiji Miyamoto 访问布鲁克林酿酒厂之前，该酿酒厂还没有将其啤酒出口到日本的计划。Keiji Miyamoto 认为，日本消费者会喜欢这种啤酒，并说服布鲁克林酿酒厂与 Hiroyo 贸易公司会面，讨论在日本的营销业务。Hiroyo 贸易公司建议布鲁克林酿酒厂将啤酒空运到日本，并通过广告宣传其啤酒具有独一无二的新鲜度。这是一个营销战略，也是一种物流作业，因为高成本使目前还没有其他酿酒厂通过航空这一渠道将啤酒出口到日本。

2. 物流成本管理

（1）布鲁克林酿酒厂运输成本的控制。布鲁克林酿酒厂于 1987 年 11 月装运了它的第一箱布鲁克林拉格啤酒到达日本，并在最初的几个月里使用了各种航空承运人。最后，日本金刚砂航空公司被选为布鲁克林酿酒厂唯一的航空承运人。金刚砂航空公司之所以被选中，是因为它向布鲁克林酿酒厂提供了增值服务。金刚砂航空公司在其肯尼迪国际机场的终点站接收啤酒，并在飞往东京的商业航班上安排运输，金刚砂航空公司通过其日本报关行办理清关手续。这些服务有助于保证产品完全符合新鲜度要求。

（2）布鲁克林酿酒厂物流时间与价格的控制。啤酒之所以能达到新鲜度要求，是因为这样的物流作业可以帮助企业在啤酒酿造后的 1 周内将啤酒从酿酒厂直接送至顾客手中，而海外装运啤酒的平均订货周期为 40 天。因此，这种新鲜度啤酒的定价能够超过一般定价水平，是海运装运啤酒价格的 5 倍。虽然布鲁克林拉格啤酒在美国是一种平均价位的啤酒，但在日本，它是一种溢价产品，获得了极高的利润。

（3）布鲁克林酿酒厂包装成本的控制。布鲁克林酿酒厂通过装运小桶装啤酒而不是瓶装啤酒来降低运输成本。虽然小桶重量与瓶装啤酒相等，但降低了玻璃破碎而使啤酒损毁的风险。此外，小桶啤酒对保护性包装的要求也比较低，这将进一步降低装运成本。

3. 物流成本管理的成效

布鲁克林拉格啤酒的高价并没有阻碍啤酒在日本的销售。1988 年，布鲁克林酿酒厂取得了 50 万美元的销售额。1989 年销售额增加到 100 万美元，而 1990 年则为 130 万美元，占布鲁克林酿酒厂总销售额的10%。

4. 案例分析

美国布鲁克林啤酒厂的物流成本管理具有以下特点。

(1) 物流成本管理目标明确。该企业针对向日本的啤酒出口业务进行总成本管理，在物流成本方面形成了明确的目标，在保证啤酒新鲜度的前提下，实现物流总成本的优化，从而提升企业产品在日本市场的竞争力。

(2) 进行物流成本的分类控制。对于企业而言，物流成本可能是由多个方面的成本构成的。要有效地降低物流成本，就要认真分析物流成本结构，并针对不同情况采取不同的控制方法。该企业把物流总成本分解为运输成本、时间成本和包装成本等，分别采取控制方法，实现了预期目标。

(3) 把物流成本管理与企业营销管理和市场拓展战略有机地结合起来，建立和完善一个物流成本管理的标准系统和控制体系。

5. 案例启示

该案例表明，任何企业都可以把物流成本管理纳入企业生产经营过程来进行战略性统筹。企业的市场竞争力包含了对物流成本的重新确认和有效控制。同时，物流成本管理需要有明确的目标，采用分类控制的方法，并能在整个供应链体系中进行整合。同时，也应认识到，物流成本的管理必须进行创新和发展。

## 知识链接

**✣ 知识点1：物流成本的构成概述（考证必备知识点）**

物流成本涵盖了生产、流通、消费全过程的物品实体与价值变化而发生的全部费用。具体来讲，物流成本包括物流活动中的物资消耗、物资在物流活动中发生的合理耗损、企业为了开展物流活动的人力成本、用于保证物流系统运作顺畅的资金成本、研究设计重建与优化物流过程的费用、物流活动中发生的其他费用等。从我国的财务管理过程来看，由于处于社会再生产的不同领域，物流成本在具体核算时是分为流通企业物流成本和生产企业物流成本分别进行核算的。

1. 流通企业物流成本构成

流通企业物流成本是指在组织物品的购进、运输、仓储、销售等一系列活动中所消耗的人力、物力、财力的货币表现，包括人工费用、营运费用、财务费用及其他费用。

2. 生产企业物流成本构成

生产企业的物流成本一般包括以下内容：

①人工费用，包括供应、仓储、搬运和销售环节的职工工资、奖金、津贴以及福利费等。

②生产材料的采购费用，包括运杂费、保险费、合理损耗成本等。

③产品销售费用，包括广告费、运输费、展览推销费、信息费等。

④仓储保管费，包括仓库维护费、搬运费等。

⑤设备费用，包括有关设备和仓库的折旧费、维修费、保养费等。

⑥营运费用，包括能源消耗费、物料消耗费、折旧费、办公费、差旅费、保险费、劳动保护费等。

⑦财务费用，如仓储物资占用的资金利息等。

⑧回收费用，如回收废品发生的物流成本等。

**✣ 知识点 2：物流成本构成的具体内容**

现代物流成本的范围很广，贯穿于企业经营活动的全过程，包括从原材料供应开始到将商品送到消费者手中所发生的全部物流费用。物流成本按不同的标准有不同的分类。物流成本按物流功能进行分类，可以分为以下几类。

1. 运输成本

运输过程是物流企业经营活动的中心环节。运输活动不创造实物产品，而是提供运输劳务，使物资发生位移。对物流运输成本进行管理与核算时，必须确定物流成本核算项目，做好成本核算的各项基础工作。

1）运输的方式

①公路运输：使用汽车在道路上进行货物运输的一种方式。

②铁路运输：使用铁路列车运送货物的一种运输方式。其运输成本通常低于公路运输成本。

③水路运输：使用船舶运送货物的一种运输方式。其运输成本通常低于其他运输方式的成本。

④航空运输：使用飞机或其他航空器进行运输的一种方式。航空运输的成本较高。

⑤管道运输：利用管道输送气体、液体和粉状固体的一种运输方式。

2）运输成本项目

根据《企业会计准则》的规定，结合运输生产耗费的实际情况，运输成本项目可划分为直接人工费用、直接材料费用、其他直接费用、营运间接费用四个基本部分。

（1）直接人工费用

直接人工费用是指支付给营运车辆司机和助手的工资，包括司机和助手随车参加本人所驾车辆保养和修理作业期间的工资、工资性津贴、生产性奖金，以及按比例计提的职工福利费。

（2）直接材料费用

直接材料费用是指直接材料耗用产生的费用。物流运输过程的直接材料包括燃料和轮胎。

燃料，指营运车辆运行过程所耗用的各种燃料，如营运过程耗用的汽油、柴油等燃料（自动倾卸车卸车时所耗用的燃料也包括在内）。

轮胎，指营运车辆所耗用的外胎、内胎、垫带等。轮胎耗用费用也包括轮胎翻新费和零星修补费用等。

（3）其他直接费用

①保养修理费，指营运车辆进行各级保养及各种修理所发生的料工费（包括大修理费用计提额）、修复旧件费用和行车耗用的机油、齿轮油费用等。采用总成互换保修法的企业，保修部门领用的周转总成、卸下总成的价值及卸下总成的修理费也包括在内。

②折旧费，指按规定计提的营运车辆折旧费。

③养路费，指按规定向公路管理部门缴纳的营运车辆养路费。

④其他费用，指不属于以上各项目的与营运车辆运行直接有关的费用，包括车管费（指按规定向运输管理部门缴纳的营运车辆管理费）、行车事故损失（指营运车辆在运行过程中，因行车事故发生的损失，但不包括非行车事故发生的货物损耗及由于不可抗力造成的损失）、车辆牌照和检验费、保险费、车船使用税、洗车费、过桥费、轮渡费、司机途中住宿费、行车杂费等。

（4）营运间接费用

营运间接费用是指车队、车站、车场等基层营运单位为组织与管理营运过程所发生的应由各类成本负担的管理费用和营业费用，包括工资、职工福利费、劳动保护费、取暖费、水电费、办公费、差旅费、修理费、保险费、设计制图费、试验检验费等。

3）运输成本核算的基础工作

运输成本是表明企业经营管理工作质量的一项重要的综合性指标，在很大程度上反映企业生产经营活动的经济成果。运输成本管理的目的，是要通过对成本的核算、分析和考核，挖掘企业内部降低成本的潜力，寻找降低成本的途径和方法，以降低生产费用和一切非生产性消耗，增加盈利。为此，必须加强成本管理，做好成本核算的各项基础工作。

（1）加强运输成本管理的基础工作

企业各职能部门必须在经理、财会部门的领导下，认真做好成本管理的基础工作。

企业要建立健全货物招揽业务记录，运输生产记录，车辆维修作业记录，车辆、设备使用记录，财产物资变动记录和管理信息记录等原始记录。

对于各种原材料、燃料、轮胎、工具和各级维修作业等，企业应根据市场行情，制订计划价格，定期调整价格差异，保证成本核算的真实性。

对各种原材料、燃料、工具、工时、物资储备、资金占用、费用等制定出平均先进定额，并根据企业生产技术水平和管理水平的提高，生产环境的改善，定期或不定期地进行修订。

一切物资的进出都要经过计量、验收，计量仪表要配备齐全，并定期校正和维修，保证计量的准确性和可靠性。

企业的财产物资要定期盘存，保证账实相符，并及时处理积压物资，减少物资损耗。

(2) 要严格区分不同性质的费用支出范围

企业的费用支出种类多，且费用来源和用途不同，为了加强运输成本管理，必须严格按规定的成本开支范围和标准进行开支。在企业会计核算中，要严格区分营业费用与基建费用的开支范围、营业支出与营业外支出的界限，保证成本的真实性与可比性，防止乱挤、乱摊成本等违犯财经纪律的行为。

(3) 加强成本监督，保证成本核算的真实性

成本计划、成本控制和成本分析有赖于成本核算资料。若成本核算不真实，则不能发挥成本管理的作用，同时企业财务成果将会失真。造成成本核算不真实的主要原因有以下几个方面。

①企业原始记录不全，计量不准确。

②有些财务人员对业务不熟悉，对各项费用的开支范围和标准不清，造成成本归集、分配和财务处理的方法不当。

③有些企业负责人违反会计核算准则，假账真算，搞“经理成本”。

要保证企业成本核算的真实性，企业就必须加强成本监督工作。企业要认真审查成本计划和各项费用的开支标准，经常进行成本检查，对违反成本法规的行为要及时制止，确保成本核算的真实性。

(4) 实行全面成本管理

全面成本管理，是指企业全员参与企业生产经营全过程的成本管理。企业成本的高低关系到企业经济效益，也关系到企业每个职工的经济利益。因此，每个职工都应参与成本管理，做到干什么，管什么，成本管理责任到人。

运输企业要从供应、维修、装卸、运行、结算全过程进行成本管理，生产经营全过程的每个环节都对总成本有直接影响。例如，配件型号选择不当或价高质次，维修成本过高或维修质量不好，既影响车辆的使用成本，又影响车辆使用效率和运输质量。在运输生产过程中，运行消耗、运输质量、驾驶员劳动生产率等，也都直接影响运输成本。

2. 流通加工成本

在商品从生产者向消费者流动的过程中，为了促进销售、维护商品质量、实现物流的高效率所采用的使商品发生形状和性质的变化的一种手段就是流通加工。流通加工成本主要有流通加工设备费用、流通加工材料费用、流通加工劳务费用及其他费用（如在流通加工中耗用的电力、燃料、油料等产生的费用）。

流通加工成本由以下费用构成。

①流通加工设备费用。流通加工设备因流通加工形式的不同而不同，购置这些设备所支出的费用，以流通加工费用的形式转移到被加工产品中去。

②流通加工材料费用。这是指在流通加工过程中，投入加工过程的一些材料消耗所需要的费用。

③流通加工劳务费用。这是指在流通加工过程中从事加工活动的管理人员、工人及有关人员的工资、奖金等费用的总和。

④其他费用：如电费、燃料费、油料费、车间的管理经费等。

在实际应用中，应根据具体流程归集成本，在不同的模式下，其成本构成差异较大。在相同的模式下，由于商品的性质不同，其成本构成差异也很大。

3. 配送成本

配送是集货、分拣、配载、包装、组配及加工等一系列活动的集合。通过配送，物流活动才得以最终实现。配送成本是配送过程中所支付费用的总和。

配送是与市场经济相适应的一种先进的物流方式，是物流企业按用户订单或配送协议进行配货，经过科学统筹规划，在用户指定的时间，将货物送达用户指定地点的一种供应方式。从整个物流系统来讲，配送几乎包括了所有的物流功能要素，是物流活动的一个缩影或在某小范围内物流全部活动的体现。其成本应由以下费用构成。

1）配送运输费用

配送运输费用主要包括以下几个方面：

①车辆费用。车辆费用指从事配送运输生产而发生的各项费用。具体包括驾驶员及助手等的工资及福利费、燃料费、轮胎费、修理费、折旧费、养路费、车船使用税等项目。

②营运间接费用。这是指营运过程中发生的不能直接计入各成本计算对象的经费。包括人员（不包括驾驶员及助手）的工资及福利费、办公费、水电费、折旧费等内容，但不包括管理费用。

2）分拣费用

①分拣人工费用。这是指从事分拣工作的作业人员及其他有关人员的工资、奖金、补贴等费用的总和。

②分拣设备费用。这是指分拣机械设备的折旧费用及修理费用等。

4. 包装成本

包装对商品具有保护、保管、定量、标识、使用便利、提高物流效率和促销等功能。在物流过程中，大多数商品都必须经过一定的包装后才能进行流转。因而，为了方便商品正常流转，企业通常都会对商品进行包装，由此发生一定的包装成本。

1）包装成本的构成

对于物流企业来说，包装成本一般由以下几个方面构成。

（1）包装材料费用

包装材料费用是指各类物资在实施包装过程中耗费在材料费用支出上的费用。常用的包装材料种类繁多，功能也各不相同，企业必须根据各种物资的特性，选择适合的包装材料，既要达到包装效果，又要合理节约包装材料费用。

（2）包装机械费用

包装过程中使用机械作业可以极大地提高包装作业的劳动生产率，同时可以大幅度提高包装水平。使用包装机械就会产生机械购置费用、日常维护保养费以及每个会计期间终了计提的折旧费用。这些都构成了物流企业的包装机械费用。

（3）包装技术费用

为了使包装的功能充分发挥作用，达到最佳的包装效果，包装时需采用一定的技术措施，比如，实施缓冲包装、防潮包装、防霉包装等。这些技术的设计、实施所支出的费用合称包装技术费用。

（4）包装人工费用

实施包装的过程必须由工人或专业作业人员进行操作。对这些人员发放的计时工资、计件工资、奖金、津贴和补贴等各项费用，构成了包装人工费用。但是不包括这些人员的劳动保护费。

（5）其他辅助费用

除了上述主要费用以外，物流企业有时还会发生一些其他辅助费用，如包装标记、包装标志的印刷、拴挂物等产生的费用。

2）包装成本的管理

包装环节管理的好坏、包装成本的高低，直接影响着物流企业的经济效益。因而，对于物流企业来说，加强包装成本的管理十分重要。物流企业包装成本的管理通常包括以下几个方面。

①合理选择包装材料，降低包装材料费用。选择适合的包装材料，既能达到包装效果，又能减少浪费，降低包装材料费用支出。

②实现包装规格的标准化。通过标准化，可以提高包装作业的效率，减少包装人工费用和包装材料费用支出，同时也方便物流过程中的装卸和运输。

③实现机械化包装。对于有条件的企业和合适的物资，实现机械化包装可以大幅度地提高效率，从而降低各项费用支出。

④在有条件的情况下组织散装运输。物流企业应根据各类物资的性能和特点，对适合进行散装运输的物资直接组织运输，这样可大幅减少包装费用支出。

除此之外，企业还应加强包装过程中的日常管理与核算，注意做好包装物回收和旧包装的利用等。

5. 装卸搬运成本

装卸搬运渗透到物流各领域、各环节，成为提高物流效率、降低物流成本、改善物流条件、保证物流质量、使物流能够顺利进行的关键环节之一。改变“物”的存放、支承状态的活动称为装卸；改变“物”的空间位置的活动称为搬运。

物流企业的装卸搬运业务，是生产不可缺少的组成部分。物流企业经营装卸搬运业务时，应按照机械化作业和人工作业的不同，分别核算成本。物流企业既有机械化作业，又有人工作业时，如以机械作业为主仅配备少量人工作业的，可只计算机械作业成本；如以人工作业为主仅配备少量机械作业的，可只计算人工作业成本。

物流企业的装卸搬运成本，一般实行两级核算，各装卸搬运队仅计算自己的装卸搬运成本，企业汇算各装卸搬运队总的装卸搬运成本。装卸搬运成本的计算涉及两部分：机械装卸搬运成本和人工装卸搬运成本。装卸搬运成本的单位是“元/千操作吨”。

另外，为装卸搬运业务配备的车辆一般视同装卸搬运机械，其所发生的费用计入装卸搬运成本，不再单独核算。

物流企业的装卸搬运成本项目，一般可分为以下三类：

1）直接人工费用

直接人工费用是指支付给装卸搬运机械司机、助手和其他相关工人的工资以及按其工资总额和规定比例计提的职工福利费。

2）直接材料费用

①燃料费和动力费。这是指装卸搬运机械在运行和操作过程中，所耗用的燃料（如汽油、柴油）费、动力（如电力、蒸气）费。

②轮胎费。指装卸搬运机械领用的外胎、内胎、垫带以及外胎翻新费和零星修补费。

3）其他直接费用

①保养修理费。这是指为装卸搬运机械和工具进行保养、大修、小修所发生的料、工、费，以及装卸搬运机械在运行和操作过程所耗用的机油、润滑油的费用。为装卸搬运机械保修所领用的周转总成的费用，也包括在本项目内。

②折旧费。这是指按规定计提的装卸搬运机械的折旧费。

③其他费用。这是指不属于以上各项目的与装卸搬运业务直接有关的工具费、劳动保护费、外付装卸搬运费（支付给外单位工人的装卸搬运费用）、事故损失（在装卸搬运作业过程中，因装卸搬运队责任造成的应由本期装卸搬运成本负担的事故损失，包括货物破损等货损货差损失、损坏车辆设备所支付的修理费，以及外单位人员人身伤亡事故所支付的各种费用）等。

6. 仓储成本

仓储成本主要包括建造、购买或租赁仓库设施设备的成本和各类仓储作业带来的成本，如出入库作业、理货作业、场所管理作业、分区分拣作业中的人工成本和相关机器设备费用。

仓储成本主要由以下几个方面构成。

1）仓储持有成本

仓储持有成本是指为保持适当的库存而发生的成本，可以分为固定成本和变动成本。

2）订货成本

订货成本是指企业为了实现一次订货而进行的各种活动的费用，包括处理订货的差旅费、办公费等。

3）缺货成本

缺货成本是指由于库存供应中断而造成的损失或紧急额外购入成本（紧急采购成本大于正常采购成本部分）。

4）在途库存持有成本

在途库存持有成本一般包括库存的资金占用成本、保险费用、仓储风险成本等。

需要指出的是广义的仓储成本包括流通加工成本以及装卸搬运成本，由于两者在整个仓储成本中占有较大的比例，所以单独列出以加强物流成本管理。

7. 物流信息和管理成本

该项成本包括企业为物流管理所发生的差旅费、会议费、交际费、管理信息系统费以及其他杂费。

**✣ 知识点 3：物流成本的分类（考证必备知识点）**

根据不同的分类标准，物流成本可以分为以下几类。

1. 按照成本是否具有可控性分类

1）可控成本

可控成本是指考核对象对成本的发生能够控制的成本。

2）不可控成本

不可控成本是指考核对象对成本的发生不能予以控制，因而也不予以负责的成本。

这是相对而言的，一个部门的可控制成本对于另一个部门来说也许就是不可控成本。

2. 按照物流成本性态分类

1）变动成本

变动成本是指其发生总额随业务量的增减而近似成正比例增减的成本。

2）固定成本

固定成本是指成本总额保持稳定，与业务量的变化无关的成本。

3）混合成本

在生产经营活动中，还存在半变动成本或半固定成本，也称混合成本。其中受变动成本影响较大的称为半变动成本，而受固定成本的特征影响较大的称为半固定成本。对于混合成本，可按一定方法将其分解成变动成本与固定成本两部分，并分别划归到变动成本与固定成本中。

3. 按照成本的计算方法分类

1）实际成本

实际成本是指企业在物流活动中实际耗用的各种费用的总和。

2）标准成本

标准成本是通过精确的调查、分析与技术测定而制定的，用来评价实际成本，衡量工作效率的一种预计成本。

①按照经营管理水平和生产技术，标准成本可分为理想标准成本和正常标准成本。

理想标准成本不作为考核的依据。

正常标准成本是衡量物流运作绩效的手段，指在效率良好的条件下，根据下期一般应该发生的物流运作要素消耗量、预计价格、预计物流运作经营能力和利用程度制定出来的标准成本。在制定这种标准时，把运作经营活动中一般难以避免的损耗和低效率情况也计算在内，使之切合下期的实际情况。它反映的是一种经过努力可以达到的标准。

正常标准成本从数值上看大于理想标准成本，小于以往平均实际成本。

②按照标准成本的适用期，其可以分为现行标准成本和基本标准成本。

现行标准成本经常需要修订，是评价实际成本的依据。

基本标准成本反映了成本的变动趋势，一般不用来评价实际成本，只是一种参考基数。

4. 按照物流费用的支付形态分类

按照物流费用的支付形态分类，物流成本可以分为以下几类。

①材料费。

②人工费。

③燃料动力费。

④经营管理费。

⑤一般经费。

⑥委托物流费。

5. 按照物流活动发生的范围分类

按照物流活动发生的范围分类，物流成本可以分为以下几类。

①采购物流费。

②工厂内部物流费。

③销售物流费。

④退货物流费。

⑤废弃物物流费。

6. 按照物流功能分类

按照物流功能分类，物流成本可以分为以下几类。

1）物流环节成本

物流环节成本包括运输费、仓储费、包装费、装卸搬运费、流通加工费等。

2）信息流通成本

物流信息成本指处理和传送物流相关信息发生的费用，包括库存管理、订单处理、顾客服务等相关活动发生的费用。

3）物流管理成本

物流管理成本指物流计划、协调、控制等管理活动发生的费用。

### ✣ 知识点 4：物流成本的特征

#### 1. 计算要素难以确定

①整个物流环节涉及很多细节，企业应该选择哪些方面进行核算，这些企业是否对物流成本进行单独核算，如何进行核算，选择哪些内容进行核算都需要仔细考虑。

②物流成本的计算对象难以确定，选择不同的核算对象会对核算出来的总成本产生影响。

③计入其他企业运营成本的物流费用是否要细分出来重新汇总也是需考虑的问题。

#### 2. 存在制度性缺陷，实际操作难度大

现行的会计制度对物流成本没有单独的核算，而是把物流成本归集到工资、租金、公共设施和折旧等人工费用和营运费用中。这样就不能确认和分配运作的责任，也不能满足物流总成本分析的需要。如果把隐藏在各个部门的物流费用细分出来，在人力和财力上耗费巨大，也不能保证其分离结果的有效性，且势必会破坏已经成熟的现行的会计系统。

#### 3. 核算方法难以统一

各个国家对物流成本核算的方法各有不同。

1）美国社会物流成本的构成内容及计算方法

从构成来看，美国的社会物流成本主要由三个部分组成：存货持有成本、运输成本和物流行政管理成本。

社会物流成本=存货持有成本+运输成本+物流行政管理成本

①存货持有成本，指花费在保存货物上的费用。

②运输成本约占国民生产总值的6%。

运输成本=公路运输费用+铁路运输费用+水路运输费用+油料管道运输费用+航空运输费用+货物代理相关费用+货主费用

③物流行政管理成本。

物流行政管理成本=订单处理及信息处理成本+市场预测、计划制订及相关财务人员发生的管理费用

或者物流行政管理成本=固定比例（4%）×（存货持有成本+运输成本）

美国社会物流成本包括的三个部分分别有各自的测算办法。存货持有成本除了包括仓储费用、残损费用、人力费用及保险和税收费用外，还包括库存占压资金的利息。其中利息是由当年美国商业利率乘全国商业库存总金额得到的。把库存占压的资金利息加入物流成本，这是现代物流与传统物流费用计算的最大区别。只有这样，才能把降低物流成本和加速资金周转速度从根本利益上统一起来。在美国物流企业平均流动资金周转次数达到十次的条件下，美国库存占压资金的利息约为库存成本的1/4，为总物流成本的1/10，数额之大，不可小视。

美国的实践表明，物流成本中运输部分所占的比例大体不变，减少库存支出就成为降低物流成本的主要来源。减少库存支出就是要加快资金周转、压缩库存，这与同期美国库存平均周转期降低的现象是吻合的。因此，发展现代物流就要把目标锁定在加速资金周转和降低库存水平上。物流成本的概念必须拓展，库存支出不仅是仓储的保管费用，更重要的是它所占用的库存资金成本，即库存占压资金利息。

2）日本社会物流成本的构成内容及计算方法

社会物流成本=运输费+保管费+管理费

①运输费=营业运输费+自家运输费

营业运输费=卡车货运费+铁路货运费+内海航运货运费+国内航空货运费+货运站收入

自家运输费=营业用卡车平均行走一公里的原价×自家用卡车行走公里数×实际平均一日一车行走公里数比×自家用卡车装载比率

实际平均一日一车行走公里数比=自家用卡车实际平均一日一车行走公里数比÷营业用卡车实际平均一日一车行走公里数比

自家用卡车装载比率=自家用卡车的平均装载率÷营业用卡车的平均装载率

②保管费=（原材料库存余额+产品库存余额+流通库存余额）×原价率×库存费用比例

库存费用比例=利率除外的库存费用比例+利率

③管理费=（制造业产出额+批发、零售业产出额）×物流管理费用比例（0.5%）

## 任务实施

阅读任务描述内容，回答以下问题。

1. 该企业如何进行物流成本的分类控制？

______________________________

______________________________

______________________________

2. 请结合实际分析物流成本的主要构成。思考能否把物流成本管理纳入企业管理的全部过程。

______________________________________________

______________________________________________

______________________________________________

## 任务评价

在完成上述任务后，教师组织三方评价，并对学生任务执行情况进行点评。学生完成考核评价表（见表1-2）的填写。

表1-2　考核评价表

| 班级 | | | 团队名称 | | | | |
|---|---|---|---|---|---|---|---|
| 团队成员 | | | | | | | |
| 考核项目 | | 要求 | 分值 | 学生自评（30%） | 团队互评（30%） | 教师评定（40%） |
| 知识能力 | 物流成本分类 | 分类正确 | 20分 | | | |
| | 物流成本构成分析 | 分析合理 | 20分 | | | |
| | 分析企业管理过程中如何降低成本 | 分析合理 | 30分 | | | |
| 职业素养 | 团队协作精神 | 相互协作、相互帮助 | 10分 | | | |
| | 工作态度 | 严谨认真 | 10分 | | | |
| | 沟通表达能力 | 用词准确、表述流畅 | 10分 | | | |
| 合计 | | | 100分 | | | |

## 牛刀小试

### 一、单选题

1. 物流成本按可控性可以分为两类，下列各分类正确的是（　　）。

A. 历史成本和未来成本　　B. 直接成本和间接成本

C. 可控成本和不可控成本　　D. 生产成本和非生产成本

2. 按物流成本的特性分类，物流成本可分为（　　）。

A. 制造成本和非制造成本　　B. 变动成本和固定成本

C. 历史成本和未来成本　　　　　　　　　D. 相关成本和无关成本

**二、判断题**（对的打“√”，错的打“×”）

（　　）1. 按照物流成本的特性，可将物流成本分为变动成本和固定成本两类。

（　　）2. 物流成本的核算方法是固定的，企业应当选择一种固定的方法核算物流成本。

（　　）3. 现行的会计制度对物流成本是单独进行核算的。

（　　）4. 各个国家对社会物流成本核算方法是不同的。

**三、案例分析题**

## 供应链双向挤压

中国制造企业有90%的时间花费在物流上，物流仓储成本占总销售成本的30%~40%，供应链上物流的速度以及成本问题更是令中国企业苦恼的老大难问题。美的针对供应链的库存问题，利用信息化技术手段，一方面从原材料的库存管理做起，追求“零库存”标准，另一方面针对销售商，以建立合理库存为目标，从供应链的两端实施挤压，加速了资金、物资的周转，实现了供应链的整合成本优势。

## “零库存”梦想

虽然美的在空调产业取得的成绩稳居行业前列，但是不无一朝城门失守之忧。自2000年来，在降低市场费用、压低采购价格等方面，美的频繁变招，其采取的措施始终围绕着成本与效率。在广东地区为终端经销商安装进销存软件，这是实现“供应商管理库存”(以下简称VMI）和“管理经销商库存”的一个重要举措。

对于美的来说，其较为稳定的供应商共有300多家，其零配件（出口、内销产品）加起来一共有3万多种。2002年中期，利用信息平台，美的集团在全国范围内实现了产销信息的共享。有了信息平台做保障，美的原有的100多个仓库精简为8个区域仓，在8小时内可以运到的地方，全靠配送。这样美的集团流通环节的成本降低了15%~20%。运输距离长（运输时间为3~5天）的外地供应商，一般都会在美的的仓库里租赁一个片区（仓库所有权归美的)，并把其零配件放到片区里面储备。

在美的需要用到这些零配件的时候，就会通知供应商，然后再进行资金划拨、取货等工作。这时，零配件的产权才由供应商转移到美的手上，在此之前，所有的库存成本都由供应商承担。此外，美的在ERP（企业资源管理）基础上与供应商建立了直接的交货平台。供应商在自己的办公地点就可登录美的公司的页面上，看到美的的订单内容，如品种、型号、数量和交货时间等，然后由供应商确认信息，这样一张采购订单就已经合法化了。

实施VMI后，供应商不需要像以前一样疲于应付美的的订单，只需要做一些适当的库存管理即可。供应商也不用备很多货，一般有能满足3天的需求即可。美的零部件年库存周转率在 2002 年上升到 70~80 次/年。其零部件库存也由原来平均的 5~7 天存货水平，降低为 3 天左右，而且这 3 天的库存也是由供应商管理并承担相应成本。

库存周转率提高后，一系列相关的财务“风向标”也随之“由阴转晴”，例如，资金占用降低、资金利用率提高、资金风险下降、库存成本直线下降。

### 消解分销链存货

在对业务链后端的供应体系进行优化的同时，美的也加紧对前端销售体系的管理进行渗透。在经销商管理环节上，美的利用销售管理系统统计经销商的销售信息，公开与经销商的部分电子化往来信息，进行业务往来的实时对账和审核。

在前端销售环节，美的作为经销商的供应商，为经销商管理库存。这样的结果是，经销商不用大量备货了。经销商缺货，美的立刻就会自动送过去，不需要经销商提醒。经销商的库存“实际是美的自己的库存”。这种存货管理上的前移，使美的可以有效地削减销售渠道上的存货。

2002 年，美的以空调为核心对整条供应链资源进行整合，更多的优秀供应商被纳入美的空调的供应体系，美的空调供应体系的整体素质有所提升。根据企业经营战略和重心的转变，为满足制造模式“柔性”和“速度”的要求，美的对供应资源布局进行了结构性调整，供应链布局得到优化。通过厂商的共同努力，整体供应链在“成本”“品质”“响应期”等方面的专业化能力得到了不同程度的提升。

目前，美的空调成品的年库存周转率大约是 10 次，而美的的短期目标是将成品空调的年库存周转率提高 1.5~2 次。年库存周转率提高一次，可以直接为美的空调节省超过 2 000万元的费用。采取了一系列措施之后，美的尝到了甜头，相比 2001 年，2002 年美的的销售量同比增长了 50%~60%，但成品库存却降低了 90 000 台，保证了公司在市场竞争激烈的环境下保持可观的盈利水平。

讨论：1. 美的是通过用哪种方法来实现“零库存”梦想的？

2. 结合案例分析仓储成本的构成。

3. 本案例中，美的通过哪种方法来达到控制成本的目的？

# 任务三　物流成本性态分析

## 任务描述

顺丰速运（集团）有限公司（以下简称顺丰速运）主要经营国内、国际快递及相关业务。顺丰速运的业务按照其物流快递物品可以大致分为三类：文件、包裹和重货。顺丰速运的成本分类主要有三种：第一种是按作业环节划分，成本包括客服成本、材料成本、收件成本、输单成本、中转成本、航空运输成本、水陆运输成本、派件成本、关务成本和理赔成本等；第二种是按性质划分，成本包括主营业务成本、操作费用、管理费用和销售费用等；第三种是按成本与业务量之间的关系划分，成本包括固定成本、可变成本、混合成本。

顺丰速运的物流成本主要体现在企业内外部的信息处理、运输、配送、仓储和库存方面。

（1）信息处理费用：顺丰速运开展一次快递业务首先要接收来自社会、用户的信息，这个过程产生的费用就是信息处理费用。

（2）运输和配送费用：在一次快递服务中，运输费用和配送费用在整个成本中所占比重最大。根据货物、时间以及客户的不同要求，运输和配送可以采用多种方式。另外还包括运输和配送过程中货物灭失和损坏的成本。

（3）仓储和库存费用：由于顺丰速运注重的就是速度，所以仓储和库存费用在整个物流成本中所占的比重相对较小。

## 知识链接

**✣ 知识点 1：物流成本性态的概念**

物流成本性态又称为物流成本习性，是指企业的物流成本总额与特定业务量在数量方面的依存关系。这种依存关系是客观存在的，而且具有规律。研究和分析物流成本性态，不但有利于企业事前对物流成本进行控制以及挖掘降低物流成本的潜力，而且有助于企业针对物流成本进行科学的预测、规划、决策。

按照成本对业务量的依存关系，通常将成本划分为固定成本、变动成本和混合成本三大类。

### ✣ 知识点 2：物流成本性态的分类

1. 固定成本

1）固定成本的含义和特征

固定成本是指在一定期间和一定业务量范围内，其总额与业务量的增减没有直接关系的成本。固定成本的基本特征可以从两个方面来表述。

①固定成本的总额不变性。固定成本总额（用 $y_1$ 表示，$y_1=a$）不受业务量（用 $x$ 表示）变动的影响。在平面直角坐标图上，固定成本总额线是一条平行于横轴的直线，如图 1-1 所示。

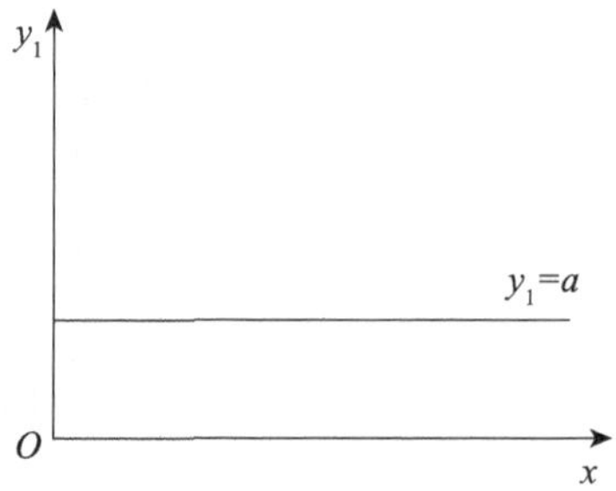


**图 1-1 固定成本总额不变**

②单位固定成本的反比例变动性。由于固定成本总额不变，单位产品负担的固定成本必然随着业务量的增加而减少，随着业务量的减少而增加，即单位固定成本（用 $y_2$ 表示，$y_2=a/x$）随业务量的变动而成反比例变动。在平面直角坐标图上，单位固定成本线是一条反比例曲线，如图 1-2 所示。

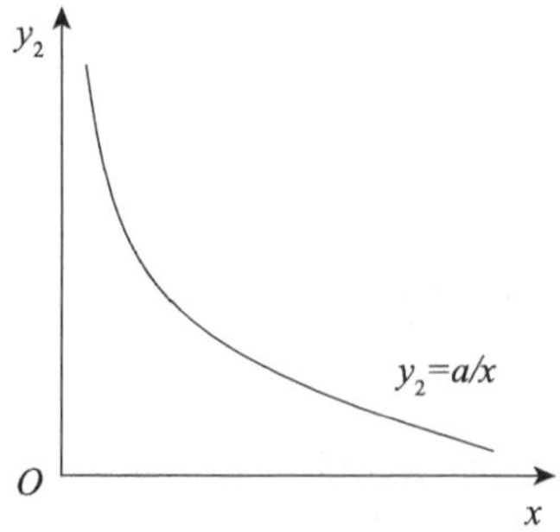


**图 1-2 单位固定成本的反比例变动**

2）固定成本的分类

企业的固定成本按照其是否可以被企业管理相关部门改变，其支出数额是否受企业管理相关部门短期决策行为的影响，可进一步细分为约束性固定成本和酌量性固定成本。

（1）约束性固定成本

在给固定成本定义时冠以"在一定期间和一定业务量范围内"的定语，也就是说固定成本的“固定性”不是绝对的，而是有限定条件的，或者说是有范围的。这种限定条件或者说范围在管理会计中叫作“相关范围”，表现为一定的期间范围和一定的空间范围。

约束性固定成本有以下特点：

一是该项成本的预算期通常比较长，如果说酌量性固定成本预算着眼于总量上的控制，约束性固定成本预算则只能着眼于更为经济合理地利用企业的生产经营能力。

二是约束性固定成本支出额的大小，取决于生产经营能力的规模和质量。它在很大程度上制约着企业正常的经营活动，如果企业管理相关部门的当前决策无法改变，就不能轻易削减此项成本。因此，约束性固定成本具有很大的约束性，要想降低约束性固定成本，只能从合理利用经营能力入手。

（2）酌量性固定成本

酌量性固定成本是指企业管理相关部门通过短期决策行为可以改变其支出数额的成本项目，如企业的广告费、研究开发费、职工培训费等。

酌量性固定成本有以下特点：

一是由于酌量性固定成本具有隐蔽性。其支出额的大小由企业管理相关部门根据生产经营方针确定，因此，企业管理相关部门的判断力就显得非常重要了。

二是酌量性固定成本的预算期较短，通常为一年。企业要降低酌量性固定成本，就要在预算时精打细算，合理确定这部分成本的数额。

3）固定成本的相关范围

固定成本的相关范围如图 1-3 所示。

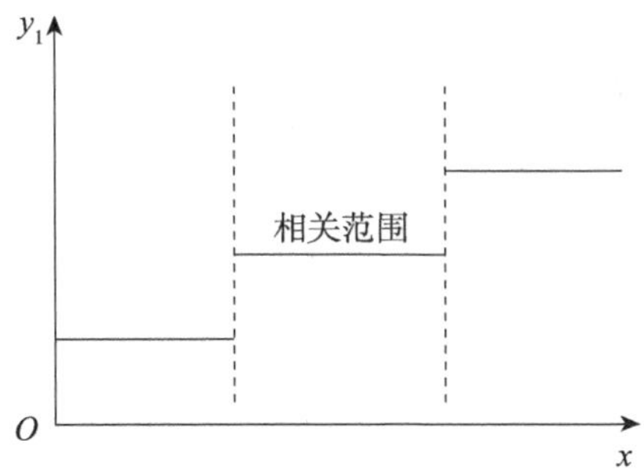


**图 1-3　固定成本的相关范围**

固定成本总额的不变性不是绝对的，而是相对的。固定成本只有在一定期间和一定业务量的范围内不变，超出这个范围，固定成本也会发生改变。

2. 变动成本

1）变动成本的含义和特征

变动成本是指在特定的物流业务量范围内，随着业务量的变动而变动的成本。变动成本总额与物流业务量之间存在一个稳定的比例关系。而在变动成本总额随着业务量成正比例变动的同时，其单位变动成本将不受业务量变动的影响。

变动成本有如下特征。

一是变动成本总额的正比例变动性。变动成本总额（用 $y_3$ 表示，$y_3=bx$）随业务量（用 $x$ 表示）的增加而成正比例增加，随业务量的减少而成正比例减少，如图 1-4 所示。

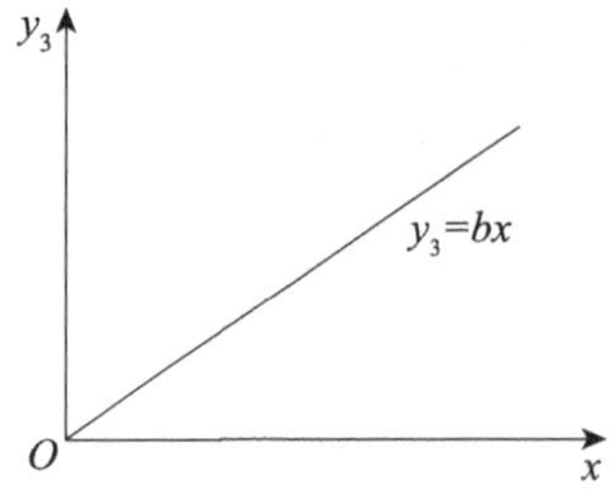


**图 1-4　变动成本总额的正比例变动性**

二是单位变动成本的不变性。变动成本总额随业务量的变动而成正比例变动，而单位变动成本（用 $y_4$ 表示，$y_4=b$）不受业务量的影响，如图 1-5 所示。

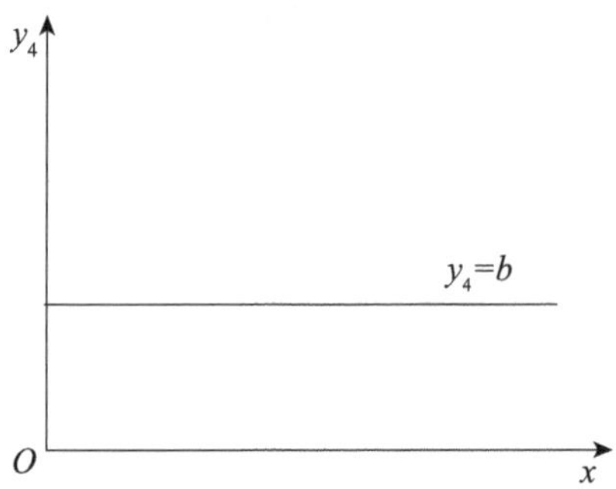


**图 1-5　单位变动成本的不变性**

2）变动成本的分类

变动成本可根据发生的原因进一步划分为技术性变动成本和酌量性变动成本。

（1）技术性变动成本

技术性变动成本是指与业务量有明确的技术或实物关系的变动成本，如流通加工中对轿车进行的最后装饰，包括空调、高档音响、GPS 定位设备等的安装，这些活动所产生的成本都是技术性变动成本。这类成本是利用流通加工能力进行生产所必然发生的成本。若企业不生产产品，则从理论上讲，其技术性变动成本为零。

（2）酌量性变动成本

酌量性变动成本是指可以通过管理决策行为而改变的变动成本，如揽货员按照揽货收入的一定比例获得的揽货佣金等。这类成本的显著特点是其单位变动成本的发生额可由企业最高管理层决定。

3）变动成本的相关范围

只有在相关范围之内，变动成本总额与业务量才成正比例地变动，表现出完全线性关系；超出相关范围，就可能呈非线性关系，如图 1-6 所示。

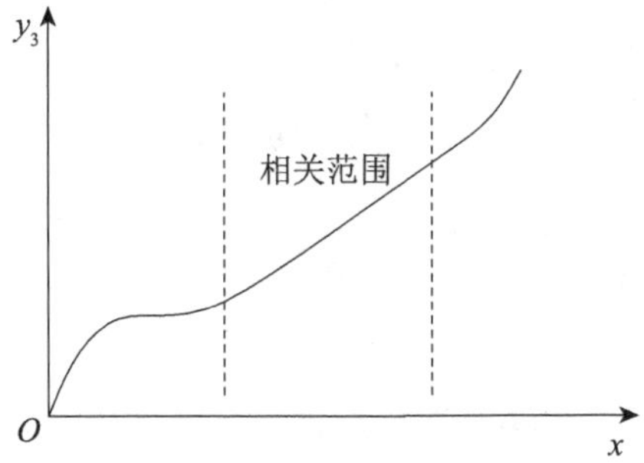


图 1-6　变动成本的相关范围

3. 混合成本

在企业中，大量的成本体现为混合成本，即成本按最初性态通常分为固定成本、变动成本和混合成本，然后，通过一定的方法将混合成本进一步分解为固定成本和变动成本，即成本按性态划分的最终结果为固定成本与变动成本。

1）混合成本的含义及特征

混合成本是指成本总额随业务量的变动而变动，但不保持完全正比例关系的成本。混合成本的特征介于固定成本与变动成本之间：成本总额内的一部分随业务量的变动而变动，表现为半变动成本；成本总额内的另一部分不随业务量变动而变动，表现为半固定成本。混合成本是由一部分固定成本以及一部分和业务量成正比例关系的变动成本构成的。如果以 $y_5$ 代表企业的混合成本总额，以 $a$ 代表企业的固定成本，以 $b$ 代表单位变动成本，以 $x$ 代表业务量，则企业的混合成本总额可用 $y_5=a+bx$ 这一数学模型来表示，如图 1-7 所示。

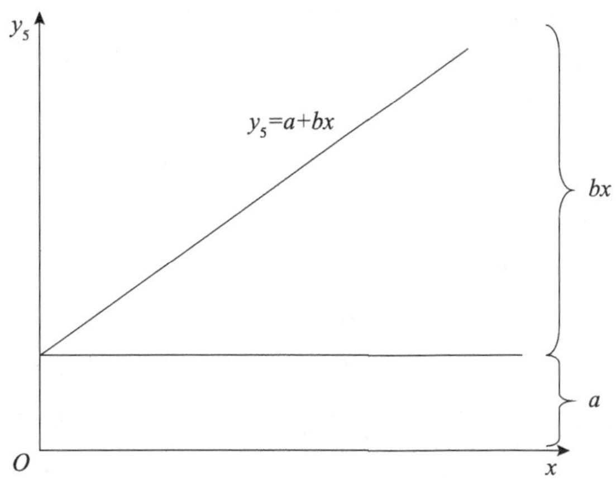


图 1-7　混合成本

2）混合成本的种类

根据混合成本总额与业务量之间的不同变动关系，混合成本可划分为以下几种类型。

①半变动成本，是指以一定初始量为基础的变动成本。半变动成本通常有一个初始量或基数，不随业务量的变动而变动，类似固定成本性态，在此基数以上，成本总额随业务量的变动而变动，类似变动成本性态。半变动成本的数学模型类似于混合成本的基本模型。公用事业费（包括水费、电费、电话费、供暖费、有线电视费等）以及维护费等都属于半变动成本。

**【案例分析】**假设某企业因生产经营需要租用一辆汽车，租约规定租金的计算分为两部分，按月支付租金 1 000 元，在此基础上，汽车每行驶 1 千米支付租金 0.3 元。假定该辆汽车本月行驶 18 000 千米，则该企业本月共需支付租金 6 400 元。

②阶梯式成本，也称半固定成本，是指成本在一定业务量范围内的发生额是固定的，但是，当业务量增长到一定限度，其发生额突然跳跃到一个新的水平，然后在业务量增长到新的限度以前，其发生额又保持不变，直到业务量增长到一个新的限度、成本发生额出现新的跳跃为止，也就是说，在一定业务量范围内，成本总额不随业务量的变动而变动，而在一定业务量范围以外，成本总额发生跳跃性的变动，这种成本总额是随着业务量变动呈现阶梯式的变动。按照每一相关范围的长短，阶梯式成本又可以分为阶梯式变动成本和阶梯式固定成本。其中，阶梯式变动成本是指成本在较短的相关范围内发生变化，即成本总额随着业务量的变动较为频繁；阶梯式固定成本是指成本在较宽的相关范围内发生变动。

阶梯式成本与固定成本的区别在于固定成本的相关范围较大，直接取决于企业的经营能力，而阶梯式成本的相关范围较小，固定成本一般可分为若干个半固定成本的相关范围。阶梯式成本包括化验员、质检员、运货员、保养工、领班等人员的工资，受开工班次影响的设备动力费，按开机次数计算的联动设备的折旧费，设备修理费，整车运输费以及按订单产生的相关费用等。

③延伸变动成本，也称延期变动成本，是指成本总额在一定业务量范围内固定不变，当超过一定业务量时，成本总额随着业务量变动而成正比例变动，即随着业务量的延伸，原有的固定成本变为变动成本，如工资。

④曲线变动成本，是指成本总额随着业务量的增加而增加，但是呈非线性的曲线变化关系，通常情况下，曲线变动成本有一个初始成本量，即固定成本，在初始成本量的基础上，成本总额随业务量的增长而增长，但不成正比例变化，曲线变动成本又可以进一步分为递减型变动成本和递增型变动成本。其中，递减型变动成本是指成本总额的增长率是递减的，即成本总额增长率随着业务量的上升而递减，同时，单位变动成本也是递减的。如电炉设备预热的耗电成本，初始阶段为固定成本，预热后进行热处理的耗电成本随着业务量的增加而逐步上升，但是二者不成比例，而且，随着业务量的增加，耗电成本的上升速度越来越慢，其成本上升率是递减的。对于递减型变动成本，在管理要求上，应尽可能通

过增加业务量来降低总成本，从而增加企业的利润。递增型变动成本是指成本总额的增长率是递增的，即成本总额的增长率随着业务量的上升而递增，同时，单位变动成本也是递增的，如违约罚金和累计计件工资、累进税金等。对于递增型变动成本，在管理要求上，应尽可能保持正常生产秩序，维持均衡生产，避免成本的增加。

3）混合成本的分解方法

在管理会计中，将成本按性态划分为变动成本和固定成本是企业进行各项生产经营管理的重要前提条件。因此，需要将企业中大量的混合成本分解为变动成本和固定成本，从而进一步为管理中运用变动成本法和量本利分析法奠定基础。混合成本的分解方法包括历史成本分析法、账户分析法、工程分析（研究）法以及合同认定法等。

（1）历史成本分析法

历史成本分析法根据以往若干期间（若干月或若干年）内的数据所反映的实际成本与业务量之间的依存关系来描述成本性态，并以此来确定决策所需要的未来成本数据。历史成本分析法适用于企业生产流程或工艺不发生重大变化，而且历史数据较为准确的情况。

在运用历史成本分析法时应注意：第一，会计政策的变化会影响相关历史数据的可靠性；第二，应选择恰当的期间，既要确保一定的精确性，又要减少不稳定性；第三，应选择适宜的计量单位，基本原则是选择变量与被估计成本有密切关系、对观测值有重要影响的计量单位，如直接人工工时、机器小时等。

历史成本分析法又称为数学分析法，是利用过去一定期间内的业务量与成本的历史数据，采用适当的数学方法进行分析，然后确定出适合混合成本的函数方程，再按照方程的情况将混合成本分解为固定成本和变动成本。常用的数学分析法包括高低点法、散布图法以及回归直线法。

①高低点法，是以某一期间内最高业务量（高点）的混合成本与最低业务量（低点）的混合成本之间的差额，除以最高业务量与最低业务量的差数，以计算确定业务量的成本变量（单位业务量的变动成本额），进而确定混合成本中的变动成本部分和固定成本部分。

假设混合成本的基本数学模型用直线方程 $Y=a+bX$ 来表示，其中，$Y$ 为混合成本总额，$a$ 为固定成本，$b$ 为单位变动成本或单位业务量的增量成本或成本变动率，$X$ 为一定水平的业务量。

假设当业务量达到最高点和最低点时的直线方程分别为

$$Y_1 = a + bX_1 \tag{1.1}$$

$$Y_2 = a + bX_2 \tag{1.2}$$

用式（1.1）减式（1.2），可得 $Y_1 - Y_2 = b(X_1 - X_2)$，得到 $b$ 的值，然后将 $b$ 的数值代入式（1.1）或式（1.2），即可求得 $a$。

高低点法的缺点是计算只选取了两组极端值的信息，受偶然因素影响大，误差较大，代表性较差。因此，该方法主要适用于成本变动趋势较为稳定而且成本总额与业务量成正比例关系的情况。

②散布图法，又称布点图法，是利用画图的方法将混合成本分解为变动成本和固定成本。具体做法是：建立一个坐标系，以横轴代表业务量（$X$），以纵轴代表混合成本（$Y$），然后将各种业务量水平下的混合成本逐一标明在坐标图上，通过目测，在各成本点之间画出一条反映成本变动平均趋势的直线（理论上这条直线距各成本点的离差平方和最小）。这条直线与纵轴的交点（直线的截距）即为混合成本中的固定成本，直线的斜率即为混合成本的单位变动成本。

散布图法运用了全部历史数据进行分析，在一定程度上克服了高低点法中极端值的影响，较为精确，而且，这一方法较为直观，易于掌握。但是，采用散布图法所得结果的精确性与否，与所作图的精确程度紧密相关。由于图中的直线是通过目测的方法得到的，因此，采用散布图法所得的结果具有很大的主观臆断性。此外，这一方法还无法处理非线性关系，在运用上也比高低点法烦琐，一般适用于精确度要求不高的情况。在实际管理中，很少单独采用这种方法对混合成本进行分解。

③回归直线法，是运用数理统计中常用的最小平方法的原理，对所观测到的全部数据加以计算，从而勾画出使这些观测值的误差平方和最小的直线，该直线上的截距就是固定成本，斜率就是单位变动成本。该直线在数学上叫作回归直线，因此这种分解方法称为回归直线法，也可以称为最小平方法。

a. 回归直线法的原理及公式。

回归直线法的基本原理，仍以直线方程 $Y = a + bX$ 为基础，根据这一基本方程式和实际观测到的一系列数据，即可以得到一组用于决定回归直线的方程。

先将方程 $Y = a + bX$ 用 $N$ 个观测值的和的形式来表示，为

$$\sum Y = na + b\sum X \tag{1.3}$$

然后，再将式（1.3）的两边用业务量 $X$ 进行加权，得

$$\sum XY = a\sum X + b\sum X^2 \tag{1.4}$$

化简后，可得：$a = \dfrac{\sum Y - b\sum X}{n}$。

$$b = \frac{n\sum XY - \sum X\sum Y}{\sum X^2 - \left(\sum X\right)^2} \tag{1.5}$$

有了以上的两个公式，就可将所得到的观测值代入公式，确定所需的直线方程。

b. 使用回归直线法的条件。

采用回归直线法时，$X$ 与 $Y$ 之间必须保持线性联系，这样才能通过一定的方法把这种联系反映出来，得到的直线方程才有意义。也就是说，如果在 $X$ 和 $Y$ 之间不存在这种线性联系，而我们又用一个直线方程来反映它们之间的关系的话，那么，我们得出的直线方程

实际上是没有意义的。确定 $X$ 与 $Y$ 之间存在线性联系的方法是计算 $X$ 与 $Y$ 之间的相关系数 $r$，相关系数 $r$ 的计算公式是

$$r=(n\sum XY-\sum X\sum Y)/\sqrt{\left(n\sum X^2-\left(\sum X\right)^2\right)\left(n\sum Y^2-\left(\sum Y\right)^2\right)}$$

当 $r=-1$ 时，说明 $X$ 与 $Y$ 两个变量之间是完全的负相关；当 $r=0$ 时，表明两个变量之间不存在相互联系；当 $r=1$ 时，说明 $X$ 与 $Y$ 之间是完全的正相关。所以，只有当 $r$ 的绝对值为 1 时，$X$ 与 $Y$ 之间才存在线性联系，我们才能用回归直线法来反映这种联系。

（2）账户分析法

账户分析法又称会计分析法或账户分类法，是根据各个成本、费用账户（包括明细账户）的内容，根据经验，排除非正常或无效的支出，直接判断各项支出与业务量之间的依存关系，从而确定其成本性态的一种成本分解方法。例如，直接材料费和直接人工费（在计件工资条件下），即生产成本账户项目，通常随着产量的变动而成正比例变动，因此为变动成本；燃料动力费、修理费、间接人工费虽然不与产量的变动成正比例变动，但也有明显的变动关系，所以也确定为变动成本；房屋折旧费以及行政办公费与产量变动没有明显关系，因而确定为固定成本。有些成本不易直接划分为变动成本和固定成本，因而可以选择一定标准、按照一定比例进行划分。这种方法比较直观，而且简便易行，应用较为广泛，但有时候，划分结果是根据某一产量的一次观测值确定的，较为主观，有一定的片面性和局限性，主要适用于特定期间而且成本性态较为典型的成本项目。

（3）工程分析（研究）法

工程分析（研究）法又称技术测定法，是在一定生产技术和管理水平下，根据投入产出的基本规律，运用工业工程的研究方法来研究影响各有关成本的项目数额大小的因素，并在此基础上直接估算出固定成本和单位变动成本的一种成本分解方法。基本步骤是：第一，确定需要研究的成本项目；第二，对导致成本形成的生产过程进行观察和分析；第三，确定生产过程的最佳操作方法；第四，以最佳操作方法为标准方法，测定标准方法下成本项目的每一个构成内容，并按成本性态分别确定为固定成本和变动成本，这一过程也是确定预算的过程。该种方法的优点是运用了科学、先进的方法，确定标准成本和预算，进而能够利用定额成本进行成本控制与管理，因此，成本划分较为客观和准确。缺点是工作量大，分解成本较高，而且，不能直接将成本归属为特定的投入产出关系，一些不能单独观察的联合过程形成的间接成本难以运用该方法进行分解。因此，该方法主要适用于缺乏历史成本的项目，如新产品、新企业；此外，也可以运用该方法验证历史成本分析法的结论。

（4）合同认定法

合同认定法是直接根据已有的合同、契约以及内部管理和核算制度等将混合成本分解为固定成本和变动成本。如可以根据与对方单位签订的合同所规定的计价方法，将支付价格中的基数作为固定成本，将按耗用量计算的部分作为变动成本。

在选择合理的混合成本分解方法时，应做到各种分解方法能够相互补充和相互印证，

同时分解方法还应较为简便。

## 任务实施

阅读任务描述内容，回答以下问题。

1. 按照不同的成本分类标准，顺丰速运的各种成本分别指什么？

2. 顺丰速运应该如何进行有效的成本分析与控制？

## 任务评价

在完成上述任务后，教师组织三方评价，并对学生任务执行情况进行点评。学生完成考核评价表（见表1-3）的填写。

表 1-3　　考核评价表

<table>
<tr><td>班级</td><td></td><td>团队名称</td><td colspan="4"></td></tr>
<tr><td>团队成员</td><td colspan="6"></td></tr>
<tr><td colspan="2">考核项目</td><td>要求</td><td>分值</td><td>学生自评（30%）</td><td>团队互评（30%）</td><td>教师评定（40%）</td></tr>
<tr><td rowspan="3">知识能力</td><td>物流成本分类标准分析</td><td>分析正确</td><td>20 分</td><td></td><td></td><td></td></tr>
<tr><td>分析顺丰速运各类物流成本</td><td>分析合理</td><td>20 分</td><td></td><td></td><td></td></tr>
<tr><td>混合成本的分类</td><td>分类正确</td><td>30 分</td><td></td><td></td><td></td></tr>
<tr><td rowspan="3">职业素养</td><td>团队协作精神</td><td>相互协作、相互帮助</td><td>10 分</td><td></td><td></td><td></td></tr>
<tr><td>工作态度</td><td>严谨认真</td><td>10 分</td><td></td><td></td><td></td></tr>
<tr><td>沟通表达能力</td><td>用词准确、表述流畅</td><td>10 分</td><td></td><td></td><td></td></tr>
<tr><td colspan="3">合计</td><td>100 分</td><td></td><td></td><td></td></tr>
</table>

## 牛刀小试

### 一、单选题

1. 下列各项中，属于固定成本项目的有（　　）。

A. 采用工作量法计提的折旧　　B. 不动产财产保险费

C. 直接材料费　　D. 直接人工费

2. 约束性固定成本不受企业管理相关部门短期经营决策行为的影响。下列各项中，不属于企业约束性固定成本的是（　　）。

A. 厂房折旧　　B. 厂房租金支出

C. 高管人员基本工资　　D. 新产品研究开发费用

### 二、判断题（对的打“√”，错的打“×”）

（　　）1. 变动成本只是在相关范围内才能与业务量呈完全的线性关系，超出了相关范围，变动成本与业务量之间呈非线性关系。

（　　）2. 固定成本是指在一定条件下，不随业务量发生任何数额变化的那部分成本。

（　　）3. 混合成本是指既随业务量变动但又不成正比例变动的那部分成本，因此混合成本可以分为固定成本和变动成本两部分。

（　　）4. 成本性态是指成本总额与特定业务量之间的依存关系。

（　　）5. 约束性固定成本在短期内难以降低，只有通过提高产品的产量而相对地降低其单位成本。

# 专业技能实训：做好成本管理

## 任务描述

成本是一项综合性的经济指标，它直接反映了企业管理业绩。想要企业拥有好的效益，成本管控必不可少。各单位成本管理责任主体应明确工作标准、完成时限，制定保障措施，责任落实到人。做好成本管理，达到计划目标，不仅可以提高项目整体的经济效益，而且可以为企业更好地发展奠定坚实的基础。

《求助：每月生活费如何控制在 1 000 元》，这个帖子很有趣，楼主是一位刚毕业的大学生，在一家普通公司当文员，每月薪资只有 3 000 元。但每月房租就将近 1 000 元，约占薪资的 1/3，他发帖求助，想知道如何节省开支，将生活费控制在 1000 元以内。

那么这道命题就很简单：1 个月 1 000 元怎么花？

## 任务实施

（1）学生自由分组，每组 3~5 人。

（2）建立生活费管控绩效评价指标体系，并分配权重，根据自己生活费实际情况进行自评。

（3）找问题，提出优化措施。

（4）各小组将讨论结果制作成 PPT，并推选代表在课堂上演示。

## 任务评价

在完成上述任务后，教师组织三方评价，并对学生任务执行情况进行点评。学生完成考核评价表（见表 1-4）的填写。

**表 1-4　　考核评价表**

<table>
<tr><td>班级</td><td colspan="2"></td><td>团队名称</td><td colspan="3"></td></tr>
<tr><td>团队成员</td><td colspan="6"></td></tr>
<tr><td colspan="2">考核项目</td><td>要求</td><td>分值</td><td>学生自评<br>（30%）</td><td>团队互评<br>（30%）</td><td>教师评定<br>（40%）</td></tr>
<tr><td rowspan="3">知识能力</td><td>基础资料搜集</td><td>资料全面、真实</td><td>20 分</td><td></td><td></td><td></td></tr>
<tr><td>综合评价体系设置</td><td>设置合理</td><td>20 分</td><td></td><td></td><td></td></tr>
<tr><td>给出评价结论</td><td>评价客观</td><td>30 分</td><td></td><td></td><td></td></tr>
</table>

续　表

| 考核项目 | | 要求 | 分值 | 学生自评（30%） | 团队互评（30%） | 教师评定（40%） |
|---|---|---|---|---|---|---|
| 职业素养 | 团队协作精神 | 相互协作、相互帮助 | 10分 | | | |
| | 工作态度 | 严谨认真 | 10分 | | | |
| | 沟通表达能力 | 用词准确、表述流畅 | 10分 | | | |
| 合计 | | | 100分 | | | |

# 02 PROJ 项目二 物流成本核算

◎知识目标

- 了解物流成本核算的作用；
- 熟悉物流成本核算的程序、原则和方法；
- 理解作业成本法的相关概念和基本原理；
- 掌握作业成本法的计算步骤。

※能力目标

- 能进行运输成本的构成分析、成本核算和成本控制；
- 能进行仓储成本的构成分析、成本核算和成本控制；
- 能进行包装、装卸搬运等的成本构成分析、成本核算和成本控制；
- 能够对隐性成本进行分析与控制；
- 能运用正确的物流成本管理观念服务于物流作业。

◎思政目标

- 具备抽象思维及透过现象把握本质的能力；
- 能理论联系实际，运用所学理论解决实际问题；
- 通过学习“物流成本核算的原则”，理解规律的客观性，学会在实践过程中按规律办事；
- 遵纪守法，诚实守信，确保成本数据的真实合法。

# 知识图谱

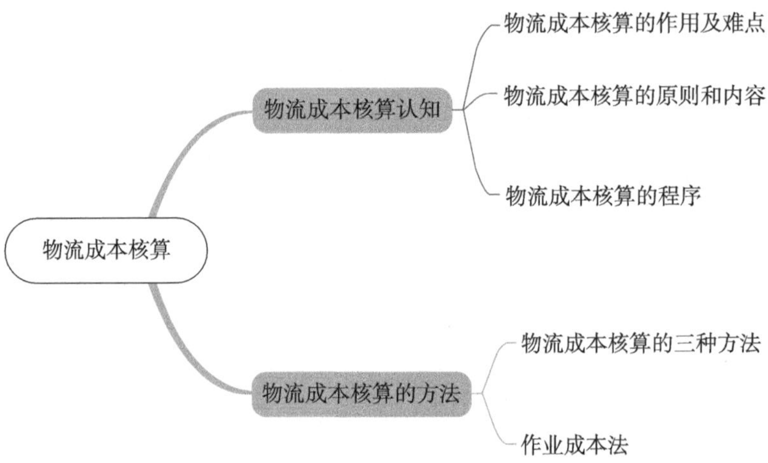
物流成本核算
物流成本核算认知
物流成本核算的作用及难点
物流成本核算的原则和内容
物流成本核算的程序
物流成本核算的方法
物流成本核算的三种方法
作业成本法

## 岗位分析

### 岗位：物流成本核算专员

**岗位职责：**①负责按照企业规定的成本核算方法，对各项成本进行准确核算，包括直接材料成本、直接人工成本、制造费用等。同时，对成本数据进行分析，对异常成本的波动提出成本控制建议。②参与企业预算编制工作，根据历史成本数据和业务预测，制定合理的成本预算。定期对实际成本与预算进行对比分析，提出成本节约措施。③协助各部门实施成本节约措施，提高资源利用效率，降低生产成本。通过不断改进成本核算的方法，提高成本核算的准确性和效率。④按照相关规定，定期编制成本报表，为企业内部管理和外部审计提供准确、完整的成本数据。配合内外部审计工作，确保成本核算符合相关法规要求。

**典型工作任务：**物流台账管理；账单核算；成本核算分析；定期编制成本分析报表。

**职业素质：**责任意识、服务意识、效率意识、成本管理意识、法律意识。

**职业能力：**能够根据物流业务编制物流台账。

**可持续发展能力：**能进行客户账务管理；具有全局协调能力。

## 项目导读

甲公司是一个以小麦加工为主的中外合资面粉生产企业。截至 2023 年年底，该公司资产总额为 6 186 万元，2023 年实现销售收入 1. 23 亿元，实现利润总额 6 562 万元。内部设有会计部（兼做信息工作）、人事部、采购部、生产部、质量部、仓储部和销售部 7 个部门，共有员工 145 人，其中采购人员 5 人，生产人员 60 人，营销人员 20 人，其余为管理人员。该公司有一个总面积为 10 000 平方米的仓库，用于储存小麦、面粉等，而运输业务和装卸搬运业务均由外部人员承包，公司支付运输费和装卸搬运费。

本案例以甲公司 2023 年 12 月有关成本费用的资料（见表 2-1～表 2-5）为依据，计算 2023 年 12 月的物流成本。甲公司的成本费用科目有管理费用、制造费用、销售费用、生产成本、财务费用、营业外支出等，其中 2023 年 12 月营业外支出无发生额。

**表 2-1　　2023 年 12 月管理费用明细及物流成本相关性分析表**

| 管理费用<br>明细项目 | 发生额<br>（元） | 是否与物流<br>成本相关 | 备　注 |
|---|---|---|---|
| 工资 | 94 044. 09 | 是 | 含物流信息人员工资 |
| 折旧费 | 36 049. 57 | 是 | 含物流信息设施折旧 |
| 办公费 | 2 566. 24 | 否 | 主要为人事部、会计部、总经理办公室费用 |

续 表

| 管理费用明细项目 | 发生额（元） | 是否与物流成本相关 | 备 注 |
|---|---|---|---|
| 差旅费 | 12 267.10 | 否 | 主要为人事部、会计部、总经理办公室费用 |
| 工会经费 | 5 176.08 | 否 | |
| 董事会费 | 45 000.00 | 否 | |
| 坏账损失 | 2 147 087.44 | 否 | |
| 应酬费 | 24 777.00 | 否 | 主要为人事部、会计部、总经理办公室费用 |
| 税金 | 71 351.83 | 否 | 主要为人事部、会计部、总经理办公室费用 |
| 职工福利费 | 15 996.30 | 是 | 含物流人员费用 |
| 职工培训费 | 631.00 | 是 | 含物流人员费用 |
| 劳动保险费 | 39 102.00 | 是 | 含物流人员费用 |
| 待业保险费 | 3 908.68 | 是 | 含物流人员费用 |
| 劳动保护费 | 1 028.34 | 否 | 主要为人事部、会计部、总经理办公室费用 |
| 邮电费 | 426.81 | 否 | 主要为人事部、会计部、总经理办公室费用 |
| 汽车 | 19 241.31 | 否 | 主要为人事部、会计部、总经理办公室费用 |
| 诉讼费 | 3 683.00 | 否 | |
| 低值易耗品摊销 | 129.00 | 否 | 主要为人事部、会计部、总经理办公室费用 |
| 住房公积金 | 17 203.40 | 是 | 含物流人员费用 |
| 环境保护费 | 2 940.56 | 否 | |
| 修理费 | 5 915.00 | 否 | 主要为人事部、会计部、总经理办公室费用 |
| 统筹医疗金 | 17 827.50 | 是 | 含物流人员费用 |
| 照明电费 | 25 182.68 | 是 | 含仓库电费 |
| 其他 | 65 749.45 | 否 | |
| 合计 | 2 657 284.38 | | |

**表 2-2　　2023 年 12 月制造费用明细及物流成本相关性分析表**

| 制造费用明细项目 | 发生额（元） | 是否与物流成本相关 | 备 注 |
|---|---|---|---|
| 折旧费 | 58 654.90 | 是 | 含车间包装设备折旧费 |
| 修理费 | 61 841.90 | 是 | 含车间包装设备修理费 |
| 水费 | 10 345.81 | 否 | 主要为车间制造耗用水费 |

续　表

| 制造费用明细项目 | 发生额（元） | 是否与物流成本相关 | 备　注 |
| --- | --- | --- | --- |
| 差旅费 | 5 813. 30 | 否 | 主要为车间人员支出费用 |
| 邮电费 | 1 510. 00 | 否 | 主要为车间人员支出费用 |
| 保险费 | 21 684. 00 | 是 | 含库存和包装设备保险费用 |
| 劳动保护费 | 3 358. 50 | 是 | 含包装工人费用 |
| 职工福利费 | 1 025. 95 | 是 | 含包装工人费用 |
| 试验检验费 | 2 906. 42 | 否 | 主要为制造产品而发生的费用 |
| 低值易耗品摊销 | 99. 00 | 否 | 主要为车间低值易耗品摊销 |
| 办公费 | 447. 38 | 是 | 为车间管理人员办公费（含包装业务） |
| 其他 | 989. 37 | 否 | |
| 合计 | 168 676. 53 | | |

**表 2-3　　2023 年 12 月销售费用明细及物流成本相关性分析表**

| 销售费用明细项目 | 发生额（元） | 是否与物流成本相关 | 备　注 |
| --- | --- | --- | --- |
| 运输费 | 300 925. 56 | 是 | 对外支付运费 |
| 装卸搬运费 | 31 154. 60 | 是 | 对外支付装卸搬运费 |
| 保险费 | 3 010. 00 | 是 | 铁路运输保险费 |
| 广告费 | 44 244. 40 | 否 | 主要为广告宣传费 |
| 差旅费 | 15 472. 00 | 否 | 主要为业务部门人员发生费用 |
| 邮电费 | 3 300. 00 | 是 | 含物流信息费 |
| 汽车 | 6 646. 32 | 是 | 含零星物流运输费 |
| 工资 | 61 473. 17 | 是 | 业务部门（含物流业务）人员费用 |
| 办公及劳保 | 2 372. 43 | 是 | 业务部门（含物流业务）人员费用 |
| 低值易耗品摊销 | 3 910. 75 | 是 | 主要为包装材料及周转用仓库篷布费用 |
| 折旧费 | 13 805. 27 | 是 | 主要为仓库及业务办公用房折旧费 |
| 劳动保护费 | 626. 17 | 是 | 业务部门（含物流业务）人员费用 |
| 其他 | 17 952. 30 | 是 | 货物出口报关税及港杂费 |
| 合计 | 504 892. 97 | | |

表 2-4　　2023 年 12 月生产成本明细及物流成本相关性分析表

| 生产成本明细项目 | 发生额（元） | 是否与物流成本相关 | 备　注 |
|---|---|---|---|
| 直接材料 | 7 331 343.53 | 否 | 主要为生产面粉耗用的小麦 |
| 辅助材料 | 309 402.24 | 是 | 含包装材料 |
| 燃料及动力 | 172 565.47 | 是 | 含包装设施耗用电费 |
| 工资 | 114 726.27 | 是 | 含包装工人工资 |
| 制造费用 | 168 751.53 | 否 | 制造费用结转 |
| 合计 | 8 096 789.04 | | |

表 2-5　　2023 年 12 月财务费用明细及物流成本相关性分析表

| 财务费用明细项目 | 发生额（元） | 是否与物流成本相关 | 备　注 |
|---|---|---|---|
| 金融机构手续费 | 371.09 | 否 | |
| 利息支出 | 7 957.00 | 是 | 主要为购买原材料所发生的贷款利息支出 |
| 汇兑损失 | -30 547.73 | 否 | |
| 利息收入 | -8 284.99 | 否 | |
| 合计 | -30 504.63 | | |

# 任务一　物流成本核算认知

## 任务描述

风平物流有限公司是一家综合型物流公司，主要承揽仓储、运输业务。目前该公司正在进行成本核算体系的改革，首要问题就是明确物流成本核算范围，而该公司很多与物流相关的费用都包含在“管理费用”和“销售费用”中，一时间很难确定哪些属于物流成本，哪些属于非物流成本。财务部经理把这项任务交给了小张，小张拿到了三月份的部分成本费用资料，具体情况如下：

本月折旧费用共 200 000 元，其中，仓库及储存设备折旧费用为 90 000 元，运输车辆折旧费用为 60 000 元，仓库各种装卸搬运设备折旧费用为 40 000 元，行政办公设备折旧费用为 10 000 元。

本月水电费为 10 000 元，其中仓库水电费为 7 000 元，车队管理处水电费为 2 000 元，行政部门水电费为 1 000 元。

本月燃料动力费共 232 000 元，其中，运输车辆消耗燃料动力费为 200 000 元，装卸搬运设备消耗燃料动力费为 12 000 元，流通加工设备消耗燃料动力费为 15 000 元，行政部门消耗燃料动力费为 5 000 元。

本月材料费共 47 000 元，其中流通加工消耗材料费为 30 000 元，包装过程消耗材料费为 10 000 元，运输过程消耗材料费为 5 000 元，行政部门消耗材料费为 2 000 元。

各类人员的工资及福利费共 600 000 元，其中运输业务相关人员的工资及福利费为 300 000 元，仓储业务相关人员的工资及福利费为 200 000 元，行政部门人员的工资及福利费为 100 000 元。

小张认为，在确定了物流成本的含义、构成及特征之后，还应掌握物流成本核算的内容及程序，于是他翻阅了一些资料，为正确区分物流成本和非物流成本做了充分的准备。

## 知识链接

### ✤ 知识点 1：物流成本核算的作用及难点

1. 物流成本核算的作用

①强化企业的物流成本管理意识。传统财务报表中反映出来的物流成本远低于企业的真实物流成本，导致许多企业忽视了物流成本管理。通过全面核算物流成本，企业可以清楚地知道自身的物流成本状况，进而提高对物流成本管理的重视程度。

②发现物流活动中存在的问题。通过核算某项具体物流活动或物流部门的成本，企业

可以发现物流活动中存在的问题，如物流成本提高或降低的原因、物流预算执行情况等。

③对物流部门进行绩效考核。根据物流成本核算的结果，企业可以确定内部绩效考核标准，对物流部门及其相关部门进行绩效考核，从而提高企业物流管理水平。

④为改善物流管理提供决策依据。通过分析物流成本核算的结果，企业管理者可以清楚地了解自身的物流运营管理水平、物流设施利用率、燃料消耗情况等，从而为改善物流管理提供重要的决策依据，有利于企业进行科学决策。

2. 物流成本核算的难点

①物流成本核算的范围很广。物流成本比传统成本的计算范围要大得多，如从供应链的角度来看，物流包括了原材料的供应物流，企业的内部物流、销售物流、回收物流和废弃物物流。物流成本涵盖的范围如此广泛，但是目前绝大多数企业的物流成本核算仅着重于供应物流、销售物流环节所发生的费用，忽视了其他物流环节所发生的费用。

②物流成本核算的方法不统一。目前，我国对物流成本的计算方法还没有形成统一的规范，在传统的会计核算中，没有专门针对物流成本的会计科目和账户，因而对相关物流费用的计算，就由各个企业根据自身的情况，或单独计算部分物流成本，或与其他成本混合计入相关科目。例如，产品在制造过程中发生的物流费用被计入制造费用并最终分配计入产品成本，在商品退货以及处理废弃物等环节所发生的有关费用则被计入“管理费用”“其他业务成本”等科目。

③归集物流费用所涉及的要素难以界定。物流成本核算过程与传统成本核算过程基本相同，就是将费用按照一定的成本项目归集到某成本计算对象的过程，但是物流成本核算与传统成本核算又有不同之处。通常企业只是把支付给外部运输企业、仓储企业的物流费用归集到物流成本中，而企业内部发生的与物流相关的人工费、设施设备的折旧费、维修费等物流费用则与企业其他生产经营费用混在一起计算，并没有单独列入物流成本，导致哪些费用要素应该计入物流成本很难界定。

④物流成本的核算对象维度较多。核算物流成本，明确物流成本核算对象是前提。传统成本核算对象（如按品种、步骤、类别等）相对比较容易确定，但是物流涉及的过程复杂，涵盖的内容广泛，费用要素较难确定。因此，物流成本核算对象的可选性就比较大，如按功能、范围、客户等计算，但是以不同的对象来核算物流成本，结果往往相差很大。若从多个维度来计算物流成本，尽管会提高计算结果的准确性，但是工作量会大大增加。

⑤利用现行会计制度核算物流成本的难度大。现行会计制度和会计核算方法对物流成本没有分列记账，一般并不单独核算物流成本，而是将企业所有的成本都列在成本费用项目中，如将其分散到“材料采购”“生产成本”及各项期间费用中，企业不会因为计算物流成本而打乱传统的会计核算体系。如果把包括在这些成本费用中的物流费用划分出来并单独核算，则会增加操作成本，所以在现行制度下，核算物流成本难度较大。

### ✣ 知识点2：物流成本核算的原则和内容

1. 物流成本核算的原则

1）合法性原则

合法性原则是指计入成本的支出都必须符合我国法律法规对成本支出范围和标准的规定，不符合规定的支出不能计入成本。企业进行物流成本核算时，应遵循的法律、法规、制度主要包括《中华人民共和国会计法》《企业会计制度》《会计基础工作规范》《企业会计准则》《企业财务通则》《企业财务会计报告条例》等。

2）可靠性原则

可靠性原则包括真实性原则和可核实性原则。真实性原则是指计入的成本信息要与客观的经济活动一致，不可人为地提高或降低成本；可核实性原则是指不同会计人员按一定原则对成本进行核算时所得到的结果必须相同，否则便可认为成本信息不可靠。

3）相关性原则

相关性原则包括有用性原则和及时性原则。有用性原则是指成本核算要能为企业提供有用的信息，帮助企业进行成本管理；及时性原则是指企业应在经济活动发生后的短期内，及时对相应成本进行核算，以免成本信息失效。

4）分期核算原则

分期核算原则是指企业应按一定阶段将连续的生产经营活动划分为若干时期，分别核算各期的物流成本。为了便于计算，企业的成本核算分期通常会与会计年度的分月、分季、分年保持一致。

5）权责发生制原则

权责发生制原则主要包括两点：①对于应由本期成本负担的支出，不论其是否已在本期支付，都要计入本期的物流成本；②对于不应由本期成本负担的支出，即使是在本期支付，也不应计入本期的物流成本。遵循权责发生制原则，是为了划分支出发生时间与支出收益时间的界限，以便正确处理各项待摊费用和预提费用，保证物流信息的准确性。

6）按实际成本计价原则

按实际成本计价原则是指企业应当以实际发生数将生产经营过程中发生的各项费用计入物流成本。例如，企业应按照实际耗用数量和实际单价，将物流过程中所消耗的原料、燃料等计入物流成本。

7）一致性原则

一致性原则是指企业根据其生产经营特点和管理要求，确定了物流成本核算对象、物流成本项目和物流成本核算方式之后，应尽量保持长期一致，不得随意变更。

8）重要性原则

重要性原则是指在物流成本核算过程中，应将那些对物流成本有重大影响的项目作为重点进行精确核算，而对那些次要的项目进行简化处理。

2. 物流成本核算的内容

企业物流的一切活动最终体现为经济活动，经济活动必然要求进行经济核算、成本计算、业绩考核，所以物流成本核算贯穿于企业整个物流活动的全过程。企业的物流活动包括运输、仓储、装卸搬运、包装、流通加工、物流信息和物流管理等多个环节，决定了企业物流成本核算的主要内容，除此之外核算的内容还应包括存货相关成本。

1）物流功能成本

（1）物流运作成本

a. 运输成本：一定时期内，企业为完成货物运输业务而发生的全部费用，包括从事货物运输业务的人员费用，车辆（包括其他运输工具）的燃料费、折旧费、维修保养费、租赁费、养路费、过路费、年检费、事故损失费、相关税金等。

b. 仓储成本：一定时期内，企业为完成货物储存业务而发生的全部费用，包括仓储业务的人员费用，仓储设施的折旧费、维修保养费、水电费、燃料费与动力消耗费等。

c. 装卸搬运成本：一定时期内，企业为完成装卸搬运业务而发生的全部费用，包括装卸搬运业务的人员费用，装卸搬运设施的折旧费、维修保养费、燃料费与动力消耗费等。

d. 包装成本：一定时期内，企业为完成货物包装业务而发生的全部费用，包装材料消耗费、包装设施折旧费、维修保养费，包装技术设计费、实施费用，以及包装标记的设计费、印刷费等。

e. 流通加工成本：一定时期内，企业为完成货物流通加工业务而发生的全部费用，包括流通加工业务的人员费用，流通加工材料消耗费，流通加工设施的折旧费、维修保养费、燃料费与动力消耗费等。

（2）物流信息成本

物流信息成本是指一定时期内，企业为采集、传输、处理物流信息而发生的全部费用，即与订货处理、储存管理、客户服务有关的费用，包括物流信息人员费用、软硬件的折旧费、维护保养费、通信费等。

（3）物流管理成本

物流管理成本是指一定时期内，企业物流管理部门及物流作业现场所发生的管理费用，包括物流管理人员费用、差旅费、办公费、会议费等。

2）存货相关成本

（1）流动资金占用成本

流动资金占用成本是指一定时期内，企业在物流活动过程中因持有存货占用流动资金所发生的成本，包括存货占用银行贷款所支付的利息和存货占用自有资金所发生的机会成本。

（2）存货风险成本

存货风险成本是指一定时期内，企业在物流活动过程中所发生的物品跌价、损耗、毁损、盘亏等损失。

（3）存货保险成本

存货保险成本是指一定时期内，企业在物流活动过程中，为预防和减少因物品丢失、损毁造成的损失，而向社会保险部门支付的物品财产保险费用。

**✣ 知识点 3：物流成本核算的程序**

1. 审核原始记录

有关物流成本的原始记录是物流成本核算的数据来源和基本依据，所有记入企业物流成本表的成本都应当有原始记录。因此，会计人员应当对与物流成本相关的原始记录进行严格审核，确保原始记录填写完整、签章齐全、数字准确、符合规定。

2. 确定物流成本核算对象

物流成本核算对象是在物流成本核算过程中，归集、分配物流费用的对象，即物流费用的承担者。物流成本核算对象主要取决于企业类型，不可随意更改。对大部分企业来说，以物流成本项目、物流成本范围和物流成本支付形态为物流成本核算对象，基本可以反映主要的物流成本；但也有部分企业出于管理需要，以客户、产品、物流部门等为物流成本核算对象。

3. 确定物流成本核算期间

物流成本核算期间是指企业核算成本的时间范围。为了便于统计，物流成本核算期间通常与企业会计期间保持一致，即以月、季、年为核算期间。此外，也可以某项作业周期或物流环节的持续期为物流成本核算期间。例如，远洋运输企业可按航次周期核算物流成本，仓储企业可按存货周期核算物流成本。

4. 归集和分配物流成本

在归集和分配物流成本环节，企业要将物流成本归集和分配到相应的物流成本核算对象中，并填制企业物流成本表。

成本归集是指按照一定的成本核算对象，对企业在生产经营过程中产生的各种费用数据进行收集和汇总；成本分配是指按照一定的分配标准，将不能直接计入成本核算对象的归集费用分配到各成本核算对象中。

企业物流成本表包括企业物流成本主表和企业自营物流成本支付形态表（又称物流成本附表）。

1）企业物流成本主表

生产企业和流通企业一般按供应物流、企业内物流、销售物流、回收物流和废弃物物流五个范围阶段逐一填列企业物流成本主表，如表 2-6 所示。物流企业在填列物流成本主表时，只需按成本项目及成本支付形态填列物流成本即可。

**表 2-6　　企业物流成本主表**

企业详细名称：　　企业法人代码：　　计量单位：元　　年　月

| 成本项目 | | 代码 | 范围及支付形态 | | | | | | | | | | | | | | | | | |
|---|---|---|---|---|---|---|---|---|---|---|---|---|---|---|---|---|---|---|---|---|
| | | | 供应物流成本 | | | 企业内物流成本 | | | 销售物流成本 | | | 回收物流成本 | | | 废弃物物流成本 | | | 物流总成本 | | |
| | | | 自营 | 委托 | 小计 | 自营 | 委托 | 小计 | 自营 | 委托 | 小计 | 自营 | 委托 | 小计 | 自营 | 委托 | 小计 | 自营 | 委托 | 合计 |
| 甲 | | 乙 | 01 | 02 | 03 | 04 | 05 | 06 | 07 | 08 | 09 | 10 | 11 | 12 | 13 | 14 | 15 | 16 | 17 | 18 |
| 物流功能成本 | 运输成本 | 01 | | | | | | | | | | | | | | | | | | |
| | 仓储成本 | 02 | | | | | | | | | | | | | | | | | | |
| | 包装成本 | 03 | | | | | | | | | | | | | | | | | | |
| | 装卸搬运成本 | 04 | | | | | | | | | | | | | | | | | | |
| | 流通加工成本 | 05 | | | | | | | | | | | | | | | | | | |
| | 物流信息成本 | 06 | | | | | | | | | | | | | | | | | | |
| | 物流管理成本 | 07 | | | | | | | | | | | | | | | | | | |
| | 合计 | 08 | | | | | | | | | | | | | | | | | | |
| 存货相关成本 | 流动资金占用成本 | 09 | | | | | | | | | | | | | | | | | | |
| | 存货风险成本 | 10 | | | | | | | | | | | | | | | | | | |
| | 存货保险成本 | 11 | | | | | | | | | | | | | | | | | | |
| | 合计 | 12 | | | | | | | | | | | | | | | | | | |
| 其他成本 | | 13 | | | | | | | | | | | | | | | | | | |
| 物流总成本 | | 14 | | | | | | | | | | | | | | | | | | |

单位负责人：　　填表人：　　填表日期：　年　月　日

2）企业自营物流成本支付形态表

为了弄清各物流成本项目所对应的支付形态，企业可以填列企业自营物流成本支付形态表，如表 2-7 所示。其中，运输成本、仓储成本、装卸搬运成本、物流信息成本和物流管理成本所对应的支付形态一般为人工费、维护费和一般经费；包装成本、流通加工成本所对应的支付形态一般为材料费、人工费、维护费和一般经费；流动资金占用成本、存货风险成本和存货保险成本所对应的支付形态一般为特别经费。在填写表格时，只要成本项目中各明细项目有相应支付形态的，均需填写；无相应支付形态的，则不填写。

**表 2-7　　企业自营物流成本支付形态表**

企业详细名称：　　企业法人代码：　　计量单位：元　　年　月

| 成本项目 | 代码 | 内部支付形态 | | | | | |
|---|---|---|---|---|---|---|---|
| | | 材料费 | 人工费 | 维护费 | 一般经费 | 特别经费 | 合计 |
| 甲 | 乙 | 1 | 2 | 3 | 4 | 5 | 6 |
| | 01 | | | | | | |
| | 02 | | | | | | |
| | 03 | | | | | | |
| | 04 | | | | | | |
| | 05 | | | | | | |
| | 06 | | | | | | |
| | 07 | | | | | | |
| | 08 | | | | | | |
| | 09 | | | | | | |
| | 10 | | | | | | |
| | 11 | | | | | | |
| | 12 | | | | | | |
| | 13 | | | | | | |
| | 14 | | | | | | |

单位负责人：　　填表人：　　填表日期：　年　月　日

## 任务实施

阅读任务描述内容，回答以下问题。

1. 物流成本核算的作用是什么？对企业有什么影响？

______________________________________________________________

______________________________________________________________

2. 物流成本核算的难点是什么？

______________________________________________________________

______________________________________________________________

______________________________________________________________

3. 物流成本核算应该遵循的程序是什么？

______________________________________________________________

______________________________________________________________

______________________________________________________________

## 任务评价

在完成上述任务后，教师组织三方评价，并对学生任务执行情况进行点评。学生完成考核评价表（见表2-8）的填写。

**表2-8　考核评价表**

| 班级 | | 团队名称 | | | | |
|---|---|---|---|---|---|---|
| 团队成员 | | | | | | |
| 考核项目 | | 要求 | 分值 | 学生自评（30%） | 团队互评（30%） | 教师评定（40%） |
| 知识能力 | 物流成本核算的作用分析 | 分析正确 | 20分 | | | |
| | 物流成本核算的原则分析 | 分析合理 | 20分 | | | |
| | 物流成本核算程序分析 | 分析合理 | 30分 | | | |
| 职业素养 | 团队协作精神 | 相互协作、相互帮助 | 10分 | | | |
| | 工作态度 | 严谨认真 | 10分 | | | |
| | 沟通表达能力 | 用词准确、表述流畅 | 10分 | | | |
| 合计 | | | 100分 | | | |

## 牛刀小试

### 一、单选题

1. （　　）是指企业在某阶段核算物流成本的时间范围。

A. 物流成本核算对象　　B. 物流成本核算期间

C. 物流成本核算方式　　D. 物流作业成本动因

2. 物流成本核算的（　　）原则包括真实性原则和可核实性原则。

A. 可靠性　　B. 权责发生制　　C. 合法性　　D. 相关性

3. （　　）应当直接计入产品成本，不需要在各项作业之间分摊。

A. 仓库租金　　B. 设备维护费　　C. 电费　　D. 直接材料费

### 二、多选题

1. 物流成本的核算内容主要包括（　　）。

A. 物流运作成本　　B. 物流信息成本

C. 物流管理成本　　D. 存货相关成本

2. 物流成本核算的基本原则包括（　　）。

A. 可靠性原则　　B. 一致性原则　　C. 合法性原则　　D. 重要性原则

### 三、简答题

简述物流成本核算的原则。

### 四、论述题

请根据下列信息，制作仓储中心企业自营物流成本支付形态表，并论述填列表格的思路和具体过程。

某仓储中心计划编制10月的企业自营物流成本支付形态表。通过整理财务报表，该仓储中心获得了以下成本信息：运输成本包括运输工具维护费10 000元、燃料费10 000元、保险费5 000元和员工的工资及福利费20万元；仓储成本包括仓储设施折旧费2万元、水电费3 000元和员工的工资及福利费5万元；包装成本包括材料费2万元和员工的工资及福利费5万元；装卸搬运成本包括设备维护费3 000元、通信费1 000元和员工的工资及福利费5万元；流通加工成本包括材料费10 000元和员工的工资及福利费6万元；物流信息成本包括通信费3 000元、水电费2 000元、办公费1 000元和员工的工资及福利费3万元；物流管理成本包括会议费3 000元、通信费2 000元、水电费3 000元、咨询费1 000元。此外，在存货相关成本中，流动资金占用成本为8万元，存货风险成本为3万元，存货保险成本为2万元。

# 任务二 物流成本核算的方法

## 任务描述

风平物流有限公司是一家综合型物流公司，主要承揽仓储、运输业务。目前该公司正在进行成本核算体系的改革，首要问题就是明确物流成本核算范围，而该公司很多与物流相关的费用都包含在“管理费用”和“销售费用”中，一时间很难确定哪些属于物流成本，哪些属于非物流成本。财务部经理把这项任务交给了小张，小张拿到了三月份的部分成本费用资料，具体情况如下：

本月折旧费用共 200 000 元，其中，仓库及储存设备折旧费用为 90 000 元，运输车辆折旧费用为 60 000 元，仓库各种装卸搬运设备折旧费用为 40 000 元，行政办公设备折旧费用为 10 000 元。

本月水电费为 10 000 元，其中仓库水电费为 7 000 元，车队管理处水电费为 2 000 元，行政部门水电费为 1 000 元。

本月燃料动力费共 232 000 元，其中，运输车辆消耗燃料动力费为 200 000 元，装卸搬运设备消耗燃料动力费为 12 000 元，流通加工设备消耗燃料动力费为 15 000 元，行政部门消耗燃料动力费为 5 000 元。

本月材料费共 47 000 元，其中流通加工消耗材料费为 30 000 元，包装过程消耗材料费为 10 000 元，运输过程消耗材料费为 5 000 元，行政部门消耗材料费为 2 000 元。

各类人员的工资及福利费共 600 000 元，其中运输业务相关人员的工资及福利费为 300 000 元，仓储业务相关人员的工资及福利费为 200 000 元，行政部门人员的工资及福利费为 100 000 元。

小张认为，应掌握物流成本核算的方法及步骤，于是他翻阅了一些资料，进行了合理的分析。

## 知识链接

### ✣ 知识点 1：物流成本核算的三种方法（考证必备知识点）

物流成本核算的方法主要包括会计方法、统计方法、会计与统计相结合的混合方法。企业应当根据自身生产经营状况和管理需要，选择合适的核算方法。

1. 会计方法

会计方法是指企业建立与物流成本相关的凭证、账户、报表，以便连续、系统、全面地核算物流成本的方法。采用该方法核算物流成本时，提供的成本信息比较系统、全面、连续、准确和真实。该方法一般有三种形式：单轨制、双轨制和辅助账户制。

1）单轨制

单轨制是指企业建立一套能提供多种成本信息的核算体系，将物流成本核算与企业现行的其他成本核算（如产品成本核算、责任成本核算等）结合起来并同时核算的方式。这种核算方法的优点是：所提供的成本信息较全面、系统、连续；在一套账表中提供两种不同类型的信息，可减少一定的工作量。这种核算方法的缺点是：需要对现有的产品成本计算体系进行较大的甚至是彻底的调整；需要划分现实物流成本、观念物流成本的界限等；责任成本、质量成本等管理成本都要与产品相结合，核算难度很大。

2）双轨制

双轨制是指将物流成本核算与其他成本核算完全区分开来，单独建立物流成本核算的凭证、账户、报表体系，对物流成本进行单独核算的方式。这种核算方法的优点是：提供的成本信息比较系统、全面、连续、准确和真实；可以向不同的信息使用者提供他们所需的信息，对现行成本核算的干扰不大。这种核算方法的缺点是：工作量较大，容易造成核算人员数量的不足；物流成本核算的准确性可能因为基层核算员财务核算知识的缺乏而受到影响。

3）辅助账户制

辅助账户制是指在不影响当前财务会计核算流程的前提下，通过在相应的成本费用账户下设置物流成本二级账户（或辅助账户），进行独立的物流成本二级核算。这种核算方法的优点是：既不像双轨制核算工作量那么大，也不像单轨制对原有会计核算体系进行重大调整。该方法的缺点是：若辅助账户设置不当或登记方法不科学，也会增加工作量。

采用会计方法核算物流成本时，由于所收集的成本信息比较系统、全面、连续、准确，因此精确度较高，但工作量较大，且对会计人员成本核算能力的要求较高。

**【知识拓展】**

## 有关物流成本核算的主要会计科目

1. “生产成本”科目

“生产成本”科目核算的是企业在进行工业性生产时所发生的各项费用。此科目下应当设置“基本生产成本”与“辅助生产成本”等明细科目。

2. “制造费用”科目

“制造费用”科目核算的是企业因生产产品和提供劳务而发生的各项费用，包括办公费、水电费、折旧费、修理费、工资及福利费等。

3. “劳务成本”科目

“劳务成本”科目核算的是企业对外提供劳务而产生的费用，如因对外承包物流业务而产生的运输费、员工工资及福利费、燃油费等。

4. “主营业务成本”科目

“主营业务成本”科目核算的是企业在销售商品、提供劳务等经常性活动中发生的各项费用。

5. “税金及附加”科目

“税金及附加”科目核算的是企业在日常经营活动中应当负担的税金及附加费用，包括资源税、土地增值税、消费税、城市维护建设税、教育费附加等。

6. “其他业务成本”科目

“其他业务成本”科目核算的是企业除了主营业务之外的其他业务所产生的费用，包括因提供劳务、销售材料等而发生的相关费用等。

7. “销售费用”科目

“销售费用”科目核算的是企业在销售过程中产生的费用，包括包装费、运输费、装卸搬运费、保险费、广告费、员工工资及福利费等。

8. “管理费用”科目

“管理费用”科目核算的是企业为了管理生产经营活动而产生的费用，包括管理部门员工工资、办公费、差旅费、研究与开发费等。

9. “财务费用”科目

“财务费用”科目核算的是企业为了筹集生产经营活动所需资金而产生的费用，包括汇兑损失、利息支出、相关手续费等。

2. 统计方法

统计方法是指企业对财务会计的相关数据进行分析，推算和抽出其中的物流成本，并按不同的核算对象对物流成本进行重新归集、汇总、加工，进而完成物流成本核算的方法。与会计方法相比，采用统计方法核算物流成本，不需要设置完整的凭证、账户和报表体系，操作起来更加简单、灵活和方便，但是由于不能对物流成本进行连续、系统和全面的追踪反映，所以得到信息的精确程度会受到很大影响，而且易流于形式，使人误认为物流成本管理是权宜之计，因此容易削弱物流管理的意识。另外，在期末一次性进行物流成本的归类统计，花费的时间较多，对于财务会计人员来说，一次性工作量较大。如果在日常会计处理过程中没有做相应的基础工作，按不同物流成本核算对象进行成本归集时，有时也无法确定某项成本的具体归属。以统计方法进行物流成本核算时，平时不需要进行额外的会计处理，在会计期末（月末、季末或年末）才进行物流成本的统计计算。从财务会计数据中合理推算和抽出物流成本的具体做法如下：

①从材料采购、管理费用账户中抽出供应物流成本，并按功能类别、形态类别分别进行分类核算。例如，从材料采购账户中抽出外地运输费，从管理费用账户中抽出材料市内运杂费，并将两者计入供应物流成本。

②从生产成本、制造费用、辅助生产、管理费用等账户中抽出企业内物流成本，并按

物流功能、物流成本支付形态进行分类核算。

③从销售费用中抽出销售物流成本，包括销售过程中发生的运输成本、仓储成本、包装成本、装卸搬运成本、流通加工成本等。

④根据企业实际订货情况确定企业对外支付的物流成本，包括每次订货的装卸搬运成本、运输成本、包装成本、仓储成本等。

⑤从管理费用中抽出物流管理人员费用和退货物流费用。

⑥对于物流资金的利息成本，可按照企业物流作业所占用的资金总额乘企业内部利率或同期银行存款利率进行计算。

⑦对于废弃物物流成本，若其数额较小，可直接并入其他物流费用，否则，应当单独抽出并核算。

3. 会计与统计相结合的混合方法

会计与统计相结合的混合方法是指将部分物流成本通过会计方法进行核算，同时将另一部分通过统计方法进行核算。采用这种方法时，虽然也要设置一些物流成本账户，但不需要像会计方法那么全面、系统。这些物流成本账户不纳入现行成本核算的账户体系，属于账外核算，具有辅助账户记录的性质。

采用这种方法进行物流成本核算的步骤大致如下：

1）设置物流成本辅助账户

按物流成本项目设置运输成本、仓储成本、包装成本、装卸搬运成本、流通加工成本、物流信息成本、物流管理成本、流动资金占用成本、存货风险成本、存货保险成本等二级账户，并按物流范围设置供应物流成本、企业内物流成本、销售物流成本、回收物流成本、废弃物物流成本等三级账户。对于自营物流成本，还应按成本支付形态，设置材料费、人工费、维护费、一般经费、特别经费等费用专栏。企业可根据实际情况来确定二级账户、三级账户及费用专栏的设置次序。

2）填制物流成本辅助账户

在现行的成本核算体系中，有许多可以直接在财务账簿中反映出来但分散于各科目之中的物流成本，通常被称为显性物流成本。显性物流成本主要包括仓库管理员工资、物流固定资产折旧费、运输车队的费用、计入“制造费用”的物流人员工资及福利费等。企业对显性物流成本进行核算时，应根据会计凭证填制相关的物流成本辅助账户，进行账外物流成本核算。

例如，企业以银行存款支付购进材料的货款和运费共计 10 000 元，其中货款 9 000 元，运费 1 000 元，则企业可正常借记“ 材料采购”账户 10 000 元，并用括号注明物流成本 1 000 元，然后贷记“银行存款”账户 10 000 元。在归集物流成本时，将括号中的物流成本填制到有关三级账户、二级账户和总账中。

3）设置单独台账

那些没有反映在现行成本核算体系中但应计入物流成本的费用，通常被称为隐性物流成本。企业应根据相关统计资料，以与统计方法相同的计算方法来推算隐性物流成本，并单独设置台账进行记录。例如，企业可以按照物流资产占有比例乘单位物流费率来计算物流资产的利息费用；按照本企业的采购数量（或销售数量）乘单位物流费率来计算其他企业代付的物流费用。

4）编制物流成本报告

在成本核算期末，根据物流成本辅助账户和物流成本台账的信息，编制各种类型的物流成本报告，以满足企业对物流成本管理信息的需求。

**✣ 知识点 2：作业成本法**

1. 作业成本法的相关概念

作业成本法是以作业为中心，根据作业对资源耗费的情况将资源的成本分配到作业中，然后根据产品和服务所耗用的作业量，最终将成本分配到产品与服务中的核算方法。作业成本法的理论基础是成本动因理论，即费用的分配着眼于费用发生的原因，把费用的分配与导致这些费用发生的原因联系起来，按照费用发生的原因分配。

1）作业（Activity）

作业是指企业为生产产品或提供服务而发生的，以消耗资源为重要特征的各项业务活动的统称。例如，物流企业的作业包括包装作业、配送作业、仓储作业、装卸搬运作业等。

2）资源（Resources）

资源是指作业过程中所消耗的成本和费用的来源，即作业消耗的人力、物力和财力的总和。当一项资源只用于一种作业时，可直接计算成本；当一项资源用于多种作业时，就必须通过成本动因将资源消耗恰当地分配到相应的作业中。

3）成本动因（Cost Driver）

成本动因是指导致成本发生的各种因素，如人工工时、机器小时、货物搬运次数、订购次数等。在作业成本法中，成本动因就是将资源分配到相应作业的标准。

根据成本动因在资源分配中所处的位置，可将成本动因划分为资源动因和作业动因。资源动因是指资源被各种作业消耗的方式和原因，反映了作业量与资源消耗量之间的量化关系，是将资源消耗分配到作业中的计量单位。例如，人力成本的资源动因是作业人数或人工工时，设备折旧的资源动因是设备使用时间。作业动因是指各项作业被最终产品或服务消耗的方式和原因，反映了产量与作业消耗量之间的量化关系。例如，装卸搬运作业的作业动因是装卸搬运次数，它是核算装卸搬运成本的依据。

4）作业中心（Activity Centre）

作业中心是成本归集和分配的基本单位，它由一项作业或一组性质相似的作业组成。

企业可以设置若干作业中心进行生产活动，一个作业中心就是生产流程的一个组成部分。一般来说，企业以同质作业为原则，将相同的成本动因引起的作业集合成一个作业中心。例如，在原材料采购作业中，材料采购、材料检验、材料入库、材料保管等是相互联系的，因此可以归集为一个材料处理作业中心。

5）作业成本库（Cost Library）

作业成本库是作业中心的货币表现形式，在作业成本法中，将相关的一系列作业消耗的资源费用归集到作业中心，就形成了该作业中心的作业成本库。

6）成本对象（Cost Object）

成本对象是归集成本的最终点，成本按其计入成本对象的方式不同，可以分为直接成本和间接成本。

7）成本要素（Cost Element）

成本要素是在生产和经营活动中发生的各种费用的分类，它有助于分析和控制成本。成本要素通常包括直接材料、直接人工和制造费用等。

### 2. 作业成本法的基本原理

作业成本法的基本原理是“作业消耗资源，产品消耗作业；生产导致作业的发生，作业导致成本的发生”。在采用作业成本法核算成本时，企业应将直接成本归集到对应的产品或服务中，同时，根据资源动因和作业动因，分析作业与资源、成本核算对象的关系，进而将间接成本合理地分配给不同的成本核算对象。

一般来说，作业成本法的成本分配过程包括两个阶段。第一阶段，将因消耗资源而发生的费用归集到作业中心，形成作业成本库；第二阶段，通过作业动因将作业成本库归集的成本分配给成本核算对象，并计算成本核算对象所归集的成本。

### 3. 作业成本法的计算步骤

一般来说，采用作业成本法核算物流成本主要可分为以下几个步骤。

1）分析和确定资源，建立资源成本库

从企业会计记录中直接取得直接成本，或采用分离、推算等方式取得间接成本。将直接成本（如直接材料费、直接人工费等）直接计入某项产品或服务；对于间接成本，则应先分析和确定各项物流作业所消耗的资源，然后将消耗资源所产生的成本按一定核算期间归集到相应的资源成本库。

2）分析和确定物流作业，建立作业中心

根据企业的生产工艺流程和物流过程，将企业物流运营的全过程划分为一定数量的作业。在分析和确定作业的过程中，应遵循以下两个原则：①重要性原则，即根据每项业务的重要性来判断其是否能单独成为一项作业；②相关性原则，即从成本动因的角度出发，将所有性质相同的业务整合为一项具有特定功能的作业。

在确定了物流作业后，对具有相同性质的作业进行整合，并建立若干作业中心。

3）确定资源动因，分配资源成本到作业成本库

企业应根据资源消耗情况来确定资源动因，具体做法如下：

①如果某项具有专属性的资源被某项作业所消耗，就应当按照作业与所消耗资源的关系来确定资源动因，如将人数作为特定作业消耗人工的资源动因。

②如果某项资源被多项作业所消耗，就应当按照“多收益、多分摊”的原则确定资源动因。

在确定了资源动因后，按照资源动因将被作业消耗的资源费用归集到对应的作业中心，形成若干作业成本库。每个作业成本库可以归集人工工资、材料费、机器设备折旧费等。例如，燃料被运输作业所消耗，则可以将燃料费按照设备的价值、运行时长等分配至相应的作业成本库。

4）确定作业动因，分配作业成本到成本核算对象

由于物流作业非常复杂，一项作业的动因往往不止一个，因此，应选择与实际消耗资源相关程度较高且易于量化的作业动因作为分配作业成本的依据。

5）汇总并计算成本核算对象的物流总成本

①进一步计算作业成本分配率，计算公式如下

作业成本分配率=作业中心发生的作业成本÷该作业中心可提供的作业量　(2.1)

②计算某成本核算对象的作业成本，计算公式如下

某成本核算对象的作业成本=其成本核算对象耗用的作业量×作业成本分配率 (2.2)

③将成本核算对象中分配的各项物流成本相加，即可得到成本核算对象的间接物流成本，再加上直接物流成本，就能计算出各成本核算对象的物流总成本。

**【案例分析】**

某摩托车发动机生产企业10月共生产C型发动机1 000台，M型发动机1 250台。该月，这两种产品在物流服务上消耗的资源总费用为100 000元。其中，人工费为40 000元，电费为10 000元，设备折旧费为40 000元，办公费为10 000元。该企业拟采用作业成本法核算生产C型和M型两种发动机所花费的物流成本。将所消耗的资源归集到各资源成本库后，该企业通过对生产过程中的物流服务进行分析，确定了材料采购、产品包装、质量检验、产品储存、装卸搬运五项物流作业中心，然后根据资源动因和分摊系数，将所消耗的资源分配到对应的作业中心，并汇总计算出各作业中心的作业成本，从而形成生产两种发动机的物流作业成本库，如表2-9所示。

**表2-9　生产两种发动机的物流作业成本库**

| 作业中心 | 成本额（元） |
|---|---|
| 材料采购 | 20 000 |
| 产品包装 | 30 000 |

续　表

| 作业中心 | 成本额（元） |
| --- | --- |
| 质量检验 | 10 000 |
| 产品储存 | 20 000 |
| 装卸搬运 | 20 000 |
| 合计 | 100 000 |

之后，该生产企业对各项物流作业进行作业成本动因分析，确认作业成本动因及作业量，如表2-10所示。

**表2-10　　作业成本动因及作业量**

| 作业中心 | 成本动因 | 作业量 | | |
| --- | --- | --- | --- | --- |
| | | C型发动机 | M型发动机 | 合计 |
| 材料采购 | 材料采购数量 | 10 | 15 | 25 |
| 产品包装 | 包装批次 | 5 | 10 | 15 |
| 质量检验 | 质量检验时长 | 30 | 50 | 80 |
| 产品储存 | 产品储存时长 | 10 | 15 | 25 |
| 装卸搬运 | 装卸搬运次数 | 4 | 6 | 10 |

（1）请采用作业成本法分配C型发动机和M型发动机的间接物流成本。

（2）现已知C型发动机的直接物流成本为30 000元，M型发动机的直接物流成本为50 000元。请用作业成本法计算C型发动机和M型发动机的物流总成本和单位物流成本。

（3）根据计算结果，编制两种发动机的物流成本核算表。

计算步骤：

（1）分配间接物流成本。

①计算材料采购作业成本：

作业成本分配率=20 000/25=800

C型发动机的材料采购成本=800×10=8 000（元）

M型发动机的材料采购成本=800×15=12 000（元）

②计算产品包装作业成本：

作业成本分配率=30 000/15=2 000

C型发动机的产品包装成本=2 000×5=10 000元

M型发动机的产品包装成本=2 000×10=20 000元

③计算质量检验作业成本：

作业成本分配率=10 000/80=125

C 型发动机的质量检验成本＝125×30＝3 750（元）

M 型发动机的质量检验成本＝125×50＝6 250（元）

④计算产品储存作业成本：

作业成本分配率＝20 000/25＝800

C 型发动机的产品储存成本＝800×10＝8 000（元）

M 型发动机的产品储存成本＝800×15＝12 000（元）

⑤计算装卸搬运作业成本：

作业成本分配率＝20 000/10＝2 000

C 型发动机的装卸搬运成本＝2 000×4＝8 000（元）

M 型发动机的装卸搬运成本＝2 000×6＝12 000（元）

（2）计算物流总成本和单位物流成本。

①计算 C 型发动机的物流成本：

C 型发动机的物流总成本＝8 000+10 000+3 750+8 000+8 000+30 000＝67 750（元）

C 型发动机的单位物流成本＝67 750/1 000＝67. 75（元）

②计算 M 型发动机的物流成本：

M 型发动机的物流总成本＝12 000+20 000+6 250+12 000+12 000+50 000＝112 250（元）

M 型发动机的单位物流成本＝112 250/1 250＝89. 8（元）

（3）编制 C 型和 M 型两种发动机的物流成本核算表，如表 2-11 所示。

表 2-11　　C 型和 M 型两种发动机的物流成本核算表

| 作业中心 | | 作业成本（元） | 作业成本分配率 | C 型发动机 | | M 型发动机 | |
|---|---|---|---|---|---|---|---|
| | | | | 消耗动因数 | 成本额（元） | 消耗动因数 | 成本额（元） |
| 间接物流成本 | 材料采购 | 20 000 | 800 | 10 | 8 000 | 15 | 12 000 |
| | 产品包装 | 30 000 | 2 000 | 5 | 10 000 | 10 | 20 000 |
| | 质量检验 | 10 000 | 125 | 30 | 3 750 | 50 | 6 250 |
| | 产品储存 | 20 000 | 800 | 10 | 8 000 | 15 | 12 000 |
| | 装卸搬运 | 20 000 | 2 000 | 4 | 8 000 | 6 | 12 000 |
| 直接物流成本 | | 80 000 | | | 30 000 | | 50 000 |
| 合计 | | 180 000 | | | 67 750 | | 112 250 |

## 任务实施

阅读任务描述内容，回答以下问题。

1. 物流成本核算的方法有哪些？请举例说明各种方法分别适用什么样的企业。

2. 请举例说明作业成本法的计算步骤？

## 任务评价

在完成上述任务后，教师组织三方评价，并对学生任务执行情况进行点评。学生完成考核评价表（见表 2-12）的填写。

表 2-12　考核评价表

| 班级 | | 团队名称 | | | | |
|---|---|---|---|---|---|---|
| 团队成员 | | | | | | |
| 考核项目 | | 要求 | 分值 | 学生自评（30%） | 团队互评（30%） | 教师评定（40%） |
| 知识能力 | 物流成本核算的方法分析 | 分析正确 | 20 分 | | | |
| | 作业成本法的基本原理分析 | 分析合理 | 20 分 | | | |
| | 用作业成本法进行计算 | 计算正确 | 30 分 | | | |
| 职业素养 | 团队协作精神 | 相互协作、相互帮助 | 10 分 | | | |
| | 工作态度 | 严谨认真 | 10 分 | | | |
| | 沟通表达能力 | 用词准确、表述流畅 | 10 分 | | | |
| 合计 | | | 100 分 | | | |

## 牛刀小试

### 一、单选题

1. 计算物流成本，明确物流成本的（　　）是前提。

A. 计算对象　　B. 计算方式　　C. 计算数量　　D. 计算种类

2. 下列选项中，（　　）不是物流成本核算的主要会计科目。

A. 生产成本　　B. 制造费用　　C. 劳务成本　　D. 接待费

3. （　　）应当直接计入产品成本，不需要在各项作业之间分摊。

A. 仓库租金　　B. 设备维护费　　C. 电费　　D. 直接材料费

### 二、多选题

1. 物流成本核算常用的方法有（　　）。

A. 会计方法　　B. 统计方法

C. 会计与统计相结合的混合方法　　D. 归集方法

2. 物流成本核算中的会计方法一般包括（　　）几种形式。

A. 单轨制　　B. 双轨制　　C. 辅助账户制　　D. 三轨制

### 三、简答题

简述作业成本法的基本原理。

### 四、计算题

某大型企业仓储中心 2023 年 10 月完成了如下经济业务：①为分公司 A 配送货物，获得 500 万元；②为分公司 B 配送货物，获得 600 万元；③为分公司 C 配送货物，获得 700 万元。2023 年 10 月，该仓储中心共支出包装材料费 10 万元，电话及网络通信费 5 万元，设备折旧费 10 万元（其中运输车辆折旧费 5 万元，装卸搬运设备折旧费 5 万元）。此外，各项工资和福利费支出共 30 万元，其中，驾驶人员工资和福利费 5 万元，搬运工人工资和福利费 10 万元，仓库员工工资和福利费 5 万元，配送人员工资和福利费 10 万元。

1. 请为该物流中心制定完备的物流作业成本核算步骤。

2. 请采用作业成本法，按收入比例计算该物流中心为分公司 A 配送货物所支出的运输成本、仓储成本、包装成本、配送成本、装卸搬运成本、物流信息成本和物流总成本。

# 专业技能实训：作业成本法的应用

## 任务描述

通过前面作业成本法知识点的学习，想一想什么样的物流企业适合采用作业成本法，通过分组收集成本核算方法的相关资料，分析、总结作业成本法与其他传统成本核算方法的不同，阐述作业成本法的应用范围和适用的物流企业，进而提高对作业成本法的深入理解和应用能力。

## 任务实施

（1）学生自由分组，每组 3~5 人。

（2）每个小组收集成本核算方法的相关资料，比较传统成本核算方法（如品种法、分批法、分步法等）与作业成本法的不同，分析其各自的特点，并据此讨论哪些类型的企业适合采用作业成本法核算成本。

（3）各小组将讨论结果制作成 PPT，并推选代表在课堂上演示。

## 任务评价

在完成上述任务后，教师组织三方评价，并对学生任务执行情况进行点评。学生完成考核评价表（见表 2-13）的填写。

表 2-13　　考核评价表

| 班级 | | 团队名称 | | | | |
|---|---|---|---|---|---|---|
| 团队成员 | | | | | | |
| 考核项目 | | 要求 | 分值 | 学生自评（30%） | 团队互评（30%） | 教师评定（40%） |
| 知识能力 | 物流成本核算方法要点分析 | 分析正确 | 20 分 | | | |
| | 各自的特点分析 | 分析合理 | 20 分 | | | |
| | 分析哪些企业适合采用作业成本法核算成本 | 分析合理 | 30 分 | | | |

续 表

| 考核项目 | | 要求 | 分值 | 学生自评（30%） | 团队互评（30%） | 教师评定（40%） |
|---|---|---|---|---|---|---|
| 职业素养 | 团队协作精神 | 相互协作、相互帮助 | 10 分 | | | |
| | 工作态度 | 严谨认真 | 10 分 | | | |
| | 沟通表达能力 | 用词准确、表述流畅 | 10 分 | | | |
| 合计 | | | 100 分 | | | |

# 03 PROJ 项目三 物流成本表编制

◎知识目标

- 了解物流成本核算科目；
- 熟悉物流成本核算账户；
- 掌握企业物流成本主表的结构及编制方法；
- 掌握企业自营物流成本支付形态表的结构及编制方法。

※能力目标

- 能为新企业设置物流成本核算账户；
- 能编制分析企业物流成本主表；
- 能编制分析企业自营物流成本支付形态表；
- 能运用物流成本表进行物流成本的综合分析。

◎思政目标

- 掌握分析问题、解决问题的能力；
- 具有从整体认识物流成本的能力；
- 认识物流降本增效的价值和途径；
- 树立正确的物流成本管理观念。

## 知识图谱

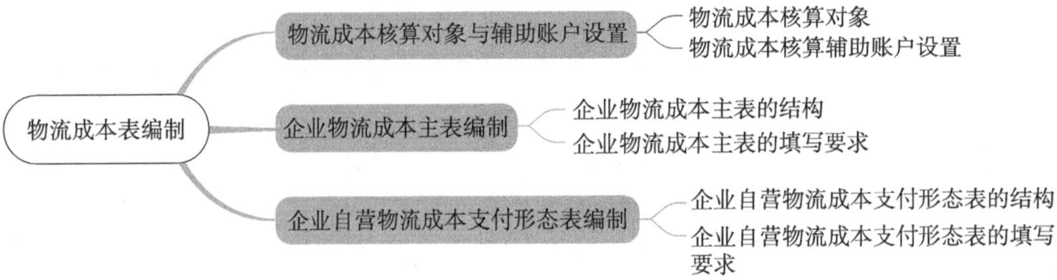
物流成本表编制
物流成本核算对象与辅助账户设置
物流成本核算对象
物流成本核算辅助账户设置
企业物流成本主表编制
企业物流成本主表的结构
企业物流成本主表的填写要求
企业自营物流成本支付形态表编制
企业自营物流成本支付形态表的结构
企业自营物流成本支付形态表的填写要求

## 岗位分析

### 岗位：物流成本专员

**岗位职责**：根据企业财务会计账簿和物流业务辅助账簿区分并归集、核对物流成本；根据物流成本二级、三级、四级辅助账户编制企业物流成本主表和附表；在编制好的企业物流成本表签字并报主管领导审核，审核无误后发布；结合企业财务报表，对企业物流成本表进行综合分析，提出物流降本增效的可行措施。

**典型工作任务**：企业物流成本表编制；企业物流成本表报审核、发布；企业物流成本表分析。

**职业素质**：责任意识、服务意识、效率意识、成本管理意识、法律意识。

**职业能力**：能够根据物流业务辅助账簿编制企业物流成本主表和附表。

**可持续发展能力**：能进行企业物流成本表分析；能提出物流降本增效的可行措施。

## 项目导读

### 2022 年全国物流运行情况通报

2022 年，物流运行保持恢复态势，社会物流总额实现稳定增长，社会物流总费用与 GDP 的比率小幅提高。

1. 社会物流总额实现稳定增长

2022 年全国社会物流总额为 347.6 万亿元，按可比价格计算，同比增长 3.4%，物流需求规模再上新台阶，实现稳定增长。

从构成来看，工业品物流总额为 309.2 万亿元，按可比价格计算，同比增长 3.6%；农产品物流总额为 5.3 万亿元，增长 4.1%；再生资源物流总额为 3.1 万亿元，增长 18.5%；单位与居民物品物流总额为 12.0 万亿元，增长 3.4%；进口货物物流总额为 18.1 万亿元，下降 4.6%。

2. 社会物流总费用与 GDP 的比率有所提高

2022 年社会物流总费用为 17.8 万亿元，同比增长 4.4%。社会物流总费用与 GDP 的比率为 14.7%，比上年提高 0.1 个百分点。

从结构来看，运输费用为 9.55 万亿元，增长 4.0%；保管费用为 5.95 万亿元，增长 5.3%；管理费用为 2.26 万亿元，增长 3.7%。

3. 物流业总收入保持恢复性增长

2022 年物流业总收入为 12.7 万亿元，同比增长 4.7%。

思考：1. 这些宏观物流成本数据是如何计算的？

2. 如何汇总并分析物流成本数据？

# 任务一　物流成本核算对象与辅助账户设置

## 任务描述

A 企业是一家以运输业务为主的综合型物流企业，业务涉及航空运输、公路运输、水上运输以及仓储服务，既有自营业务，也有委托业务，还对外承接代理业务，A 企业 2022 年物流业务会计账户明细表如表 3-1 所示。

表 3-1　　A 企业 2022 年物流业务会计账户明细表

单位：万元

| 账户级别 | 科目代码 | 科目名称 | 金额 |
| --- | --- | --- | --- |
| | 6401 | 主营业务成本 | 10 000 |
| | 640101 | 职工薪酬 | 2 200 |
| | 64010101 | 职工工资 | 2 000 |
| | 64010102 | 职工福利费 | 200 |
| | | 医疗费 | 150 |
| | | 生活困难补助 | 20 |
| | | 集体福利 | 30 |
| | 640102 | 折旧费 | 500 |
| | 640103 | 运输费 | 2 830 |
| | 64010301 | 自办 | 1 500 |
| | 6401030101 | 航空 | 600 |
| | | 公路 | 600 |
| | 640103010201 | 路桥费 | 50 |
| | 640103010202 | 油料费 | 350 |
| | 640103010203 | 保险费 | 100 |
| | 640103010204 | 维修费 | 60 |
| | | 年审及洗停车费 | 40 |
| | 6401030103 | 水运 | 300 |
| | 64010302 | 委办 | 1 330 |
| | 6401030201 | 航空 | 700 |

续　表

| 账户级别 | 科目代码 | 科目名称 | 金额 |
|---|---|---|---|
| | 640103020101 | 国内 | 200 |
| | 640103020102 | 国际 | 500 |
| | 6401030202 | 铁路 | 200 |
| | 6401030203 | 公路 | 200 |
| | 6401030204 | 水运 | 150 |
| | 6401030205 | 邮政国际终端费 | 80 |
| | 640104 | 低值易耗品摊销 | 20 |
| | 640105 | 维修费 | 100 |
| | 64010501 | 房屋建筑物 | 60 |
| | 64010502 | 机械设备（仓库） | 20 |
| | | 车辆 | 15 |
| | 64010504 | 计算机等办公设备 | 5 |
| | 640106 | 业务费 | 160 |
| | 640107 | 包装耗材 | 140 |
| | 640108 | 水电物业费 | 400 |
| | 64010801 | 水费 | 80 |
| | 64010802 | 电费 | 120 |
| | 64010803 | 取暖费 | 90 |
| | 64010804 | 物业费 | 110 |
| | 640109 | 通信费 | 350 |
| | 64010901 | 电话费 | 130 |
| | 64010902 | 网络流量费 | 180 |
| | 64010903 | 邮寄费 | 40 |
| | 640110 | 差旅费 | 320 |
| | 640111 | 劳动保护费 | 200 |
| | 64011101 | 工作服 | 80 |
| | 64011102 | 劳保用品 | 70 |
| | 64011103 | 健康体检 | 50 |
| | 640112 | 租赁费 | 400 |

续 表

| 账户级别 | 科目代码 | 科目名称 | 金额 |
|---|---|---|---|
| | 64011201 | 房屋（仓库） | 100 |
| | 64011202 | 车辆 | 200 |
| | 64011203 | 仓储设备 | 100 |
| | 640113 | 安全保卫费 | 200 |
| | 640114 | 装卸搬运费 | 980 |
| | 640115 | 邮件包裹分拣分类费 | 450 |
| | 640116 | 银行利息 | 5 |
| | 640117 | 业务损失费 | 10 |
| | 640118 | 财产保险费 | 20 |
| | 640119 | 邮袋购置费 | 15 |
| | 640120 | 邮袋二次利用回收费 | 3 |
| | 640121 | 报废邮袋和设备处置费 | 7 |
| | 640122 | 代理业务支出 | 690 |
| | 64012201 | 营业费 | 180 |
| | 64012202 | 流通加工费 | 50 |
| | 64012203 | 运输费 | 340 |
| | 64012204 | 投递费 | 120 |

物流成本分析与处理说明：①全年占用押金等自有流动资金为 1 000 万元，银行贷款年利率为 5%；②职工薪酬，运输部门占 45%，仓储部门占 30%，包装部门占 5%，流通加工部门占 5%，物流信息部门占 5%，物流管理部门占 10%；③折旧费，运输部门占 60%，仓储部门占 40%；④低值易耗品全部归口管理部门；⑤房屋建筑物和计算机等设备的维修归口管理部门；⑥银行利息全部为存货贷款资金产生的利息。

## 知识链接

### ✣ 知识点 1：物流成本核算对象

物流成本核算对象分为物流成本基本核算对象和物流成本拓展核算对象，如图 3-1 所示。物流成本基本核算对象主要包括三个维度，即物流成本项目、物流范围和物流成本支付形态。物流成本拓展核算对象包括总成本、事业部、部门、营业网点等。物流成本拓展核算对象可以满足物流成本核算多样化的需求。

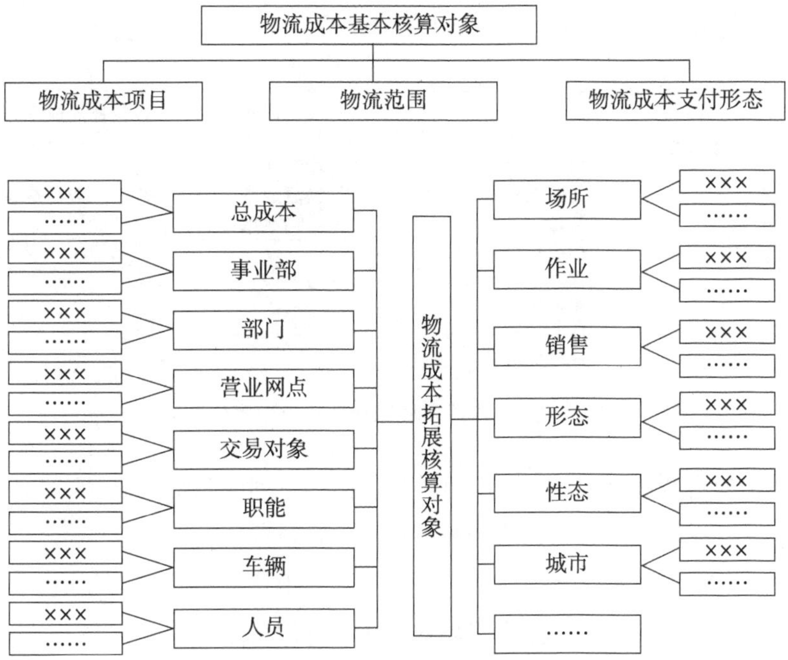


**图 3-1　物流成本核算对象**

### ✣ 知识点 2：物流成本核算辅助账户设置（考证必备知识点）

由于现行的会计制度中没有物流成本费用科目，与物流活动相关的各种费用均包含在其他成本费用类会计科目中，主要涉及“管理费用”“销售费用”“财务费用”“生产成本”“制造费用”“其他业务成本”“营业外支出”等科目。需要运用科学合理的方法将这些科目中包含的物流成本分离出来并归集到对应的辅助账户。还有一些隐性物流成本在企业会计核算体系和会计报表之外，需要单独进行核算并将其归集到对应的物流成本辅助账户和物流成本表中，但不需要进行会计账务处理。

物流成本辅助账户一般设置为四级。以“物流成本”作为一级账户，根据物流成本构成的三个维度，以物流项目所包括的具体成本（运输成本、仓储成本、包装成本、装卸搬运成本、流通加工成本、物流信息成本、物流管理成本、流动资金占用成本、存货风险成本、存货保险成本）作为二级账户，以物流范围包括的具体成本（供应物流成本、企业内物流成本、销售物流成本、回收物流成本、废弃物物流成本）作为三级账户，以物流成本的不同支付形态包括的具体成本（自营物流成本和委托物流成本，前者包含材料费、人工费、维护费、一般经费、特别经费）作为四级账户。按照以上思路来设置物流成本明细账户，可从不同的角度归集物流成本并编制物流成本表，物流成本核算辅助账户设置体系如图 3-2 所示。

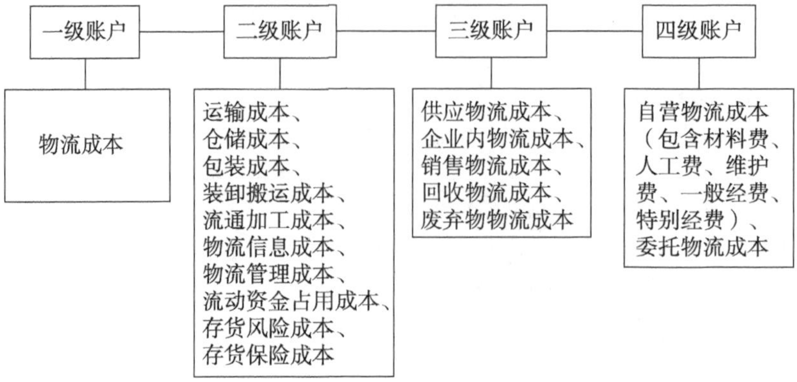


**图 3-2　物流成本核算辅助账户设置体系**

物流活动中的自营运输成本核算，可以设置诸如下列的明细账户：

物流成本——运输成本——供应物流成本——材料费。

物流成本——运输成本——供应物流成本——人工费。

物流成本——运输成本——供应物流成本——维护费。

物流成本——运输成本——供应物流成本——一般经费。

物流成本——运输成本——供应物流成本——特别经费。

物流活动中的外包运输成本核算，可以设置下列明细账户：

物流成本——运输成本——供应物流成本——委托物流成本。

其他类型的物流成本明细账户设置，依次类推。

## 任务实施

阅读任务描述内容，完成以下任务。

1. 根据 A 物流企业的物流业务会计账户设置情况，划分各个物流成本辅助账户的级别，填在表 3-1 中的第一栏内。

2. 进行相应的科目代码编号，填在表 3-1 中第二栏的空缺栏内。

3. 将表 3-1 转换成物流成本核算辅助账户明细表。

## 任务评价

完成上述任务后，教师组织三方评价，并对学生任务执行情况进行点评。学生完成考核评价表（见表 3-2）的填写。

表 3-2　　　　　　　　　　　　　　　考核评价表

| 班级 | | 团队名称 | | | | |
|---|---|---|---|---|---|---|
| 团队成员 | | | | | | |
| 考核项目 | | 要求 | 分值 | 学生自评（30%） | 团队互评（30%） | 教师评定（40%） |
| 知识能力 | 理解物流成本核算对象 | 理解正确 | 20 分 | | | |
| | 物流成本辅助账户设置 | 设置准确 | 20 分 | | | |
| | 物流成本四级账户的组合设置 | 设置正确 | 30 分 | | | |
| 职业素养 | 团队协作精神 | 相互协作、相互帮助 | 10 分 | | | |
| | 工作态度 | 严谨认真 | 10 分 | | | |
| | 沟通表达能力 | 用词准确、表述流畅 | 10 分 | | | |
| 合计 | | | 100 分 | | | |

## 牛刀小试

### 一、单选题

1. 物流成本的基本核算对象不包括哪项内容？（　　）

A. 物流成本项目　　B. 营业网点　　C. 物流范围　　D. 物流成本支付形态

2. 物流成本核算账户设置分为（　　）级，其中“物流成本”作为一级账户。

A. 三　　B. 四　　C. 五　　D. 六

3. 在物流成本二级账户（辅助账户）核算中，采购人员的工资应归入（　　）。

A. 物流成本一级科目下的供应物流成本二级科目

B. 材料采购一级科目下的供应物流成本二级科目

C. 制造费用一级科目下的生产物流成本二级科目

D. 财务费用一级科目下的生产物流成本二级科目

4. 在物流成本核算账户设置中，下列说法正确的是（　　）。

A. 运输成本作为一级账户　　B. 物流成本作为二级账户

C. 仓储成本作为三级账户　　D. 材料费作为四级账户

### 二、多选题

1. 以“物流成本”作为一级账户，以物流功能成本所包括的（　　）、流通加工成本、物流信息成本和物流管理成本等具体成本作为二级账户。

A. 运输成本　B. 仓储成本　C. 包装成本　D. 装卸搬运成本

2. 物流成本核算账户，以（　　）、废弃物物流成本等物流范围成本作为三级账户。

A. 供应物流成本　B. 企业内物流成本

C. 销售物流成本　D. 回收物流成本

3. 物流成本核算账户四级账户是依据物流成本的支付形态设置的，其自营物流成本具体包括（　　）和特别经费。

A. 材料费　B. 人工费　C. 维护费　D. 一般经费

4. 物流成本的核算中，物流成本拓展核算对象包括（　　）、设备等。

A. 客户　B. 功能　C. 部门　D. 营业网点

## 三、简答题

1. 物流成本基本核算对象包括哪些?

2. 仓储成本核算有哪些明细账户组合?

# 任务二　企业物流成本主表编制

## 任务描述

A 企业是一家以运输业务为主的综合型企业，业务涉及航空运输、公路运输、水上运输以及仓储服务，既有自营业务，也有委托业务，还对外承接代理业务。其 2022 年的物流业务会计账户明细表如表 3-1 所示。A 企业法人代码为 125000005405016750，企业法人代表是 ZWM，物流成本专员是 LX，填表日期为 2023 年 1 月 8 日。

## 知识链接

### ✣ 知识点 1：企业物流成本主表的结构

截至目前，国家标准 GB/T 20523—2006《企业物流成本构成与计算》是我国现行的一项关于物流成本的标准，该标准随着时间的推移也可以按照法定程序进行修改完善。该标准对企业物流成本表的类别、结构和填写要求进行了界定。企业物流成本表包括主表（企业物流成本主表）和附表（企业自营物流成本支付形态表）。

企业物流成本主表由表号、表头、表身、表尾等部分组成，如表 3-3 所示。

企业物流成本主表的表号为“企物流 A1 表”，是该表的唯一编号，以示区别企业物流成本附表和企业其他财务报表。

表头包括企业详细名称、企业法人代码和计量单位、填写数据的年月。企业详细名称为营业执照上的企业全称，具有唯一性。企业法人代码为市场监管部门核发的企业唯一识别码。在中国大陆境内营业物流企业的计量单位为人民币元，在与对境外营业物流企业分支机构的物流成本表进行合并时，计量单位须折算为人民币元。

表身是企业物流成本主表的核心部分，包括成本项目和代码、填报栏三大部分。成本项目是从物流成本构成的三个维度来设计的，其中纵向列反映的是企业物流成本项目构成的明细账户，另增加没有涵盖在企业物流成本项目构成之内的“其他成本”项，并分别按“物流功能成本”“存货相关成本”“其他成本”“物流总成本”进行合计。横向行反映的是企业物流成本范围构成和支付形态构成的明细账户，并分别按“供应物流成本”“企业内物流成本”“销售物流成本”“回收物流成本”“废弃物物流成本”“物流总成本”进行合计。横向行中自营物流成本的支付形态没有进一步细分，其细分任务由附表来完成。填报栏共有 252 个数据填写空格。

表尾包括单位负责人、填表人、填表日期三部分，旨在界定填报的责任和时效性。

表 3-3

## 企业物流成本主表

表号：企物流 A1 表

企业详细名称：　　　　企业法人代码：　　　　计量单位：元　　　　年　　月

| 成本项目 | | 代码 | 范围及支付形态 | | | | | | | | | | | | | | | | | |
|---|---|---|---|---|---|---|---|---|---|---|---|---|---|---|---|---|---|---|---|---|
| | | | 供应物流成本 | | | 企业内物流成本 | | | 销售物流成本 | | | 回收物流成本 | | | 废弃物物流成本 | | | 物流总成本 | | |
| | | | 自营 | 委托 | 小计 | 自营 | 委托 | 小计 | 自营 | 委托 | 小计 | 自营 | 委托 | 小计 | 自营 | 委托 | 小计 | 自营 | 委托 | 合计 |
| 甲 | | 乙 | 01 | 02 | 03 | 04 | 05 | 06 | 07 | 08 | 09 | 10 | 11 | 12 | 13 | 14 | 15 | 16 | 17 | 18 |
| 物流功能成本 | 运输成本 | 01 | | | | | | | | | | | | | | | | | | |
| | 仓储成本 | 02 | | | | | | | | | | | | | | | | | | |
| | 包装成本 | 03 | | | | | | | | | | | | | | | | | | |
| | 装卸搬运成本 | 04 | | | | | | | | | | | | | | | | | | |
| | 流通加工成本 | 05 | | | | | | | | | | | | | | | | | | |
| | 物流信息成本 | 06 | | | | | | | | | | | | | | | | | | |
| | 物流管理成本 | 07 | | | | | | | | | | | | | | | | | | |
| | 合计 | 08 | | | | | | | | | | | | | | | | | | |
| 存货相关成本 | 流动资金占用成本 | 09 | | | | | | | | | | | | | | | | | | |
| | 存货风险成本 | 10 | | | | | | | | | | | | | | | | | | |
| | 存货保险成本 | 11 | | | | | | | | | | | | | | | | | | |
| | 合计 | 12 | | | | | | | | | | | | | | | | | | |
| 其他成本 | | 13 | | | | | | | | | | | | | | | | | | |
| 物流总成本 | | 14 | | | | | | | | | | | | | | | | | | |

单位负责人：　　　　填表人：　　　　填表日期：　　年　　月　　日

✣ 知识点 2：企业物流成本主表的填写要求（考证必备知识点）

（1）本表编报期为月报、季报和年报。月报的起止期为每月 1 日至月末最后一天；季报的起止期为每季度开始月 1 日至季度末最后一天；年报的起止期为 1 月 1 日至 12 月 31 日。

（2）生产企业和流通企业一般应按供应物流、企业内物流、销售物流、回收物流和废弃物物流五个范围阶段逐一进行填列。

（3）按范围形态填列时，若某阶段未发生物流成本或有关成本项目无法归属于特定阶段的，则按实发生阶段据实填列或填列横向合计数即可。

（4）对于委托物流成本，若无法按物流范围进行划分但可按成本项目分别付费的，填写“物流总成本——委托——17”一列的有关内容即可；若采用不分成本项目的整体计费方式付费但可划分物流范围的，则填写“物流总成本——14”一行中与委托有关的成本即可；若既采用整体计费方式付费又无法划分物流范围的，则填写“物流总成本——14”一行与“物流总成本——委托——17”一列交界位置的成本即可。

（5）在上述（3）和（4）中直接填写“物流总成本”有关内容的，应对其内容在表后做备注说明。

（6）对于物流企业，不需要按物流范围填列，按成本项目及支付形态填写物流成本即可。

## 任务实施

阅读任务描述内容，完成以下任务。

1. 编制 A 企业 2022 年的物流成本主表（见表 3-4）。
2. 分析 A 企业物流成本的构成情况。

表 3-4

**A 企业 2022 年物流成本主表**

表号：企物流 A1 表

企业详细名称：　　企业法人代码：　　计量单位：元　　年　月

| 成本项目 | | 代码 | 范围及支付形态 | | | | | | | | | | | | | | | | | |
|---|---|---|---|---|---|---|---|---|---|---|---|---|---|---|---|---|---|---|---|---|
| | | | 供应物流成本 | | | 企业内物流成本 | | | 销售物流成本 | | | 回收物流成本 | | | 废弃物物流成本 | | | 物流总成本 | | |
| | | | 自营 | 委托 | 小计 | 自营 | 委托 | 小计 | 自营 | 委托 | 小计 | 自营 | 委托 | 小计 | 自营 | 委托 | 小计 | 自营 | 委托 | 合计 |
| 甲 | | 乙 | 01 | 02 | 03 | 04 | 05 | 06 | 07 | 08 | 09 | 10 | 11 | 12 | 13 | 14 | 15 | 16 | 17 | 18 |
| 物流功能成本 | 运输成本 | 01 | | | | | | | | | | | | | | | | | | |
| | 仓储成本 | 02 | | | | | | | | | | | | | | | | | | |
| | 包装成本 | 03 | | | | | | | | | | | | | | | | | | |
| | 装卸搬运成本 | 04 | | | | | | | | | | | | | | | | | | |
| | 流通加工成本 | 05 | | | | | | | | | | | | | | | | | | |
| | 物流信息成本 | 06 | | | | | | | | | | | | | | | | | | |
| | 物流管理成本 | 07 | | | | | | | | | | | | | | | | | | |
| | 合计 | 08 | | | | | | | | | | | | | | | | | | |
| 存货相关成本 | 流动资金占用成本 | 09 | | | | | | | | | | | | | | | | | | |
| | 存货风险成本 | 10 | | | | | | | | | | | | | | | | | | |
| | 存货保险成本 | 11 | | | | | | | | | | | | | | | | | | |
| | 合计 | 12 | | | | | | | | | | | | | | | | | | |
| 其他成本 | | 13 | | | | | | | | | | | | | | | | | | |
| 物流总成本 | | 14 | | | | | | | | | | | | | | | | | | |

单位负责人：　　填表人：　　填表日期：　年　月　日

## 任务评价

完成上述任务后，教师组织三方评价，并对学生任务执行情况进行点评。学生完成考核评价表（见表 3-5）的填写。

表 3-5　　考核评价表

| 班级 | | 团队名称 | | | | |
|---|---|---|---|---|---|---|
| 团队成员 | | | | | | |
| 考核项目 | | 要求 | 分值 | 学生自评（30%） | 团队互评（30%） | 教师评定（40%） |
| 知识能力 | 分析企业物流成本主表结构 | 分析正确 | 30 分 | | | |
| | 填写企业物流成本主表 | 填写正确 | 40 分 | | | |
| 职业素养 | 团队协作精神 | 相互协作、相互帮助 | 10 分 | | | |
| | 工作态度 | 严谨认真 | 10 分 | | | |
| | 沟通表达能力 | 用词准确、表述流畅 | 10 分 | | | |
| 合计 | | | 100 分 | | | |

## 牛刀小试

**一、单选题**

1. 在填写企业物流成本主表时，委托物流成本若采用不分成本项目的整体计费方式，则填列（　　）即可。

A. 纵向合计数　　B. 横向合计数　　C. 委托合同数　　D. 不填写

2. 在填写企业物流成本主表时，委托物流成本若无法按照物流范围进行划分但可按成本项目分别付费，则填列“物流总成本——委托——17”列的（　　）即可。

A. 纵向合计数　　B. 横向合计数　　C. 委托合同数　　D. 不填写

**二、多选题**

1. 按照物流成本表的填写要求，生产企业一般应按（　　）范围阶段逐一进行填列。

A. 供应物流　　B. 企业内物流

C. 销售物流　　D. 回收物流和废弃物物流

2. 企业物流成本主表的填写，流通企业一般应按（　　）等范围逐一进行填列。

A. 供应物流成本　　B. 企业内物流成本　C. 销售物流成本

D. 回收物流成本　　E. 废弃物物流成本

3. 企业物流成本主表的填写，物流企业按照（　　）填写物流成本总额。

A. 物流范围　　B. 成本项目　　C. 支付形态　　D. 合同协议

**三、简答题**

1. 企业物流成本主表的结构具体包括哪几部分？

2. 企业物流成本主表有哪些填写要求？

# 任务三　企业自营物流成本支付形态表编制

## 任务描述

A 企业是一家以运输业务为主的综合型企业，业务涉及航空运输、公路运输、水上运输以及仓储服务，既有自营业务，也有委托业务，还对外承接代理业务。其 2022 年的物流业务会计账户明细表如表 3-1 所示。A 企业法人代码为 125000005405016750，企业法人代表是 ZWM，物流成本表编制专员是 LX，填表日期为 2023 年 1 月 8 日。

## 知识链接

### ✣ 知识点 1：企业自营物流成本支付形态表的结构

根据国家标准 GB/T 20523—2006《企业物流成本构成与计算》，企业物流成本表附表（企业自营物流成本支付形态表）是两大物流成本表之一，是对企业物流成本主表中的相关数据进行细分呈现的成本汇总表。

如表 3-6 所示，企业自营物流成本支付形态表由表号、表头、表身、表尾等部分组成。

**表 3-6　　企业自营物流成本支付形态表**

表号：企物流 A2 表

企业详细名称：　　企业法人代码：　　计量单位：元　　年　月

| 成本项目 | | 代码 | 内部支付形态 | | | | | |
|---|---|---|---|---|---|---|---|---|
| | | | 材料费 | 人工费 | 维护费 | 一般经费 | 特别经费 | 合计 |
| 甲 | | 乙 | 1 | 2 | 3 | 4 | 5 | 6 |
| 物流功能成本 | 运输成本 | 01 | | | | | | |
| | 仓储成本 | 02 | | | | | | |
| | 包装成本 | 03 | | | | | | |
| | 装卸搬运成本 | 04 | | | | | | |
| | 流通加工成本 | 05 | | | | | | |
| | 物流信息成本 | 06 | | | | | | |
| | 物流管理成本 | 07 | | | | | | |
| | 合计 | 08 | | | | | | |

续　表

<table>
<tr><td colspan="2" rowspan="2">成本项目</td><td rowspan="2">代码</td><td colspan="6">内部支付形态</td></tr>
<tr><td>材料费</td><td>人工费</td><td>维护费</td><td>一般经费</td><td>特别经费</td><td>合计</td></tr>
<tr><td colspan="2">甲</td><td>乙</td><td>1</td><td>2</td><td>3</td><td>4</td><td>5</td><td>6</td></tr>
<tr><td rowspan="4">存货相关成本</td><td>流动资金占用成本</td><td>09</td><td></td><td></td><td></td><td></td><td></td><td></td></tr>
<tr><td>存货风险成本</td><td>10</td><td></td><td></td><td></td><td></td><td></td><td></td></tr>
<tr><td>存货保险成本</td><td>11</td><td></td><td></td><td></td><td></td><td></td><td></td></tr>
<tr><td>合计</td><td>12</td><td></td><td></td><td></td><td></td><td></td><td></td></tr>
<tr><td colspan="2">其他成本</td><td>13</td><td></td><td></td><td></td><td></td><td></td><td></td></tr>
<tr><td colspan="2">物流成本合计</td><td>14</td><td></td><td></td><td></td><td></td><td></td><td></td></tr>
</table>

单位负责人：　　　　　　　　填表人：　　　　　　　　填表日期：　年　月　日

企业自营物流成本支付形态表的表号为“企物流 A2 表”，是该表的唯一编号，以示区别企业自营物流成本支付形态表和企业其他财务报表。

表头包括企业详细名称、企业法人代码和计量单位、填写数据的年月。企业详细名称为营业执照上的企业全称，具有唯一性。企业法人代码为市场监管部门核发的企业唯一识别码。在中国大陆境内营业物流企业的计量单位为人民币元，在与对境外营业物流企业分支机构的物流成本表进行合并时，计量单位须折算为人民币元。

表身是企业物流成本附表的核心部分，包括成本项目和代码、填报栏三大部分。成本项目是从物流成本“项目构成”和“内部支付形态构成”两个维度来设计的，其中纵向列反映的是企业物流成本项目构成的明细账户，另增加没有涵盖在企业物流成本项目构成之内的“其他成本”项，并分别按“物流功能成本”“存货相关成本”“其他成本”“物流成本合计”进行合计。横向行反映的是企业自营物流成本支付形态构成的明细账户，并分别按“材料费”“人工费”“维护费”“一般经费”“特别经费”进行填写。填报栏共有 84 个数据填写空格。

表尾包括单位负责人、填表人、填表日期三部分，旨在界定填报的责任和时效性。

**✣ 知识点 2：企业自营物流成本支付形态表的填写要求（考证必备知识点）**

（1）本表编报期为月报、季报、年报。

（2）对于运输成本、仓储成本、装卸搬运成本、物流信息成本和物流管理成本，对应的支付形态一般为人工费、维护费和一般经费；对于包装成本、流通加工成本，对应的支付形态一般为材料费、人工费、维护费和一般经费；对于流动资金占用成本、存货风险成本和存货保险成本，对应的支付形态一般为特别经费。

（3）凡成本项目中各明细项目有相应支付形态的，均需填写；无相应支付形态的，则不填写。

（4）注意附表与主表中的部分数据的钩稽关系。主表中的“物流总成本——自营”一列中各项成本数值应等于附表中的“合计”一列中的各项成本数值。

## 任务实施

阅读任务描述内容，完成以下任务。

1. 编制 A 企业 2022 年的自营物流成本支付形态表（见表 3-7）。
2. 分析 A 企业自营物流成本的支付形态情况。

表 3-7　　**A 企业自营物流成本支付形态表**

表号：企物流 A2 表

企业详细名称：　　企业法人代码：　　计量单位：元　　年　月

| 成本项目 | | 代码 | 内部支付形态 | | | | | |
|---|---|---|---|---|---|---|---|---|
| | | | 材料费 | 人工费 | 维护费 | 一般经费 | 特别经费 | 合计 |
| 甲 | | 乙 | 1 | 2 | 3 | 4 | 5 | 6 |
| 物流功能成本 | 运输成本 | 01 | | | | | | |
| | 仓储成本 | 02 | | | | | | |
| | 包装成本 | 03 | | | | | | |
| | 装卸搬运成本 | 04 | | | | | | |
| | 流通加工成本 | 05 | | | | | | |
| | 物流信息成本 | 06 | | | | | | |
| | 物流管理成本 | 07 | | | | | | |
| | 合计 | 08 | | | | | | |
| 存货相关成本 | 流动资金占用成本 | 09 | | | | | | |
| | 存货风险成本 | 10 | | | | | | |
| | 存货保险成本 | 11 | | | | | | |
| | 合计 | 12 | | | | | | |
| 其他成本 | | 13 | | | | | | |
| 物流成本合计 | | 14 | | | | | | |

单位负责人：　　填表人：　　填表日期：　年　月　日

## 任务评价

完成上述任务后，教师组织三方评价，并对学生任务执行情况进行点评。学生完成考核评价表（见表3-8）的填写。

表3-8　　考核评价表

<table>
<tr><td>班级</td><td colspan="2"></td><td>团队名称</td><td colspan="3"></td></tr>
<tr><td>团队成员</td><td colspan="6"></td></tr>
<tr><td colspan="2">考核项目</td><td>要求</td><td>分值</td><td>学生自评（30%）</td><td>团队互评（30%）</td><td>教师评定（40%）</td></tr>
<tr><td rowspan="3">知识能力</td><td>企业自营物流成本支付形态表结构分析</td><td>分析正确</td><td>30分</td><td></td><td></td><td></td></tr>
<tr><td>填写企业自营物流成本支付形态表</td><td>填写正确</td><td>30分</td><td></td><td></td><td></td></tr>
<tr><td>分析附表与主表数据的钩稽关系</td><td>分析合理</td><td>10分</td><td></td><td></td><td></td></tr>
<tr><td rowspan="3">职业素养</td><td>团队协作精神</td><td>相互协作、相互帮助</td><td>10分</td><td></td><td></td><td></td></tr>
<tr><td>工作态度</td><td>严谨认真</td><td>10分</td><td></td><td></td><td></td></tr>
<tr><td>沟通表达能力</td><td>用词准确、表述流畅</td><td>10分</td><td></td><td></td><td></td></tr>
<tr><td colspan="3">合计</td><td>100分</td><td></td><td></td><td></td></tr>
</table>

## 牛刀小试

**一、单选题**

1. 在填写企业自营物流成本支付形态表时，对于流动资金占用成本、存货风险成本和存货保险成本，对应的支付形态一般为（　　）。

A. 人工费　　B. 维护费　　C. 一般经费　　D. 特别经费

2. 企业物流成本主表中的“物流总成本——自营”一列中的各项成本数值与企业自营物流成本支付形态表中的“合计”一列中的成本数值具有（　　）关系。

A. 钩稽相等　　B. 不相等　　C. 部分相等　　D. 随机

**二、多选题**

1. 在填写企业自营物流成本支付形态表时，对于运输成本、仓储成本、装卸搬运成本、物流信息成本和物流管理成本，对应的支付形态一般为（　　）。

A. 人工费　　B. 维护费　　C. 一般经费　　D. 特别经费

2. 在填写企业自营物流成本支付形态表时，对于包装成本、流通加工成本，对应的支付形态一般为（　　）。

A. 人工费　　B. 维护费　　C. 材料费　　D. 一般经费

3. 企业自营物流成本支付形态表的编报期分为（　　）。

A. 月报　　B. 季报　　C. 半年报　　D. 年报

三、简答题

1. 企业自营物流成本支付形态表的结构具体包括哪几个部分？

2. 企业自营物流成本支付形态表有哪些填写要求？

# 专业技能实训：填报企业物流成本表

## 任务描述

B 物流公司属于第三方物流企业，其成本费用涉及的会计科目有“主营业务成本”“销售费用”“管理费用”“财务费用”“营业外支出”。根据该公司 2022 年 12 月相关成本费用发生额及明细资料，并逐项分析和分配，形成 B 公司物流成本汇总表，如表 3-9 所示。

表 3-9　　B 公司物流成本汇总表

| 序号 | 成本明细 | 数额（元） | 备注 |
|---|---|---|---|
| 1 | 装卸搬运成本——委托 | 9 360. 23 | |
| 2 | 运输成本——委托 | 5 894. 96 | |
| 3 | 运输成本 | 10 078. 18 | |
| 4 | 仓储成本 | 23 175. 57 | |
| 5 | 装卸搬运成本 | 3 261. 73 | |
| 6 | 包装成本 | 4 554. 5 | |
| 7 | 物流管理成本 | 94 844. 58 | |
| 8 | 物流信息成本 | 10 625. 71 | |
| 9 | 存货保险成本 | 930 | |
| 10 | 流动资金占用成本 | 7 438. 44 | |
| 11 | 运输成本——人工费 | 3 600 | |
| 12 | 仓储成本——人工费 | 4 400 | |
| 13 | 装卸搬运成本——人工费 | 1 760 | |
| 14 | 包装成本——人工费 | 2 640 | |
| 15 | 物流管理成本——人工费 | 48 565. 09 | |
| 16 | 物流信息成本——一般经费 | 10 171. 71 | |
| 17 | 物流管理成本——一般经费 | 43 783. 25 | |
| 18 | 物流管理成本——维护费 | 2 496. 24 | |
| 19 | 运输成本——维护费 | 6 478. 18 | |
| 20 | 存货保险成本——特别经费 | 930 | |
| 21 | 装卸搬运成本——维护费 | 1 501. 73 | |

续　表

| 序号 | 成本明细 | 数额（元） | 备注 |
|---|---|---|---|
| 22 | 仓储成本——维护费 | 18 775. 57 | |
| 23 | 物流信息成本——维护费 | 454 | |
| 24 | 包装成本——材料费 | 1 914. 50 | |
| 25 | 流动资金占用成本——特别经费 | 7 438. 44 | |
| 26 | 存货风险成本——特别经费 | 2 500 | |

## 任务实施

根据表 3-9 中的物流成本明细及数据，填写 B 公司 12 月企业物流成本主表（物流总成本部分），如表 3-10 所示。

**表 3-10　　B 公司企业物流成本主表**

表号：

企业详细名称：　　企业法人代码：　　计量单位：元　　年　月

| 成本项目 | | 代码 | 物流总成本 | | |
|---|---|---|---|---|---|
| | | | 自营 | 委托 | 合计 |
| 甲 | | 乙 | 16 | 17 | 18 |
| 物流功能成本 | 运输成本 | 01 | | | |
| | 仓储成本 | 02 | | | |
| | 包装成本 | 03 | | | |
| | 装卸搬运成本 | 04 | | | |
| | 流通加工成本 | 05 | | | |
| | 物流信息成本 | 06 | | | |
| | 物流管理成本 | 07 | | | |
| | 合计 | 08 | | | |
| 存货相关成本 | 流动资金占用成本 | 09 | | | |
| | 存货风险成本 | 10 | | | |
| | 存货保险成本 | 11 | | | |
| | 合计 | 12 | | | |
| 其他成本 | | 13 | | | |
| 物流总成本 | | 14 | | | |

单位负责人：　　填表人：　　填表日期：　年　月　日

## 任务评价

完成上述任务后，教师组织三方评价，并对学生任务执行情况进行点评。学生完成考核评价表（见表 3-11）的填写。

**表 3-11　　考核评价表**

<table>
<tr><td>班级</td><td></td><td>团队名称</td><td colspan="4"></td></tr>
<tr><td>团队成员</td><td colspan="6"></td></tr>
<tr><td colspan="2">考核项目</td><td>要求</td><td>分值</td><td>学生自评<br>（30%）</td><td>团队互评<br>（30%）</td><td>教师评定<br>（40%）</td></tr>
<tr><td rowspan="3">知识能力</td><td>分析物流成本结构</td><td>分析准确</td><td>20 分</td><td></td><td></td><td></td></tr>
<tr><td>填写企业物流成本主表</td><td>填写准确</td><td>20 分</td><td></td><td></td><td></td></tr>
<tr><td>物流成本数据分析</td><td>分析准确</td><td>30 分</td><td></td><td></td><td></td></tr>
<tr><td rowspan="3">职业素养</td><td>团队协作精神</td><td>相互协作、相互帮助</td><td>10 分</td><td></td><td></td><td></td></tr>
<tr><td>工作态度</td><td>严谨认真</td><td>10 分</td><td></td><td></td><td></td></tr>
<tr><td>沟通表达能力</td><td>用词准确、表述流畅</td><td>10 分</td><td></td><td></td><td></td></tr>
<tr><td colspan="3">合计</td><td>100 分</td><td></td><td></td><td></td></tr>
</table>

# 04 PROJ 项目四 物流成本控制

◎知识目标

- 了解物流成本控制的概念、作用及程序；
- 了解目标成本法、标准成本法和责任成本控制法的含义；
- 掌握目标成本法的实施步骤；
- 掌握标准成本法的核算程序。

※能力目标

- 能运用目标成本法对物流成本进行控制与分析；
- 能运用标准成本法对物流成本进行控制与分析；
- 能够进行物流成本差异的核算与分析；
- 能运用正确的物流成本控制方法服务于物流企业。

◎思政目标

- 具有严谨细致的工作态度；
- 具有全面分析和解决问题的能力；
- 具有职业责任感、成本意识、节约意识；
- 树立绿色低碳的发展理念；
- 具有正确的物流成本管理理念。

# 知识图谱

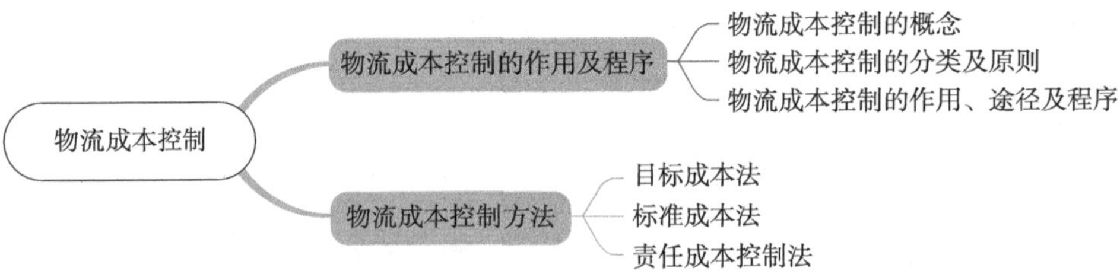

物流成本控制
物流成本控制的作用及程序
物流成本控制的概念
物流成本控制的分类及原则
物流成本控制的作用、途径及程序
物流成本控制方法
目标成本法
标准成本法
责任成本控制法

## 岗位分析

### 岗位：物流成本控制专员

**岗位职责：**请购方式与存量基准的设定；生产用料的分析、统计与预测；生产用料的请购与余料转用；进料异常时与生产管理、采购等部门的协调。

**典型工作任务：**物料计划和请购、物料调度、物料控制（坏料控制和正常进出用料控制）。

**职业素质：**责任意识、服务意识、效率意识、成本管理意识、法律意识。

**职业能力：**能够运用目标成本法和标准成本法进行物料控制。

**可持续发展能力：**能够制定有效的物流成本控制策略并实施；具备全局协调能力。

## 项目导读

### 德邦快递物流成本控制方法

德邦快递于1996年成立，2018年在上海证券交易所挂牌上市，是一家覆盖快递、物流、跨境、仓储与供应链的综合性物流供应商。为了加强成本管理，德邦快递必须对国际物流成本进行事前控制。成本控制的目的在于通过降低货运成本来获取更大的利润。

德邦快递物流成本控制的第一步是制定成本控制目标，即以企业的目标赢利为基准，层层分解目标成本，将其落实到最基本的活动单位；第二步是核算成本控制绩效，监督、检查实际执行状况，分析偏差并制定控制决策；第三步是实施控制措施，滚动修正控制目标。

影响国际物流成本的因素主要有以下几个方面：

1. 物流合理化

物流合理化就是使物流设备配置和一切物流活动趋于合理，具体表现为以尽可能低的物流成本获得尽可能高的服务水平。对于一个企业而言，物流合理化是影响物流成本的关键因素，它直接关系到企业的效益，是物流管理追求的总目标。

德邦快递物流合理化包含的内容很多，并不是简单地局限于运输、保管、装卸、搬运、包装、流通加工和信息处理等物流要素的合理化。应把物流设备和物流活动看作一个系统，各物流要素同处于该系统之中，发挥着各自的功能和作用。比如提高了运输频率，此时运输成本增加了，而仓储保管的成本却下降了，并且总的物流成本也减少了，这就达到了目的。由此可见，物流的合理化要根据实际物流流程来设计、规划，不能单纯地强调某环节的合理、有效和节省成本，应把物流合理化当作整个物流系统的优化。以最优化的组成，达到最低的物流成本。

好的物流服务方案是实现物流合理化的关键，也是降低物流成本、获取更大“第三利润”的有效途径。设计一个合理的物流服务方案，需要广博的知识及广泛的调查，这里既包括运输方式、运输路线的选择，也包括仓库、货物堆码方式的选择等。企业应在这些方面加强学习，加强调查研究，积累资料，设计合理的物流方案，使物流更为合理化，使物流成本更小、效益更高。

2. 物流质量

加强物流质量管理，是降低物流成本的有效途径。只有不断提高物流质量，才能不断减少和消灭各种差错事故，降低各种不必要的费用支出；只有不断提高物流质量，才能降低物流过程的消耗，提升物流企业的赢利水平；只有不断提高物流质量，保持良好的信誉，才能吸引更多的客户，形成规模化的集约经营，提高物流效率，从根本上降低物流成本。

在物流质量管理的过程中，物流服务质量是物流企业追求的目标，物流服务是影响物流成本的一个关键因素。物流服务质量的好坏，直接影响着物流企业在市场上的竞争力。

一般情况下，提高物流服务质量，物流成本就会增加；降低物流服务质量，物流成本也相应会降低。由此可见，在降低物流成本与提高物流服务质量之间存在着一种矛盾对立的关系。所以，在确定物流服务质量时，要以得到用户满意为前提，同时兼顾物流成本的合理，使两者的利益达到协调统一。

3. 物流效率

提高物流效率，可以减少资金占用，缩短物流周期，降低储存费用，从而节省物流成本。物流企业应注重对现有资源的利用和流程的改进，提高作业效率。

电子商务已在各行各业兴起，也应成为物流业努力的方向。将电子商务应用于物流业的发展，可以节约大量的人力、时间，从而可以提高物流的整体效率，降低物流成本。

4. 物流人才

物流合理化、提高物流服务质量及物流效率，这些都需要专业的人员去做，他们工作的方法、态度，将间接影响企业物流成本的大小。重视物流人才，可以节省许多机会成本。他们的一个好建议或者合理优化的方案，都会给企业带来巨大的效益，所以，物流人才是物流企业的宝贵资源，是一种潜在的效益。要想发展物流，实现物流现代化，就必须重视物流人才的培养与培训，同时，给他们创造一个良好的工作环境，制定培养人才、留住人才、使用人才的人才管理办法。通过优秀物流人才的努力工作，去实现物流成本的降低，实现物流企业的效益，实现物流企业的现代化。

实际上，影响德邦快递物流成本的因素远不止这些。要想降低物流成本，就必须对整个物流流程进行分析，发现问题，解决问题，对物流流程不断完善。只有这样，才能使货运更加合理化、物流成本最小化。所以，降低物流成本、提高物流服务质量是企业永久的课题。

# 任务一　物流成本控制的作用及程序

## 任务描述

中国木材需求主要靠进口，在广东，进口木材量占全国进口量的1/5，从事木材原材及锯材的企业多达几万家，然而很多企业长期以来一直在微利、薄利甚至在无利的窘况下苦苦支撑。业界不禁在思索：是营销环节出了差错，还是木材品种选择上误入歧途？我们认为都不是，而是物流供应链环节出了问题，出了物流成本控制不力的问题。

要控制物流成本就必须从物流流程的各环节入手，并细化到各个节点上。

1. 重视物流成本的控制

在外行看来，物流就是简单的搬运，其开支比起丰厚的利润来，基本上可以忽略不计，其实不然，真正的从业人员都不会对物流成本在整个企业成本中的比例视而不见，因为在现代化的成本核算体系中，物流成本占了进口木材总成本的30%~70%。如果各个环节能够做到规范服务、无缝衔接，将使企业的物流成本大大降低。所以，企业应从思想上充分认识到控制物流成本的重要性，进而从行动上积极控制物流成本，最终达到降低整个企业经营成本的目的。

2. 规范物流管理制度和模式

当前木材行业的物流模式和管理水平相对于电子产品、食品等行业来说是比较落后的，基本上还停留在订舱、报关、拖车的水平上，谈不上利用现代信息技术进行整体物流方案设计等模式。木材企业需要建立适合自己的物流运作模式。首先，要制定科学精细的管理标准和服务体系，通过实施标准化管理，将砍伐、加工、运输、仓储、配送、服务等每个流程都设置在科学严格的制度模式之下，优化流程，明确业务分工，规范服务标准，提高作业效率，控制物流管理成本；其次，推进管理体系的扁平化，众所周知，扁平化的管理有助于提高效率，使每个人的责任更明确，节省管理成本，精简管理部门、管理岗位以及管理人员的配备；再次，推进现代信息技术在物流管理中的应用，不仅能够减少各环节之间不必要的交叉，还有助于在更大的市场空间内统一配置资源，从而有效节约管理成本，提高物流效率；最后，要建设一支优秀高效的管理团队，提高管理层的成本意识。

3. 优化、整合物流环节

由于进口木材物流系统是一个集砍伐、加工、运输、仓储、配送、服务等于一体的综合性工作，加上物流系统涉及很多部门，因此，通过现代信息技术，整合每个具体的环节，注重横向和纵向的沟通，加强各个环节之间的协调与衔接，在部分优化的基础上进行总体优化，对于充分利用资源来降低物流成本，不但是必需的，而且是可行的。对于如何优化和整合物流环节，降低物流成本，可以从以下几点出发：一是要根据自身的实际情况，实现木材物流成本的全程控制，尤其是要做好事前对发货港物流、海运、目的港物流每个环节的成本预算和计划；事中对物流模式与成本进行精细分析；事后对物流成本进行反馈和决策，实现企业物流总成本的最小化。二是目的港报关、拖车费用的控制。三是海运成本的控制，海运成本占物流成本的比重较大，控制的关键是合理选择船公司和海运方式。

4. 完善木材物流供应链

木材企业要增强自身的竞争能力，关键在于降低整体成本，增加利润。而降低整体成本，增加利润的关键就是要完善木材物流供应链。

5. 科学设计整体物流方案

我们应该根据自身的需求来科学设计整体物流方案，从而达到降低物流成本的目的。

美国管理大师彼得·德鲁克说过：在企业内部，只有成本。降低物流成本就是直接增加了企业的利润，激活了企业的生命力，本案例也告诉我们，控制物流成本对企业的意义重大。

## 知识链接

**✣ 知识点 1：物流成本控制的概念**

物流成本控制是根据计划目标，对成本形成和发生过程以及影响成本各种因素和条件加以主动地影响，以保证实现成本计划的一种行为。

物流成本控制主要有三种形式：以物流成本的形成阶段作为控制对象，以物流服务的不同功能作为控制对象，以物流成本的不同项目作为控制对象。企业进行物流成本控制的过程中，三种形式并非孤立存在的，而是紧密关联在一起的，控制某种形式的物流成本，也会影响另一形式的物流成本，如图 4-1 所示。

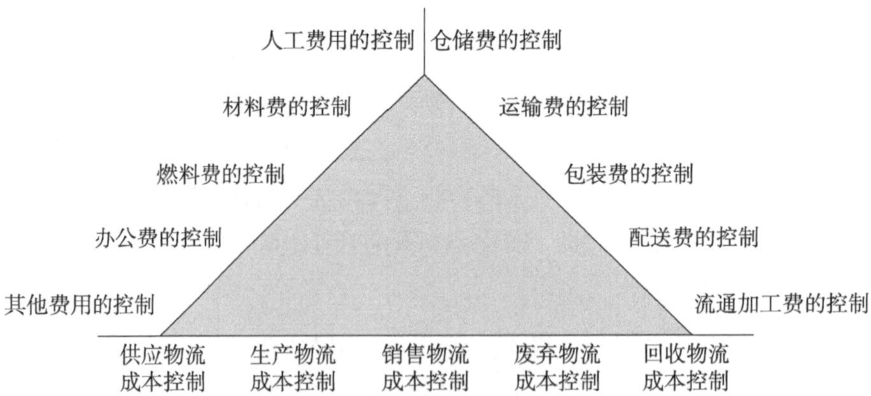


**图 4-1 物流成本控制的三种形式**

### ✣ 知识点 2：物流成本控制的分类及原则

1. 物流成本控制的分类

物流成本控制有多种分类方法，但通常按控制时间划分，分为事前控制、事中控制和事后控制三类，即成本控制过程中的设计阶段、执行阶段和考核阶段。一般所说的物流成本控制，仅指事中控制，即在物流活动中，从物流过程开始到结束对物流成本形成和偏离物流成本目标的差异所进行的日常控制。现代物流成本控制要求企业不仅注重事中控制，还必须重视事前及事后的控制。

1）事前控制

事前控制通常采用目标成本法，是指经过物流成本预测和决策，确定目标成本，并将目标成本分解，结合责任制，层层控制。事前控制主要涉及物流系统的设计，如物流配送中心的建设，物流设施、设备的配备，物流作业过程改进，物流信息系统投资控制等。据估计，物流成本中有60%~80%的部分在物流系统设计阶段就已经确定了，因此对物流成本进行事前控制是极为重要的环节，它直接影响后续物流作业流程成本的高低。

2）事中控制

事中控制即日常控制，通常采用标准成本法，是对物流活动过程中发生的各项费用按预定的成本标准，如设备耗费、人工耗费、劳动工具耗费和其他费用支出等，进行严格审核和监督，通过计算差异、分析差异和及时反馈信息来纠正差异，使各项物流成本不超过预定的标准，以保证物流目标成本的实现。

3）事后控制

事后控制可以按照责任成本控制法事先确定的责任单位、责任人，在物流成本形成之后，对实际物流成本进行核算、分析和考核，通过实际物流成本和一定标准成本的比较，确定物流成本的节约或超支，并进行深入分析，查明主、客观原因，明确经济责任，对物流成本责任单位和责任人进行相应的考核和奖惩。此外，通过分析，还可以为日后的物流成本控制提出积极的改进意见和措施，进一步完善物流成本控制标准，以达到降低物流成本的目的，所以事后控制又被称为成本的后锁控制。

2. 物流成本控制的原则

1）目标控制原则

目标控制原则要求企业管理机构以既定的目标作为管理人力、物力、财力和各项重要经济指标的基础。物流成本控制是目标控制的一项重要内容，即以目标物流成本为依据，对企业物流活动进行约束和指导，力求以最小的物流成本获取最大的盈利。

2）重点控制原则

重点控制原则要求对超出常规的关键性差异进行控制，旨在保证管理人员将精力集中于偏离标准的一些重要事项上。企业日常出现的物流成本差异往往成千上万、非常复杂，管理人员要对关键性差异实行重点控制，以利于提高物流成本控制的工作效率。

3）责、权、利相结合的原则

企业管理机构在要求企业内部各部门和单位完成物流成本控制职责的同时，必须赋予它们在规定范围内决定某项费用是否可以开支的权力。另外，还必须定期对物流成本控制的业绩进行评价，据此进行奖惩，以充分调动各单位和职工进行物流成本控制的积极性和主动性。只有实现责、权、利相结合，物流成本控制才能真正发挥其效益。

4）经济原则

从成本效益角度来看，开展物流成本控制也需要耗费人力、物力和财力。这里所说的“经济”是指节约，即对人力、物力和财力等的节约，这是提高企业经济效益的核心。

5）全过程、全方位与全员控制原则

现代物流成本控制是全过程、全方位、全员的控制。全过程是指从供应链产品生产到售后服务的一切活动，包括供应商、制造商、分销商在内的各个环节；全方位是指从生产过程管理到后勤保障、质量控制、企业战略、员工培训、财务监督等企业内部各方面的工作以及企业竞争环境的评估、供应链管理、知识管理等；全员是指从高层经理人员到中层管理人员、基层服务人员、一线生产员工的所有人员。此外，企业从选择开发项目种类、进行可行性研究起，就要注入物流成本理念，确立具有长期发展观的成本意识，实行全面的成本控制。

### ✣ 知识点 3：物流成本控制的作用、途径及程序（考证必备知识点）

1. 物流成本控制的作用

物流成本控制对企业的物流管理有以下作用：

1）有利于提高企业的物流管理水平

企业通过对物流成本内容的数量化分析，了解物流成本的大小和它在生产成本中所占的比例，从物流成本的分析中发现企业物流活动中存在的问题，明确其不合理环节及其相关的责任者，从而可以给企业高层管理者提供企业内物流全程管理的依据，并正确评价企业物流部门或物流分公司对企业的贡献度。

2）有利于降低物流费用

物流管理的本质就是追求实效，即以最小的消耗，实现最优的服务，达到最佳的经济效益。根据物流成本核算的结果，制订详尽的物流计划，评价物流活动效果并调整物流活动，以便通过统一管理和系统优化降低物流费用，从而进一步降低产品价格，以吸引更多对价格敏感的顾客。

3）能为社会节省大量的物质财富

物流费用的降低，意味着在物流活动过程中损耗的减少，这不但节省了物流费用，而且也为社会节约了大量的物质财富。

2. 物流成本控制的途径

在物流成本管理中核算问题是基础，成本控制的研究则是关键。物流成本控制的途径是做好物流成本控制的工作线路。根据成本控制的着力点与层次不同，物流成本控制由局部控制和综合控制两部分组成。

1）物流成本局部控制

物流成本局部控制就是为了达到预期的物流成本目标，针对物流的一个或某些局部环节的支出所采取的策略和控制手段。物流成本局部控制的基本内容可分为运输成本的控制、储存成本的控制、包装成本的控制、配送成本的控制和流通加工成本的控制等。企业物流成本局部控制方式的选择有赖于企业物流的运作模式。如果企业各物流子系统之间的联系不紧密，物流成本的控制效果就不会令人满意。只有按照物流系统化的思想，规划和实施物流各环节的成本控制策略，方可避免仅满足于降低局部费用而忽视物流系统给企业带来的实质性的成本效应。

2）物流成本综合控制

物流成本综合控制的主体是企业的物流管理组织和机构，客体是企业经济活动中发生的整体物流成本。对企业物流成本的综合控制可以按维持控制、改善控制和革新控制三个层次来进行，目前大多数企业的物流成本控制仍停留在维持控制这一层面上。企业对物流成本的管理不但要考虑物流本身的效率，而且要认识到费用、质量、价格、销量之间存在联动关系；成本控制不要单独着眼于成本本身，要综合考虑物流成本与它所提供的服务及物流投入给企业带来的相对竞争优势等因素，即要理解和确定企业物流成本控制目标就要将成本控制放在一个更广阔的背景中来考察，考虑在真正意义上控制企业的物流总成本。

3. 物流成本控制的程序

物流成本控制贯穿于企业生产经营的始终，一般来说，物流成本控制应遵循以下基本程序。

1）制定物流成本控制的目标和标准

物流成本控制的目标是预定要实现的成本目标，通过实现预定的成本目标来降低物流成本。在制定物流成本控制目标的基础上还要制定物流成本控制标准，标准是实施控制的依据和准绳，物流成本控制标准是物流各项开支和资源消耗的数量程度。一般来说，标准分解得越细、越具体，越有利于实施。

2）对物流实际成本形成过程实施日常控制

物流成本控制要贯穿物流全过程，包括相关直接费用和间接费用的控制，与物流进度、质量、安全检查同步进行，实行责任制，做到物流成本控制人人有责，既要有物流费用发生执行者的自我控制，还应当在物流责任制中实施监督。

3）通过比较揭示物流成本差异并及时纠正不利偏差

物流成本差异是通过实际发生的物流消耗与控制标准进行比较发现的。在对物流实际成本进行控制的过程中要及时发现差异，及时纠正差异。在期末还要通过比较找出总体差异，为进行成本分析提供依据。

4）分析产生差异的原因

对于物流成本差异，无论超支还是节约，都需要认真分析产生差异的原因。总体来说，超支差异是不利的，但也可能是由社会或自然界等客观不可抗的因素所导致；一般来说，节约差异是有利的，但也可能是某部门或个人以次充好或降低了服务标准等原因所导致。在对产生差异的原因进行具体分析的基础上，分清责任，分情况进行处理，以达到成本控制的目的。

5）进行差异评价和奖惩

企业应评价物流成本目标的实现情况和成本标准的执行结果，据此进行业绩考核，实施奖惩。

## 任务实施

阅读任务描述内容，回答以下问题。

1. 案例中控制物流成本的策略有哪些？对企业有什么影响？

______

______

______

2. 物流成本控制可以分为哪几类？

______

______

______

3. 作为物流作业人员，在实际工作中应该如何进行企业成本控制？

______

______

______

## 任务评价

在完成上述任务后，教师组织三方评价，并对学生任务执行情况进行点评。学生完成考核评价表（见表 4-1）的填写。

**表 4-1　　考核评价表**

<table>
<tr><td>班级</td><td></td><td>团队名称</td><td colspan="4"></td></tr>
<tr><td>团队成员</td><td colspan="6"></td></tr>
<tr><td colspan="2">考核项目</td><td>要求</td><td>分值</td><td>学生自评（30%）</td><td>团队互评（30%）</td><td>教师评定（40%）</td></tr>
<tr><td rowspan="3">知识能力</td><td>物流成本控制分类</td><td>分类正确</td><td>20 分</td><td></td><td></td><td></td></tr>
<tr><td>物流成本控制原则分析</td><td>分析合理</td><td>20 分</td><td></td><td></td><td></td></tr>
<tr><td>物流成本控制的作用分析</td><td>分析合理</td><td>30 分</td><td></td><td></td><td></td></tr>
<tr><td rowspan="3">职业素养</td><td>团队协作精神</td><td>相互协作、相互帮助</td><td>10 分</td><td></td><td></td><td></td></tr>
<tr><td>工作态度</td><td>严谨认真</td><td>10 分</td><td></td><td></td><td></td></tr>
<tr><td>沟通表达能力</td><td>用词准确、表述流畅</td><td>10 分</td><td></td><td></td><td></td></tr>
<tr><td colspan="3">合计</td><td>100 分</td><td></td><td></td><td></td></tr>
</table>

## 牛刀小试

**一、单选题**

1. 对物流成本进行事前控制，通常采用（　　）。

A. 目标成本法　　B. 完全成本法　　C. 责任成本控制法　D. 标准成本法

2. 对物流成本进行事中控制，即日常控制，通常采用（　　）。

A. 目标成本法　　B. 完全成本法　　C. 责任成本控制法　D. 标准成本法

3.（　　）要求对超出常规的关键性差异进行控制，旨在保证管理人员将精力集中于偏离标准的一些重要事项上。

A. 经济原则　　B. 全面原则　　C. 目标控制原则　　D. 重点控制原则

4. 目前大多数企业的物流成本控制仍停留在（　　）这一层面上。

A. 维持控制　　B. 改善控制　　C. 革新控制　　D. 局部控制

**二、多选题**

1. 物流成本控制的原则包括（　　）。

A. 经济原则　　B. 全面原则　　C. 目标控制原则　　D. 重点控制原则

2. 物流成本局部控制的基本内容包括（　　）。

A. 运输成本的控制　B. 储存成本的控制　C. 包装成本的控制　D. 配送成本的控制

3. 物流成本控制的主要形式包括（　　）。

A. 以物流成本的形成阶段作为控制对象　B. 以物流产品的不同类别作为控制对象

C. 以物流成本的不同项目作为控制对象　D. 以物流服务的不同功能作为控制对象

4. 物流成本控制分类时，按控制时间划分包括（　　）。

A. 事前控制　B. 事中控制　C. 事后控制　D. 反馈控制

**三、简答题**

1. 物流成本控制应遵循的原则有哪些？

2. 物流成本控制的程序包括哪些？

3. 物流成本控制对企业的物流管理有什么作用？

**四、案例分析题**

## 企业如何降低物流成本

物流产业一直以来都面临着高昂的成本压力，这也是制约其发展的重要因素。为了有效地降低物流成本，行业内的企业不得不认真思考这一问题。

在物流运营过程中，企业除了可以采用预算管理、责任中心管理等技术手段来控制成本外，还可以通过应用各种方法来提高物流效率，从而实现物流成本的降低。在进行物流成本控制时，企业可从以下几个方面着手。

（1）成本控制与服务质量控制相结合。

（2）局部控制与整体控制相结合。

（3）全面控制和重点控制相结合。

（4）经济控制与技术控制相结合。

（5）专业控制与全员控制相结合。

（6）从流通全过程考虑。

（7）提高供应链管理水平。

（8）提高物流服务水平。

（9）借助现代信息技术。

（10）提高配送效率。

（11）削减退货成本。

（12）利用一贯制运输和物流外包。

讨论：如何进一步理解案例中所提及的方法？除了这些方法外，你还有其他方法吗？

# 任务二　物流成本控制方法

## 任务描述

随着电商行业的发展，逆向物流成为各类企业不可忽视的问题。连锁超市在运作过程中存在着很多问题，而逆向物流自然也是其中之一。由于很多连锁超市缺乏与逆向物流运作相关的规范和流程，回流商品周转速度慢，严重的商品积压造成了大量资金的占用，极大增加了逆向物流的机会成本。这些成本不仅包括了直接成本，还包括了许多间接成本，如库存资金占用成本、人员工资等。

目标成本法是一种全面的成本管理方法，能够通过明确目标、分解目标、控制成本和评价管理等步骤，为连锁超市逆向物流管理提供有效的支持和指导。目标成本法从成本预测与测算、目标成本的分解、成本的控制和评价等角度，对逆向物流管理中的关键问题进行阐述。通过设定逆向物流成本预算，明确成本目标，分解目标成本模块，实施成本控制措施并定期评价，能够帮助超市实现逆向物流成本的有效控制和管理，提高公司竞争力和经营效率。

其中，一家连锁超市引入了目标成本法的理念，通过数据分析和预测，实现了库存和订单的精细化管理，减少了库存资金占用成本和人员工资等间接成本。同时，在物流运输和售后服务方面，采用了环保节能的物流车辆、自动化技术和加强员工培训等手段，降低了物流运输成本和售后服务成本，提高了售后服务效率和顾客满意度。通过这些措施，连锁超市成功地降低了逆向物流的成本，并使得经济效益显著提升。

目标成本法的实践证明，其可以有效控制逆向物流成本。在这个案例中，连锁超市采取了一系列策略，对库存、订单、物流运输和售后服务等方面进行了精细化管理，取得了显著的成效。首先，对于库存管理和订单控制，连锁超市通过数据分析和预测，准确了解需求量，制定合理的库存策略，避免废弃品和过多的库存造成的成本浪费。其次，在订单处理方面，采用分拣、封箱等技术手段，快速处理订单，减少退货率，提高顾客满意度。对于物流运输管理，连锁超市通过环保节能的物流车辆、自动驾驶技术和实时监测等手段，降低了物流运输的成本。使用全球定位系统（Global Positioning System，GPS）车辆跟踪技术和自动化技术等，可以快速发现问题并及时调整，从而提高运输效率和减少运输成本。再次，采用电商集运、合并配送路线等方式也可以有效降低物流运输成本。通过这些措施，该超市成功地优化了物流路线，提高了物流效率。在售后服务管理方面，连锁超市通过科学的售后服务流程规划、自动化技术和员工培训等手段，降低了售后服务成本。最后，该连锁超市引入目标成本法的理念，通过数据分析和预测，实现了库存和订单的精细化管理，降低了逆向物流成本，提高了企业效益。在物流运输和售后服务方面，也采用了环保、节能的技术手段，降低了物流运输成本和售后服务成本，提高了效率和顾客满意度。

（案例改编自：应玉萍．目标成本管理下连锁超市逆向物流成本控制策略分析［J］．市场瞭望，2023（18）：105-107.）

## 知识链接

### ✣ 知识点1：目标成本法（考证必备知识点）

1. 目标成本法的含义

目标成本一般是指单位成本，其总成本称为目标总成本。在制造业，目标成本法是一种以市场为导向，对有独立的制造过程的产品进行利润计划和成本管理的方法。目标成本法的目的是在产品生命周期的研发及设计阶段预计好产品的成本，而不是试图在制造过程降低成本。在物流活动中，目标成本法是为了更有效地实现物流成本控制的目标，使客户需求得到最大限度的满足，从战略的高度来分析，与战略目标相结合，使成本控制与企业经营管理全过程的资源消耗和资源配置协调起来的成本控制方法。目标成本法与传统成本管理方法的明显差异在于，它不局限于企业内部来计算成本，它需要更多的信息，如企业的竞争战略、产品战略以及供应链战略，一旦有了这些信息，企业就可以从产品开发、设计阶段进行成本控制。在目标成本法引用的早期，企业首先通过市场调查来收集信息，了解客户愿意为这种产品所支付的价格以及期望的功能、质量，同时还应掌握竞争对手所能提供的产品状况。企业根据市场调查得到的价格，扣除所得利润，这样计算出来的结果就是产品在制造、分销和产品加工处理过程中所允许的最大成本。

2. 目标成本法的特点

1）起点在设计阶段

在产品的设计阶段，必须先收集市场需求的情况，确定产品的具体要求，据此设计、制定工艺和确定所耗用的原材料和零件价格，从而初步测算得出一个目标成本。为了对初步测算得出的目标成本的可行性做出分析和判断，必须在目标成本实施前对其进行可行性分析。

2）侧重事前控制

目标成本法改变了传统的“为降低成本而降低成本”的观念，取而代之的是战略性成本管理的观念，所追求的是在不损害企业竞争地位前提下降低成本。一方面，如果成本降低的同时削弱了企业的竞争地位，这种成本降低的策略就是不可取的；另一方面，如果成本的增加有助于增强企业的竞争力，则这种成本的增加就是值得鼓励的。目标成本管理旨在确定各个层次的目标成本，表明该方法或技术的落脚点是事前控制。

3）实施系统化管理

传统成本管理的范围只局限于事中、事后的成本管理；目标成本法的范围是将企业的全部经营活动作为一个系统，从事前的成本预测到成本的形成及事后的成本分析，实行全面的、全过程的管理，将全部经营活动中的一切耗费都置于成本控制之下，并把工作重点放到事前控制和事中控制，及时分析差异，采取措施消除不利因素，加强成本控制。它以实现目标利润为目的，以目标成本为依据，对企业经营活动发生的各种支出进行全面的管理。

3. 目标成本法的实施步骤

目标成本法的实施步骤会因企业物流活动内容的不同而不同，但大体上可以分为五个阶段。

1）物流目标成本的初步确定

目标成本法要求先预计物流服务收入，然后根据企业中长期计划确定物流目标利润，最后以服务收入减去目标利润即得物流目标成本（目标总成本），即

$$物流目标成本=预计服务收入-预计目标利润 \tag{4.1}$$

预计服务收入根据企业经营目标确定。

预计目标利润的确定有以下几种方法：

①目标利润率法，是根据有关的目标利润率指标来测算企业的预计目标利润的一种方法。其计算公式为

$$预计目标利润=预计服务收入\times同类企业平均营业利润率 \tag{4.2}$$

或

$$预计目标利润=本企业净资产\times同类企业平均净资产利润率 \tag{4.3}$$

或

$$预计目标利润=本企业总资产\times同类企业平均资产利润率 \tag{4.4}$$

采用目标利润率法的理由是：本企业必须达到同类企业的平均报酬水平，才能在竞争中生存。有的企业甚至使用行业内先进水平的利润率来预计目标成本，其理由是别人能做到的事情我们也应该做到。

②上年利润基数法，是指在上年利润的基础上计算预计目标利润的方法。其计算公式为

$$预计目标利润=上年物流利润\times利润增长率 \tag{4.5}$$

采用上年利润基数法的理由是：未来是历史的继续，应考虑现有基础（上年利润）；未来不会重复历史，要预计未来的变化（利润增长率），包括环境的改变和自身的进步。有时候上级主管部门或董事会对利润增长率有明确的要求，这也促使企业采用上年利润基数法。

例如，某企业物流运输的同类企业平均营业利润率为18%，预计本年服务量为510万吨公里，服务的市场价格为1元/吨公里，试计算企业的预计目标利润、物流目标成本和

目标单位成本。

解析：

预计目标利润=预计服务收入×同类企业平均营业利润率

=510×1×18%=91.8（万元）

物流目标成本=预计服务收入-预计目标利润

=510×1-91.8=418.2（万元）

目标单位成本=物流目标成本÷作业量

=418.2÷510=0.82（元/吨公里）

按上述方法计算出的物流目标成本只是初步设想，提供了一个分析问题的合乎需要的起点。它不一定完全符合实际，还需要对其可行性进行分析。

2）物流目标成本的可行性分析

物流目标成本的可行性分析，是指对初步测算得出的物流目标成本是否切实可行做出的分析和判断，包括分析预计服务收入、预计目标利润和物流目标成本。

分析预计服务收入时，企业可以进行市场调研，调查客户需要的物流服务功能和特色，也可以对竞争者进行分析，掌握竞争者物流服务的功能、价格、品质和服务水平等有关资料，并与本企业的资料进行对比，通过上述比较分析来确定本企业预计服务收入的可行性。

企业分析预计目标利润应与企业的中长期目标及利润计划相配合，同时考虑销售、利润、投资回报、现金流量、物流服务的品质、成本结构、市场需求、销售政策等因素的影响，以确定其可行性。

企业要根据自身实际成本的变化趋势、同类企业的成本水平，充分考虑成本节约的能力，对某一时期的总成本水平做出预计，分析物流目标成本的可行性。

3）物流目标成本的分解

物流目标成本的分解，是指设立的物流目标成本通过可行性分析后，将其自上而下按照企业的组织结构逐级分解，落实到有关的责任中心。物流目标成本的分解方法有5种，分别是按管理层次分解、按管理职能分解、按服务结构分解、按服务形成过程分解和按成本的经济内容进行分解。物流目标成本的分解通常不是一次完成的，需要一定的循环，不断修订，有时甚至修改原来设立的目标。

4）实现物流目标成本

先要将企业目前的物流成本与物流目标成本进行比较，计算成本差异。然后运用价值工程、成本分析等方法寻求最佳物流过程设计，用最低的成本达到客户需求的功能、安全性、品质等。如果此时计算出的最佳物流过程设计下的成本仍高于目标成本，则重复应用上述手段寻求最佳成本。

5）物流目标成本的追踪考核与修订

此项工作包括对企业物流活动的财务目标和非财务目标完成状况的追踪考核，调查客户的需求是否得到满足和市场变化对物流目标成本有何影响等事项，并根据上述各阶段物流目标成本的实现情况对其进行修订。

**✣ 知识点 2：标准成本法（考证必备知识点）**

1. 标准成本法的含义

标准成本法是指以预先制定的标准成本为基础，用标准成本与实际成本进行比较，核算和分析成本差异的一种产品成本核算方法。它是一种将成本核算和成本控制相结合，进行经济业绩评价的一种成本控制制度。其核心是按标准成本记录和反映产品成本的形成过程和结果，并借以实现对成本的控制。

在物流成本控制上运用标准成本法就是要针对物流活动的运输、仓储、包装、配送等环节制定标准成本，并在实践中及时分析成本差异，采取对策以优化物流成本管理。

2. 标准成本法的特点

标准成本法不仅是一种成本计算方法，而且是一个由制定标准成本、计算和分析成本差异、处理成本差异三个环节所组成的完整系统，它强调运用标准成本加强成本控制，本质上是一种成本管理的方法。其特点表现在：

①标准成本法下的产品成本，不是产品的实际成本，而是标准成本，这是标准成本法与其他成本计算方法的本质区别。

②通过比较确定实际成本脱离标准的各项差异，并分别设置各种差异账户进行归集，以便对成本进行日常控制和考核。

③可以与变动成本法相结合，达到成本管理和控制的目的。

3. 标准成本的分类及成本的核算程序

1）标准成本的分类

①按其制定所依据的生产技术和经营管理水平，标准成本分为理想标准成本和正常标准成本。

理想标准成本是以现有生产经营条件处于最优状态为基础确定的最低水平的成本，它的主要用途是提供一个完美的工作目标，揭示实际成本下降的潜力。理想标准成本难以在实际中运用。

正常标准成本是根据正常的耗用水平、正常的价格和正常的生产经营能力利用程度制定的标准成本。在制定这种标准成本时，要把生产经营活动中一般难以避免的损耗和低效率等情况也计算在内，使之切合下期的实际情况，成为切实可行的控制成本。这种标准成本的实现既非易事，也非高不可攀，而是经过努力可以达到的。在标准成本法中，广泛使用正常标准成本。

②按其适用期，标准成本分为现行标准成本和基本标准成本。

现行标准成本指根据其适用期应该发生的价格、效率和生产经营能力利用程度等预计的标准成本。它是在现有生产技术条件进行有效经营的基础上，根据下一期最可能发生的生产要素的消耗量、预计价格和预计生产经营能力利用程度制定出来的标准成本。

这种标准成本可以包括管理者认为短期还不能完全避免的某些不应有的低效、失误和超量消耗。因其切实可行，这种标准成本最适用于在经济形式变化多端的情况下使用。

基本标准成本是指一经制定，只要生产的基本条件无重大变化，就不予变动的一种标准成本。这种标准成本一经制定，长期保持不变，它可以使各个时期的实际成本与同一标准进行比较，以反映成本的变化。由于基本标准成本不按各期实际修订，不宜用来直接评价工作效率和成本控制的有效性，因此，实际工作中很少被人们采用。

2）成本的核算程序

标准成本法的成本计算可结合一定的成本核算方法按如下基本程序进行：

①为各成本对象按成本项目制定标准成本。

②按成本对象设置成本明细账，归集各成本对象的实际成本。

③计算标准成本和实际成本的差异。

④分析产生成本差异的原因，进行相关账务处理。

⑤向成本负责人和单位管理者提供成本控制报告。

4. 物流标准成本的制定

标准成本法的主要内容包括标准成本的制定、成本差异的计算与分析、成本差异的账务处理和提供成本控制报告。其中，标准成本的制定是采用标准成本法的前提和关键，据此可以达到成本事前控制的目的；成本差异的计算与分析是标准成本法的重点，借此可以促成成本控制目标的实现，并据以进行绩效考评。

物流标准成本是指经过调查分析和运用技术测定等科学方法制定的在有效经营条件下应该实现的成本。进行物流成本控制，先要按照成本项目制定物流标准成本，物流标准成本主要包括物流直接材料标准成本、物流直接人工标准成本和物流间接费用标准成本。物流标准成本构成如图 4-2 所示。

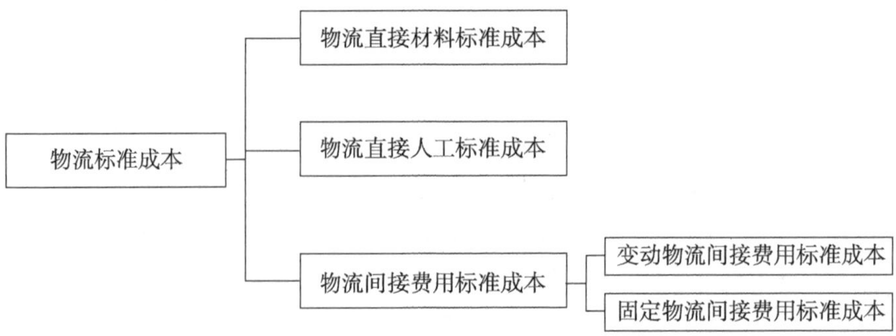


**图 4-2　物流标准成本构成**

成本项目可以根据成本对象和业务活动的具体情况制定，基本成本项目主要有直接材料、直接人工和间接费用。

直接材料：也称原材料，是指加工后直接构成产品实体或主要部分的原料、主要材料与外购半成品，以及有助于产品形成的辅助材料、备品备件、燃料动力等。

直接人工：也称生产人员薪酬，是指生产过程中对材料进行直接加工和制造产品所耗用的有关人员的工资、奖金、福利费及各种津贴等。

间接费用：是指与某一特定成本对象没有直接关系，而是与多个成本对象都有联系，即两个或两个以上的产品对象共同发生的耗费，需要分配后计入某对象成本。

尽管这三项的性质各不相同，但在制定时，无论哪一个成本项目，都需要分别确定其标准价格和标准用量，两者相乘后即可得出某项的标准成本，三个项目的标准成本数据相加即可得到单位物流作业的标准成本。

其中，标准用量包括单位物流作业材料消耗量、单位物流作业直接人工工时等，主要由生产技术部门主持制定；标准价格包括原材料单价、小时工资率、小时间接费用分配率等，由会计部门和其他有关部门共同研究确定。无论标准用量还是标准价格，都可以是理想状态或正常状态的，下面主要讨论正常状态下的正常标准成本的制定。

1）物流直接材料标准成本的制定

物流直接材料标准成本常见于物流活动中的包装和流通加工，因为这些活动往往需要使用各种材料，其标准成本根据物流直接材料的标准价格和标准用量确定，其计算公式为

$$物流直接材料标准成本=物流直接材料的标准价格\times标准用量 \tag{4.6}$$

其中，物流直接材料的标准价格应能反映目前市价和未来市场的走势以及批量采购的优势。标准价格是事先预计的单位成本，应包括发票价格、运费、检验费用、正常损耗等，是取得材料的完全成本，所以需要在征询采购部门的意见后制定。标准用量应根据企业物流作业流程状况，采用统计方法、工业工程法或其他技术分析方法确定，包括理想消耗和正常损失两部分。

**【案例分析】**某企业生产A包装材料需耗用甲、乙、丙三种直接材料，其相关资料如表4-2所示。

解析：物流直接材料标准成本计算结果如表4-2所示的③和④。

**表4-2　物流直接材料标准成本计算结果**

| 标准 | 甲材料 | 乙材料 | 丙材料 |
| --- | --- | --- | --- |
| 标准用量① | 40千克 | 20千克 | 15千克 |
| 标准价格② | 90元/千克 | 50元/千克 | 30元/千克 |
| 标准成本③=①×② | 3 600元 | 1 000元 | 450元 |
| 物流直接材料标准成本④ | 5 050元 | | |

2）物流直接人工标准成本的制定

物流直接人工标准成本的制定基本上涉及物流活动的各环节，其标准成本应根据物流的标准工资率和标准工时确定，其计算公式为

物流直接人工标准成本=标准工资率×标准工时　（4.7）

其中，标准工资率是指每一标准工时应分配的工资，一般按现行工资制度所规定的工资水平计算。如果是计件工资，标准工资率就是计件工资单价；如果是计时工资，标准工资率就是单位工时工资，它可由标准工资总额除以标准总工时得到。

标准工时则需要根据现有物流运作技术条件和经营管理水平，测算提供某项物流服务所需的时间，包括直接进行物流作业所需时间、调整设备时间、停工休息时间等。

**【案例分析】**某物流企业，作业的月标准总工时为 1 680 小时，月标准工资总额为 20 160元，标准工时为 8 小时。

解析：该作业的物流直接人工标准成本计算结果如表 4-3 所示。

表 4-3　物流直接人工标准成本计算结果

| 项目 | 标准 |
|---|---|
| 月标准总工时① | 1 680 小时 |
| 月标准工资总额② | 20 160 元 |
| 标准工资率③=②÷① | 12 元/小时 |
| 标准工时④ | 8 小时/件 |
| 物流直接人工标准成本⑤=④×③ | 96 元/件 |

3）物流间接费用标准成本的制定

物流间接费用标准成本根据事先确定的标准分配率和物流作业标准数量确定。

其中，标准分配率取决于两个因素：标准产量和间接费用预算。标准产量是企业充分利用现有生产能力所可能达到的最高作业量，通常用人工小时或机器小时表示。间接费用预算是所确定的费用发生额与产量标准之比。

物流作业标准数量指在现有物流运作条件和经营管理水平下，提供单位物流作业所需要的直接人工标准工时、机器标准小时等。

物流间接费用标准成本分为变动物流间接费用标准成本和固定物流间接费用标准成本。

①变动物流间接费用标准成本根据每小时变动物流间接费用的标准价格和单位物流作业标准数量确定，其计算公式为

变动物流间接费用标准成本=每小时变动物流间接费用的标准价格×单位物流作业标准数量　（4.8）

其中，每小时变动物流间接费用的标准价格即每小时变动物流间接费用的标准分配率，可用变动物流间接费用预算总额除物流直接人工标准总工时得到，即

每小时变动物流间接服务费用的标准分配率＝变动物流间接费用预算总额÷物流直接人工标准总工时　（4.9）

物流作业标准数量可采用单位物流作业直接人工工时标准、机械设备工时标准或其他标准，但需与变动物流间接费用之间存在较好的线性关系。

若采用单位物流作业直接人工工时标准，则变动物流间接费用标准成本的计算公式为

变动物流间接费用标准成本＝每小时变动物流间接费用的标准分配率×单位物流作业直接人工标准工时　（4.10）

**【案例分析】** 某流通加工中心包装工小张本月包装 A 商品 330 件，每件定额工时为 24 分钟，包装 B 商品 120 件，每件定额工时为 30 分钟，若该职工的小时工资率为 9 元，请计算变动物流间接费用标准成本。

解析：单位物流作业标准数量＝（330×24+120×30）÷60＝192（小时）

变动物流间接费用标准成本＝9×192＝1 728（元）

②固定物流间接费用标准成本根据每小时固定物流间接费用的标准价格和单位物流作业标准数量确定，其计算公式为

固定物流间接费用标准成本＝每小时固定物流间接费用的标准价格×单位物流作业标准数量　（4.11）

单位物流作业标准数量和每小时固定物流间接费用的标准价格的确定方法与变动物流间接费用相同。

将以上确定的物流直接材料、物流直接人工和物流间接费用的标准成本按物流作业加以汇总，就可以确定相关物流作业的标准成本。

**【案例分析】** 某海运企业拥有 20 英尺（1 英尺＝0. 304 8 米）集装箱 100 个，40 英尺集装箱 50 个，4 月共发生集装箱固定费用 600 000 元。本月装载了 5 个 20 英尺的集装箱进行航行，该航次计 25 天，则集装箱固定费用是多少？

解析：每小时固定物流间接费用的标准价格＝600 000÷（100+50×2）÷30

＝100（元/个・天）

集装箱固定费用＝100×5×25＝12 500（元）

如果企业采用变动成本法进行成本计算，则固定物流间接费用不计入物流成本，因此标准成本中不包括固定物流间接费用，即不需要制定固定物流间接费用标准成本。

5. 物流成本差异核算与分析

所谓物流成本差异，是指企业物流实际成本与标准成本之差。实际成本超过标准成本的差异称为不利差异（也称超支或逆差）；反之，称为有利差异（也称节约或顺差）。对此差异可以采用差额法进行计算与分析。管理部门通过观察、分析物流成本差异，就可以

了解物流各部门的效率，提高对物流经营活动的调控能力，并利用差异来评价物流各部门的业绩。

按照物流成本项目可以将物流成本差异分解为物流直接材料成本差异、物流直接人工成本差异和物流间接费用成本差异。物流成本差异内容如图 4-3 所示。

- 物流成本差异
  - 物流直接材料成本差异
  - 物流直接人工成本差异
  - 物流间接费用成本差异
    - 变动物流间接费用成本差异
    - 固定物流间接费用成本差异

**图 4-3 物流成本差异内容**

图 4-3 中，物流直接材料成本差异、物流直接人工成本差异、变动物流间接费用成本差异为物流变动成本差异，固定物流间接费用成本差异为物流固定成本差异。

1）物流成本差异核算

（1）物流变动成本差异计算

导致物流成本差异的原因是多种多样的，总的差异往往是多种因素综合作用的结果，但从计算的角度来看，这些因素主要可归结为“用量因素”和“价格因素”两类，即因用量脱离标准形成的数量差异和因价格脱离标准形成的价格差异。

物流变动成本差异的通用模式公式为

成本差异=实际成本-标准成本

=实际用量×实际价格-标准用量×标准价格

=实际用量×实际价格-实际用量×标准价格+实际用量×标准价格-标准用量×标准价格

=实际用量×(实际价格-标准价格)+(实际用量-标准用量)×标准价格

=价格差异+数量差异 (4.12)

价格差异=实际用量×(实际价格-标准价格) (4.13)

用量差异=(实际用量-标准用量)×标准价格 (4.14)

物流变动成本差异由物流直接材料成本差异、物流直接人工成本差异和变动物流间接费用成本差异组成。

其中，物流直接材料成本差异由物流直接材料用量差异和物流直接材料价格差异组成。

物流直接材料成本差异=物流直接材料实际成本-物流直接材料标准成本 (4.15)

物流直接材料用量差异=（实际用量-标准用量）×标准价格 (4.16)

物流直接材料价格差异=实际用量×（实际价格-标准价格） (4.17)

物流直接人工成本差异由物流直接人工效率差异和物流直接人工工资率差异组成。

物流直接人工成本差异=物流直接人工实际成本-物流直接人工标准成本 (4.18)

物流直接人工效率差异=（实际工时-标准工时）×标准工资率 (4.19)

物流直接人工工资率差异=实际工时×（实际工资率-标准工资率） (4.20)

变动物流间接费用成本差异由变动物流间接费用效率差异和变动物流间接费用耗费差异组成。

变动物流间接费用成本差异=变动物流间接费用实际成本-变动物流间接费用标准成本 (4.21)

变动物流间接费用效率差异=（实际工时-标准工时）×变动物流间接费用标准分配率 (4.22)

变动物流间接费用耗费差异=实际工时×（变动物流间接费用实际分配率-变动物流间接费用标准分配率） (4.23)

（2）固定物流间接费用成本差异计算

固定物流间接费用不因业务量而变动，在计算时不考虑业务量的变动，而是以原来的预算数为标准。其成本差异由固定物流间接费用耗费差异和固定物流间接费用能量差异两部分组成。

固定物流间接费用耗费差异是指固定物流间接费用实际成本与固定物流间接费用预算成本之间的差额。固定物流间接费用能量差异反映未能充分使用现有间接能力而造成的损失，是指固定物流间接费用预算成本与固定物流间接费用标准成本的差异。其计算公式为

固定物流间接费用成本差异=固定物流间接费用实际成本-固定物流间接费用标准成本 (4.24)

固定物流间接费用耗费差异=固定物流间接费用实际成本-固定物流间接费用预算成本 (4.25)

固定物流间接费用能量差异=固定物流间接费用预算成本-固定物流间接费用标准成本
=计划物流作业量标准工时×标准分配率-实际物流作业量标准工时×标准分配率
=(计划物流作业量标准工时-实际物流作业量标准工时）×标准分配率 (4.26)

此外，固定物流间接费用能量差异又可分为固定物流间接费用闲置能量差异和固定物流间接费用效率差异。其计算公式为

固定物流间接费用闲置能量差异=(计划物流作业量标准工时-实际物流作业量实际工时）×

标准分配率 (4.27)

固定物流间接费用效率差异=(实际物流作业量实际工时-实际物流作业量标准工时)×固定物流间接费用标准分配率 (4.28)

固定物流间接费用效率差异产生的原因与人工效率差异产生的原因大致相同。导致固定物流间接费用闲置能量差异的原因往往是开工不足、车辆开动率低和仓容利用率低，责任往往在管理部门。固定物流间接费用耗费差异产生的原因比较复杂，如标准成本制定得不切实际，实际物流服务量少于计划等，对这类差异要进行更深入的分析，才能分清责任部门。通过分析成本差异产生的原因，找到责任部门，就可以采取积极有效的措施，控制不恰当差异，降低物流成本。

**【案例分析】**某物流企业的物流成本计算采用标准成本计算系统，甲产品相关的物流成本资料如表4-4所示。

**表4-4　　甲产品流通加工标准成本统计表**

| 成本项目 | 标准价格（标准分配率） | 标准用量（标准工时） | 标准成本（元/件） |
|---|---|---|---|
| 物流直接材料 | 3元/千克 | 10千克/件 | 30 |
| 物流直接人工 | 4元/工时 | 4工时/件 | 16 |
| 变动物流间接费用 | 1.5元/工时 | 4工时/件 | 6 |
| 固定物流间接费用 | 1元/工时 | 4工时/件 | 4 |
| 单位物流标准成本 | | | 56 |

该企业本月流通加工甲产品2 450件。购入原材料30 000千克，实际成本88 500元；本月流通加工甲产品消耗原材料25 500千克；实际耗用工时9 750小时；应付加工工人工资40 000元；实际发生变动物流间接费用15 000元；实际发生固定物流间接费用10 000元。该企业本月流通加工能力为11 000工时。要求：请计算各项物流成本差异。

解析：

实际成本=实际用量×实际价格=88 500÷30 000×25 500+40 000+15 000+10 000

=140 225（元）

标准成本=标准用量×标准价格=2 450×56=137 200（元）

成本差异=实际成本-标准成本=140 225-137 200=3 025（元）

以下是各项成本差异的计算与分析：

①物流直接材料成本差异。

物流直接材料成本差异=实际成本-标准成本=实际用量×实际价格-标准用量×标准价格

=88 500÷30 000×25 500-2 450×30=75 225-73 500=1 725（元）

其中：

物流直接材料价格差异＝实际用量×（实际价格－标准价格）

＝25 500×（88 500÷30 000－3）＝－1275（元）

物流直接材料用量差异＝（实际用量－标准用量）×标准价格

＝（25 500－2 450×10）×3＝3 000（元）

②物流直接人工成本差异。

物流直接人工成本差异＝实际人工成本－标准人工成本＝40 000－2 450×16＝800（元）

其中：

物流直接人工效率差异＝（实际工时－标准工时）×标准工资率

＝（9 750－2 450×4）×4＝－200（元）

物流直接人工工资率差异＝实际工时×（实际工资率－标准工资率）

＝9 750×（40 000÷9 750－4）≈1 000（元）

③变动物流间接费用的成本差异分析。

变动物流间接费用成本差异＝变动物流间接费用实际成本－变动物流间接费用标准成本

＝15 000－2 450×6＝300（元）

其中：

变动物流间接费用效率差异＝（实际工时－标准工时）×变动物流间接费用标准分配率

＝（9 750－2 450×4）×1.5＝－75（元）

变动物流间接费用耗费差异＝（变动物流间接费用实际分配率－变动物流间接费用标准分配率）×实际工时

＝（15 000÷9 750－1.5）×9 750

≈375（元）

④固定物流间接费用的成本差异分析。

固定物流间接费用成本差异＝固定物流间接费用实际成本－固定物流间接费用标准成本

＝10 000－2 450×4＝200（元）

其中：

固定物流间接费用闲置能量差异＝（计划物流作业量标准工时－实际物流作业量实际工时）×标准分配率

＝（10 000－11 000）×1

＝－1 000（元）

固定物流间接费用效率差异＝（实际物流作业量实际工时－实际物流作业量标准工时）×固定物流间接费用标准分配率

＝（11 000－2 450×4）×1

＝1 200（元）

上述四项成本差异之和＝1 725+800+300+200＝3 025（元）

2）物流成本差异分析

（1）物流直接材料成本差异分析

一般情况下，材料价格差异是在采购过程中形成的，不应由耗用材料的操作部门负责，而应由采购部门做出解释。采购部门未能按标准价格进货的原因很多，如物价上涨、违反合同被罚款、采购时舍近求远、采用了不必要的快速运输方式等，企业应针对各种原因确定合理的责任归属。而材料用量差异是在材料耗用过程中形成的，反映操作部门的成本控制业绩。材料数量差异形成的具体原因有许多，如操作失误造成废品和废料增加、机器不合适造成用料增加、用了新的包装技术而用料标准未随之改变等。有时多用料也不一定是操作部门的责任，如购入的材料质量低劣、规格不符等，故应具体问题具体分析，合理确定责任归属。

（2）物流直接人工成本差异分析

一般情况下，直接人工效率差异形成的原因包括工作环境不良、劳动情绪不佳、作业计划安排不当、路况差导致额外运输时间、物流机械设备陈旧、作业量太少无法发挥批量优势等因素，主要应由操作部门负责，但在实践中还需具体问题具体分析。直接人工工资率差异形成的原因包括直接操作工人升级或降级使用、奖励制度未产生实效、工资率调整、出勤率变化等因素，应归属人事劳动部门管理，其差异的具体原因会涉及操作部门或其他部门。

（3）变动物流间接费用成本差异分析

引起变动物流间接费用效率差异的原因与引起物流直接人工效率差异的原因基本相同。变动物流间接费用耗费差异的形成往往是因为变动物流间接费用开支或工时耗费发生变化，责任一般在物流操作部门。

（4）固定物流间接费用成本差异分析

固定物流间接费用效率差异产生的原因与人工效率差异产生的原因大致相同；导致固定物流间接费用闲置能量差异的原因往往是开工不足、车辆开动率低和仓容利用率低，责任往往在管理部门；固定物流间接费用耗费差异产生的原因比较复杂，如成本制定得不切实际、实际物流作业量少于计划等，对这类差异要进行更深入的分析，才能分清责任部门。

**✣ 知识点 3：责任成本控制法**

现代企业强调责、权、利相结合，责任控制也在各类企业中广泛应用。责任成本控制就是对以责任中心为对象所归集的可控成本进行控制和降低。此处的可控成本指在责任中心内，能为该责任中心所控制，并为其工作好坏所影响的成本。“谁负责谁承担”是责任成本控制的出发点，把成本控制和责任职责挂钩是它的特征之一。一般认为，责任成本应该具备可预计性、可计量性、可控制性和可考核性四个条件。企业采用此法，能明确各物流部门的成本控制责任范围，从而达到有效控制物流成本的目的。其具体做法如下。

1. 划分成本责任单位

确定责任的前提是划分成本责任单位，成本责任单位也是成本责任控制的关键部门。责任单位的划分不在于单位大小，凡在成本管理上需要、责任可以分清、成本管理业绩可以单独考核的单位都可划分为责任单位。横向划分就形成横向责任单位，如一个企业内部的供应部门、生产部门、销售部门等这些平行职能机构。按纵向划分，企业及其职能部门为了适应分级管理的需要，自上而下、层层设置的各个管理层次就是纵向责任单位，如公司总部、分公司、项目部、生产班组等。

2. 计算责任成本

责任成本的计算方法有两种，一种是直接计算法，另一种是间接计算法。

1）直接计算法

直接计算法是将责任单位的各项责任成本直接加和汇总，以求得该单位责任成本总额的方法。计算公式为

$$\text{某责任单位责任成本}=\text{该单位各项责任成本之和} \tag{4.29}$$

这种方法的特点是计算结果较为准确，但是工作量较大（须逐笔计算出各项责任成本），此法适合于所有的责任成本。

2）间接计算法

间接计算法是以本责任单位发生的全部成本为基础，扣除该责任单位的不可控成本，再加上从其他责任单位转来的责任成本的计算方法。计算公式为

$$\begin{aligned}\text{某责任单位责任成本}=&\text{该责任单位发生的全部成本}-\text{该责任单位的不可控成本}+\\&\text{其他责任单位转来的责任成本}\end{aligned} \tag{4.30}$$

这种方法不需要逐笔计算各责任单位的各项责任成本，所以工作量比直接计算法小。但在运用此法时，企业应合理确认该单位的不可控成本与其他责任单位转来的责任成本。

3. 考核责任成本

物流企业要定期对比分析责任预算数据和各责任中心计算的责任成本，寻找差异，分析不一致的原因。一方面，发现成本控制中存在的问题，督促责任中心着力改进。另一方面，也可以对责任预算进行修正，使企业的成本预算能力不断得到提升。需要注意的是，责任成本控制法是一个完整的体系，包括日常数据记录、控制核算、考核评价、编制业绩报告等诸多环节。要使该方法真正给企业物流成本控制降低带来实效，就要结合企业管理实际，统筹考虑，扎实推进。

## 任务实施

阅读任务描述内容，回答以下问题。

1. 案例中连锁超市是如何通过目标成本法来实现逆向物流成本控制的？

2. 目标成本法在实施时应注意什么？

3. 除了目标成本法，企业在控制物流成本时，还有哪些方法？如何进行控制？

## 任务评价

在完成上述任务后，教师组织三方评价，并对学生任务执行情况进行点评。学生完成考核评价表（见表4-5）的填写。

**表4-5　　考核评价表**

<table>
<tr><td>班级</td><td colspan="2"></td><td>团队名称</td><td colspan="4"></td></tr>
<tr><td>团队成员</td><td colspan="7"></td></tr>
<tr><td colspan="2">考核项目</td><td>要求</td><td>分值</td><td>学生自评（30%）</td><td>团队互评（30%）</td><td>教师评定（40%）</td></tr>
<tr><td rowspan="3">知识能力</td><td>目标成本法实施步骤分析</td><td>分析正确</td><td>20分</td><td></td><td></td><td></td></tr>
<tr><td>标准成本法的成本核算实施</td><td>核算正确</td><td>20分</td><td></td><td></td><td></td></tr>
<tr><td>责任成本控制法具体做法分析</td><td>分析合理</td><td>30分</td><td></td><td></td><td></td></tr>
<tr><td rowspan="3">职业素养</td><td>团队协作精神</td><td>相互协作、相互帮助</td><td>10分</td><td></td><td></td><td></td></tr>
<tr><td>工作态度</td><td>严谨认真</td><td>10分</td><td></td><td></td><td></td></tr>
<tr><td>沟通表达能力</td><td>用词准确、表述流畅</td><td>10分</td><td></td><td></td><td></td></tr>
<tr><td colspan="3">合计</td><td>100分</td><td></td><td></td><td></td></tr>
</table>

## 牛刀小试

### 一、单选题

1. 在物流成本控制方法中，通过“售价-利润”计算出来的是（　　）。

A. 企业责任成本　　B. 产品生产成本　　C. 产品目标成本　　D. 物流作业成本

2. 标准成本法下的产品成本，不是产品的实际成本，而是（　　）。

A. 目标成本　　B. 理想成本　　C. 标准成本　　D. 现行成本

3. 目标成本法要求先预计物流服务收入，然后根据企业中长期计划确定预计目标利润，若采用上年利润基数法计算预计目标利润，下面正确的是（　　）。

A. 预计目标利润=预计服务收入×同类企业平均营业利润率

B. 预计目标利润=本企业净资产×同类企业平均净资产利润率

C. 预计目标利润=本企业总资产×同类企业平均资产利润率

D. 预计目标利润=上年物流利润×利润增长率

4. 以责任中心为对象所归集的可控成本进行控制和降低，是哪种物流成本控制方法？（　　）

A. 标准成本法　　B. 目标成本法　　C. 责任成本控制法　　D. 单位成本法

### 二、多选题

1. 下列关于目标成本法的特点描述正确的是（　　）。

A. 起点在设计阶段　　B. 侧重事前控制　　C. 制定标准成本　　D. 实施系统化管理

2. 物流标准成本的制定主要包括（　　）。

A. 直接材料　　B. 直接人工　　C. 资源消耗　　D. 间接费用

3. 物流成本差异的产生往往是多种因素综合作用的结果，但从计算的角度看，这些因素主要可归结为（　　）。

A. 耗费因素　　B. 用量因素　　C. 价格因素　　D. 效率因素

4. 标准成本按其制定所依据的生产技术和经营管理水平，分为（　　）。

A. 理想标准成本　　B. 现行标准成本　　C. 正常标准成本　　D. 基本标准成本

### 三、简答题

1. 目标成本法的实施步骤有哪些？

2. 物流标准成本可分为哪几种形式？如何制定企业的物流标准成本？

3. 如何核算物流成本差异？

### 四、计算分析题

1. 某运输公司的平均营业利润率为15%，运输作业的市场价格为1.2元/吨公里，该运输公司预计运输作业的业务量为 650 万吨公里，请计算预计目标利润、物流目标成本、目标单位成本。

2. 某企业本月生产 A 包装物 500 件，每件耗用硬纸板 30 千克，硬纸板标准价格为 0.5 元/千克，标准工时为 8 小时，每小时标准工资为 10 元。请计算物流直接材料标准成本和物流直接人工标准成本。

3. 某流通加工中心包装工本月包装 B 商品 300 件，每件定额工时为 30 分钟，包装 C 商品 150 件，每件定额工时为 20 分钟，若该职工的小时工资率为 8 元，请计算变动物流间接费用标准成本。

**五、案例分析题**

## 降低全社会物流成本！中央为何要再部署

2024 年 2 月 23 日召开的中央财经委员会第四次会议，研究有效降低全社会物流成本问题。

此次会议将物流降本增效提升到一个新高度，明晰了物流降成本的出发点和落脚点、基本前提、主要途径、具体措施等，为有效降低全社会物流成本指明了方向、规划了“路线图”。

（1）将物流降本增效提升到一个新高度。

2023 年年底召开的中央经济工作会议就提出，有效降低全社会物流成本。

中国物流信息中心的数据显示，2023 年社会物流总费用为 18.2 万亿元，与 GDP 的比率为 14.4%，比 2022 年回落 0.3 个百分点。

物流是实体经济的“筋络”，连接生产和消费、内贸和外贸，必须有效降低全社会物流成本，增强产业核心竞争力，提高经济运行效率。

对于如何有效降低全社会物流成本，此次中央财经委员会第四次会议规划出了“路线图”。

会议强调，物流降成本的出发点和落脚点是服务实体经济和人民群众，基本前提是保持制造业比重基本稳定，主要途径是调结构、促改革，有效降低运输成本、仓储成本、管理成本。

中国物流信息中心发文解读称，此次会议结合当前经济发展环境和发展目标任务，将物流降本增效提升到一个新高度，做了再部署，有很多新提法。

“途径更深入、目标更具体。”中国物流信息中心表示，会议强调主要途径是调结构、促改革，特别提及“基本前提是保持制造业比重基本稳定”，有效降低运输、仓储和管理各环节的物流成本。从统计数据来看，制造业物流总额占比超过 80%，多数行业、领域物流成本占比较高。需要从企业角度，开展重点企业物流成本统计调查，建立各行业物流成本基点，形成细分行业物流成本对标体系，促进物流降本增效。

（2）提出三个方面重大举措。

交通运输部相关负责人在新闻发布会上分析，总体上看，“单一环节成本低、全链条运行成本高”是当前物流运行中最为突出的矛盾，“物流资源配置效率低、流通循环效率低”是导致物流成本居高不下的关键因素。

降低全社会物流成本是提高经济运行效率的重要举措。对于如何有效降低全社会物流成本，中央财经委员会第四次会议提出了三个方面的重大举措。

一是优化运输结构，强化“公转铁”“公转水”，深化综合交通运输体系改革，形成统一高效、竞争有序的物流市场。

二是优化主干线大通道，打通堵点卡点，完善现代商贸流通体系，鼓励发展与平台经济、低空经济、无人驾驶等结合的物流新模式。

三是统筹规划物流枢纽，优化交通基础设施建设和重大生产力布局，大力发展临空经济、临港经济。

中国物流信息中心指出，本次会议首次在降低社会物流成本路径中提到鼓励与低空经济结合，低空物流等新模式具有广阔的应用空间。此举重在拓展模式渠道，促进物流效率提升。

有效降低全社会物流成本，要深刻理解其内涵与外延，从社会经济运行角度正视存在的跨运输方式阻塞、资源运输距离较长、库存资金占用高、流通环节重复、物流服务同质化等问题。中国物流信息中心认为，物流服务要深刻融入实体经济供应链服务环节，增强物流产业核心竞争力，以高效能的物流服务助力经济高质量发展。

交通运输部指出，下一步将组织开展交通物流降本提质增效专项行动。第一，加快完善综合交通运输服务体系，推进结构性降本提质增效。第二，强化各环节高效衔接，推进系统性降本提质增效。第三，加快建设全国统一交通物流大市场，推进制度性降本提质增效。第四，加快发展智慧物流和绿色物流，推进技术性降本提质增效。第五，加强要素资源保障，推进综合性降本提质增效。第六，指导企业加强管理，提升效率，推进经营性降本提质增效。

物流降成本不仅是一个经济策略的调整，更是一场关乎国计民生的深刻变革。中国信息协会常务理事、国研新经济研究院某领导曾表示，这场变革所释放出的鲜明信号在于，中国正致力于构建一个以实体经济为基础，以人民需求为导向，高效、绿色、智能的现代物流体系。这既是对内提升经济发展质量和效益的重要举措，也将促进全国统一大市场的形成，提升国民经济的整体运行效率。

讨论：通过本任务的学习，结合案例请你分析如何实现物流企业的降本增效。

# 专业技能实训：核算和分析企业物流成本差异

## 任务描述

某企业预计全月计划物流作业量标准总工时为 8 200 工时，提供物流作业 620 次，实际提供物流作业 640 次，购入直接材料 100 000 千克。物流成本资料如表 4-6 所示。试计算该企业的物流成本差异。

表 4-6　物流成本资料

| 成本项目 | | 单价（或分配率） | 消耗定额 |
|---|---|---|---|
| 物流标准成本 | 物流直接材料 | 4 元/千克 | 130 千克 |
| | 物流直接人工 | 8 元/工时 | 12 工时 |
| | 变动物流间接费用 | 5.6 元/工时 | 10 工时 |
| | 固定物流间接费用 | 3 元/工时 | 12 工时 |
| 物流实际成本 | 物流直接材料 | 4.4 元/千克 | 124 千克 |
| | 物流直接人工 | 8.8 元/工时 | 11 工时 |
| | 变动物流间接费用 | 5.2 元/工时 | 9 工时 |
| | 固定物流间接费用 | 2.8 元/工时 | 11.5 工时 |

## 任务实施

根据上述信息，完成下面的表格。

1. 物流标准成本的制定，完成表 4-7。

表 4-7　制定物流标准成本

| 成本项目 | | 单价（或分配率） | 消耗定额 | 单位成本（元） |
|---|---|---|---|---|
| 物流标准成本 | 物流直接材料 | 4 元/千克 | 130 千克 | |
| | 物流直接人工 | 8 元/工时 | 12 工时 | |
| | 变动物流间接费用 | 5.6 元/工时 | 10 工时 | |
| | 物流变动成本合计 | — | — | |
| | 固定物流间接费用 | 3 元/工时 | 12 工时 | |
| | 单位物流标准成本 | — | — | |

续　表

| 成本项目 | | 单价（或分配率） | 消耗定额 | 单位成本（元） |
|---|---|---|---|---|
| 物流实际成本 | 物流直接材料 | 4.4 元/千克 | 124 千克 | |
| | 物流直接人工 | 8.8 元/工时 | 11 工时 | |
| | 变动物流间接费用 | 5.2 元/工时 | 9 工时 | |
| | 物流变动成本合计 | — | — | |
| | 固定物流间接费用 | 2.8 元/工时 | 11.5 工时 | |
| | 单位物流标准成本 | — | — | |

2. 计算物流直接材料成本差异（见表 4-8），并分析差异产生的原因。

**表 4-8　　物流直接材料成本差异分析**

| 项目 | | 计算公式 | 差异（元） |
|---|---|---|---|
| 物流直接材料成本差异 | 成本差异 | | |
| | 数量差异 | | |
| | 价格差异 | | |
| | 差异分析 | | |

3. 计算物流直接人工成本差异（见表 4-9），并分析差异产生的原因。

**表 4-9　　物流直接人工成本差异分析**

| 项目 | | 计算公式 | 差异（元） |
|---|---|---|---|
| 物流直接人工成本差异 | 成本差异 | | |
| | 效率差异 | | |
| | 价格差异 | | |
| | 差异分析 | | |

4. 计算变动物流间接费用成本差异（见表4-10），并分析差异产生的原因。

**表4-10　　变动物流间接费用成本差异分析**

<table>
<tr><th colspan="2">项目</th><th>计算公式</th><th>差异（元）</th></tr>
<tr><td rowspan="4">变动物流间接费用成本差异</td><td>成本差异</td><td></td><td></td></tr>
<tr><td>效率差异</td><td></td><td></td></tr>
<tr><td>耗费差异</td><td></td><td></td></tr>
<tr><td>差异分析</td><td colspan="2"></td></tr>
</table>

5. 计算固定物流间接费用成本差异（见表4-11），并分析差异产生的原因。

**表4-11　　固定物流间接费用成本差异分析**

<table>
<tr><th colspan="2">项目</th><th>计算公式</th><th>差异（元）</th></tr>
<tr><td rowspan="5">固定物流间接费用成本差异</td><td>成本差异</td><td></td><td></td></tr>
<tr><td>耗费差异</td><td></td><td></td></tr>
<tr><td>闲置能量差异</td><td></td><td></td></tr>
<tr><td>效率差异</td><td></td><td></td></tr>
<tr><td>差异分析</td><td colspan="2"></td></tr>
</table>

6. 计算物流成本总差异（见表4-12），并分析差异产生的原因。

**表4-12　　物流成本总差异分析**

<table>
<tr><th colspan="2">项目</th><th>差异（元）</th><th>总差异（元）</th></tr>
<tr><td rowspan="5">物流成本总差异</td><td>物流直接材料成本差异</td><td></td><td rowspan="4"></td></tr>
<tr><td>物流直接人工成本差异</td><td></td></tr>
<tr><td>变动物流间接费用成本差异</td><td></td></tr>
<tr><td>固定物流间接费用成本差异</td><td></td></tr>
<tr><td>差异分析</td><td colspan="2"></td></tr>
</table>

## 任务评价

在完成上述任务后，教师组织三方评价，并对学生任务执行情况进行点评。学生完成考核评价表（见表 4-13）的填写。

**表 4-13　　考核评价表**

| 班级 | | | | 团队名称 | | | |
|---|---|---|---|---|---|---|---|
| 团队成员 | | | | | | | |
| 考核项目 | | | 要求 | 分值 | 学生自评（30%） | 团队互评（30%） | 教师评定（40%） |
| 知识能力 | 物流直接材料成本差异计算 | 成本差异 | 公式运用准确，计算结果正确，分析合理 | 5 分 | | | |
| | | 数量差异 | | 3 分 | | | |
| | | 价格差异 | | 3 分 | | | |
| | | 差异分析 | | 4 分 | | | |
| | 物流直接人工成本差异计算 | 成本差异 | 公式运用准确，计算结果正确，分析合理 | 5 分 | | | |
| | | 效率差异 | | 3 分 | | | |
| | | 价格差异 | | 3 分 | | | |
| | | 差异分析 | | 4 分 | | | |
| | 变动物流间接费用成本差异计算 | 成本差异 | 公式运用准确，计算结果正确，分析合理 | 5 分 | | | |
| | | 效率差异 | | 3 分 | | | |
| | | 耗费差异 | | 3 分 | | | |
| | | 差异分析 | | 4 分 | | | |
| | 固定物流间接费用成本差异计算 | 成本差异 | 公式运用准确，计算结果正确，分析合理 | 5 分 | | | |
| | | 耗费差异 | | 2 分 | | | |
| | | 闲置能量差异 | | 2 分 | | | |
| | | 效率差异 | | 2 分 | | | |
| | | 差异分析 | | 4 分 | | | |
| | 物流成本总差异计算 | | 公式运用准确，计算结果正确，分析合理 | 10 分 | | | |
| 职业素养 | 团队协作精神 | | 相互协作、相互帮助 | 10 分 | | | |
| | 工作态度 | | 严谨认真 | 10 分 | | | |
| | 沟通表达能力 | | 用词准确、表述流畅 | 10 分 | | | |
| 合计 | | | | 100 分 | | | |

# 05 PROJ 项目五 物流成本分析

◎知识目标

- 了解物流成本分析的含义和作用；
- 了解物流成本分析的内容和程序；
- 理解物流成本效率与效益分析的含义；
- 了解物流成本与利润总额比率指标；
- 掌握常见的物流成本分析的方法与程序。

※能力目标

- 能够运用适合的方法对物流成本进行初步分析；
- 能用科学的方法对物流成本效率与效益进行分析；
- 能够根据物流成本分析的结果，提出降本增效的建议。

◎思政目标

- 明确诚信经营的重要性，遵守商业道德规范，反对弄虚作假的行为；
- 理解创新思维和工匠精神，探究降低成本的新技术和新方法；
- 明确企业不仅要追求经济效益最大化，还要担负节能减排的社会责任；
- 理解团队协作精神和有效沟通的重要性。

## 知识图谱

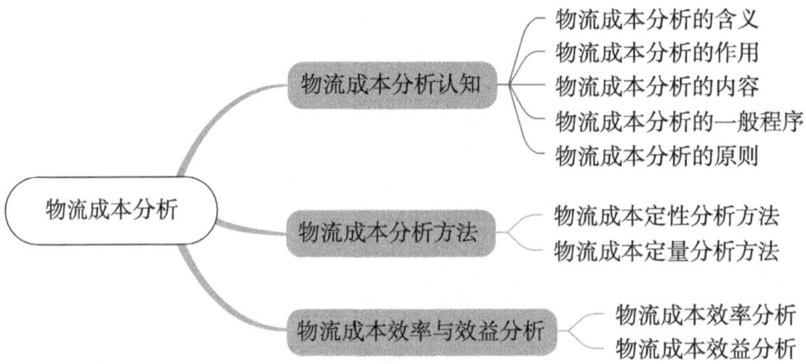
物流成本分析
物流成本分析认知
物流成本分析的含义
物流成本分析的作用
物流成本分析的内容
物流成本分析的一般程序
物流成本分析的原则
物流成本分析方法
物流成本定性分析方法
物流成本定量分析方法
物流成本效率与效益分析
物流成本效率分析
物流成本效益分析

## 岗位分析

### 岗位：物流成本分析专员

**岗位职责：**根据公司发货原始凭证或电子凭证对账；文件管理、台账管理、单据管理；账单输出、核对、跟催；应收账款进度跟催；回单跟踪、确认、整理。

**典型工作任务：**物流成本差异分析；物流成本改进等。

**职业素质：**责任意识、服务意识、效率意识、成本管理意识、法律意识。

**职业能力：**能够根据物流业务编制物流台账。

**可持续发展能力：**能进行客户账务管理；具有全局协调能力。

## 项目导读

在全球化经济和电子商务快速发展的背景下，物流作为连接生产和消费的重要纽带，其成本对于企业的整体运营绩效和市场竞争力有着重大影响。随着市场竞争加剧，有效管理和控制物流成本成为众多企业寻求持续发展与盈利提升的关键举措之一。因此，全面、细致的物流成本分析不仅是洞察企业内部运营效率的“显微镜”，也是优化资源配置、制定战略决策的“导航仪”。

一家名为创客的电子产品制造商，其产品销往全球各地。近年来，创客发现虽然销售额逐年增长，但利润率并未同步提升。经过初步调查，公司高层意识到物流成本可能是利润流失的重要原因之一。

创客决定对物流成本进行全面分析。他们对从原材料采购、生产、库存管理到成品分销的所有物流环节进行了成本拆解，分析出物流成本涵盖了以下几个方面。

运输成本：创客发现国际海运、空运和国内陆运的成本占据了物流总成本的一大部分，其中空运成本尤其高昂。通过分析不同运输方式的成本效益发现在某些情况下可适当调整运输模式，比如对不紧急的产品选择海运而非空运，以降低运输成本。

仓储成本：对仓库布局和利用率进行审查后，创客发现某些区域存在仓库过剩或利用率低的问题，导致大量资金被占用且增加了不必要的维护和人工成本。通过重新配置仓储资源，优化库存周转率，降低了仓储成本。

包装成本：通过引进更环保且高效的包装材料和技术，创客减少了单位产品的包装成本，同时也提升了客户满意度和品牌形象。

订单处理和信息系统成本：通过升级信息管理系统，创客提高了订单处理效率，降低了错误率，减少了重复工作，间接降低了人力成本。

分析结果与行动：通过物流成本分析，创客得以针对性地采取了一系列措施，如调整运输策略、优化仓储布局、改进包装技术和升级信息系统。经过一段时间的实施，公司物流成本明显下降，进而使总体运营成本得到有效控制，促进了利润率的增长。

通过以上案例，我们可以深刻体会到物流成本分析的重要性，接下来我们将逐步学习如何通过科学的方法和工具，对物流成本进行解析与优化，以期达到降低企业运营成本、提升服务质量的目标。

# 任务一　物流成本分析认知

## 任务描述

小王是一家大型电商平台的物流部门负责人，近年来公司业务迅速扩张，订单量持续增长，然而物流成本也随之攀升。近期，财务报告显示上个财年的物流成本较之前一年增长了约20%，而同期销售额的增长仅为15%。小王意识到，如果不能有效控制和优化物流成本，将直接影响公司的盈利能力和市场竞争力。

面对越演越烈的竞争市场，总经理要求小王带领团队对现有的物流体系进行全面细致的成本分析，涵盖供应商管理、采购物流、仓储管理、订单处理、配送网络设计、运输管理直至终端客户交付的全过程。具体任务包括但不限于：识别关键成本驱动因素、厘清成本结构、评估各项物流活动的成本效益、探索潜在的成本节省空间、设计和实施有效的成本控制策略。

为了全面系统地做好物流成本分析，小王需要了解物流成本分析的具体程序。面对各种物流成本数据，小王需要区分物流成本的不同形态。例如，按照功能分类，把物流成本分为运输成本、仓储成本、包装成本等。

那么小王在进行物流成本分析时应侧重哪些内容？该如何着手进行物流成本分析？又有哪些注意事项？

## 知识链接

### ✣ 知识点1：物流成本分析的含义

物流成本分析是企业在经营管理中，针对物流活动全过程涉及的各种直接和间接费用进行计量、归集，运用特定的分析方法，以揭示物流成本的构成、水平及其变化趋势，进而探寻影响物流成本高低的各种内部和外部因素，制定相应的成本控制措施的过程。

此项工作可以帮助管理者了解物流活动的经济效果，找出成本过高的环节，分析成本增加或减少的原因，并据此制定相应的物流成本控制策略和优化方案，从而在保证物流服务质量和客户满意度的同时，尽可能降低物流成本，提高企业的经济效益和竞争力。在实际操作中，物流成本分析可能涉及采购、运输、仓储、装卸、包装、配送等多个物流环节的成本，并且要考虑直接成本和间接成本，以及显性成本和隐性成本等多种类型的成本构成。

物流成本分析通过对物流各环节成本数据的深度挖掘和精准计算，全面揭示物流成本的构成、分布及动态变化规律。通过深入剖析成本产生的原因，企业可以找准成本控制的重点，采取有针对性的改善措施，实现物流成本的合理压缩与优化配置，进而提升企业的运营效率和盈利能力。

此外，物流成本分析也是企业进行供应链管理、制定物流战略的重要依据。通过系统化的成本分析，企业能够更好地理解自身在产业链中的位置，明晰物流活动与企业价值创造的关系，从而做出更科学、更符合实际的物流战略决策。

**✣ 知识点 2：物流成本分析的作用**

物流成本分析的作用主要包括以下几个方面：

1. 揭示物流成本的真实状况

通过对物流成本的细化拆分和全面透视，企业可以清楚了解自身的物流成本结构，识别出高成本环节和潜在的节约空间。

2. 找出成本变动的原因

通过对比分析不同时期或不同条件下的物流成本，探究成本发生变动的根本原因，如市场价格波动、操作效率、政策调整等。

3. 成本控制与降低

通过详细分析物流各环节的成本结构、成本动因以及成本变动趋势，企业能够找到成本过高的根源，有针对性地采取措施降低成本，提高物流运作效率。

4. 优化资源配置

物流成本分析可以帮助企业发现哪些物流活动、环节或者流程存在浪费，从而调整资源分配，优化物流网络布局，改进物流作业流程，提高物流资源使用效率。

5. 提高决策质量

物流成本分析为企业管理层提供决策依据，通过对比分析不同方案的物流成本，可以选择最优的物流策略，如运输方式的选择、仓储地点的确定、供应链合作伙伴的选择等。

6. 提升竞争力

企业在保持或提高服务水平的同时有效控制物流成本有助于降低总成本，从而提高产品的市场竞争力和企业的盈利能力。

7. 评价与考核

通过对物流成本的分析，可以评价物流活动的经济效益，将其纳入绩效考核体系，激励相关部门和员工改进工作效率，达成成本控制目标。

8. 预见性管理

通过事前、事中和事后成本分析，企业可以提前预估未来的成本走势，制定预防措施，确保成本在可控范围内，避免成本失控对企业经营造成的负面影响。

总之，物流成本分析的核心目标在于通过对物流成本的深入了解和有效控制，助力企业实现成本最小化和效益最大化，增强企业的市场适应能力和持久竞争优势。

### ✣ 知识点 3：物流成本分析的内容

物流成本分析是企业管理中的一项重要工作，它包括对物流活动全过程产生的各种费用进行的调查、记录、计算、比较和解释等一系列活动。以下是物流成本分析的主要内容。

1. 物流成本结构分析

分析物流成本的结构，包括但不限于运输成本（如长途、短途、特殊运输）、仓储成本（如租金、折旧、管理费等）、装卸搬运成本、包装成本、物流信息成本、存货持有成本、订单处理成本、缺货损失成本以及其他相关间接成本。

2. 物流成本动因分析

研究影响物流成本的各项因素，如订单频率、订单批量、运输距离、物流作业效率、库存水平、客户需求响应速度等，识别关键成本驱动因素。

3. 物流成本效益分析

计算物流成本与物流服务质量和效率之间的关系，如单位产品或服务的物流成本、每公里运输成本、每平方米仓储成本等，衡量物流投入产出比。

4. 趋势分析

比较不同时间段内物流成本的变化趋势，分析成本增减的原因，如季节性波动、政策调整、市场需求变化等。

5. 对标分析

与行业内类似企业的物流成本进行对比，分析自身的优势和劣势，学习先进经验，查找成本控制的差距和改进空间。

6. 事前、事中与事后的成本分析

事前成本分析是指事前预计和测算有关因素对成本的影响程度，主要包括两个方面的内容，即成本预测分析和成本决策分析。

事中成本分析是指以计划、定额成本为依据，通过分析实际成本与计划成本或定额成本的差异，对成本进行分析和控制。

事后成本分析是指产品生产过程中发生的实际成本与计划成本的比较，对产生的差异进行分析，找出成本升降的原因，为后续成本管理提供参考，是成本分析的主要形式。

7. 成本控制与优化策略

基于上述分析，制定切实可行的成本控制措施和优化策略，包括改进物流流程、采用新技术、调整物流网络布局、合理规划运输路线、提高库存周转率等。

### ✣ 知识点 4：物流成本分析的一般程序（考证必备知识点）

物流成本分析是对物流活动中涉及的各项成本进行核算和分析，以确定物流成本的构成和变化趋势并制定相应的成本控制措施的过程。

物流成本分析的一般程序包括以下 8 项内容。

1. 确定物流成本分析的目的

确定物流成本分析的目的，如为了降低成本、提高效率、优化流程等，选定合适的成本分析指标，如物流总成本、单件物流成本、运输成本占比等。

2. 物流成本数据收集与整理

收集与物流活动相关的所有成本数据，包括直接成本（如运输费、仓储费、人工费等）和间接成本（如管理费、折旧费等），并对数据进行清洗和整理，确保数据准确性与完整性。

3. 物流成本分类与归集

按照物流成本的不同性质和功能进行分类，如运输成本、仓储成本、订单处理成本、包装成本、装卸搬运成本等，然后将相关成本归集到对应的类别中。

4. 物流成本分析与计算

进行成本结构分析，计算各类成本占物流总成本的比重；进行成本动因分析，研究成本与业务量、服务水平等因素之间的关系；运用作业成本法、因素分析法、全生命周期法等方法，核算出物流成本的具体数值，探查成本变动的具体原因。

5. 物流成本差异分析

将实际发生的物流成本与预算成本、标准成本或历史成本进行比较，分析成本差异，并评价物流活动的经济效益。

6. 发现问题与提出改进措施

根据分析结果，找出成本过高或不合理的地方，识别成本控制的瓶颈和关键环节，提出具有针对性的成本控制策略和改进措施。

7. 实施改进与反馈调整

实施成本控制措施后，继续监控物流成本的变化情况，收集改进后的数据，通过反馈调整优化成本控制策略，形成持续改进的闭环管理。

8. 总结与报告

整理分析结果，撰写分析报告，向企业管理层汇报，以便决策者根据分析结果调整经营策略和资源配置。

通过一系列的程序，企业能够实现对物流成本的精细化管理，找到成本控制的着力点，从而实现成本优化，提升物流效率和企业的整体竞争力。

**✣ 知识点 5：物流成本分析的原则（考证必备知识点）**

1. 管理有用原则

物流成本分析的结果应具有实用性，能够为管理层提供决策依据，帮助管理层了解物流成本结构，找到成本控制的关键点和优化方向。

2. 经济可行性原则

在分析和控制物流成本时，必须考虑经济上的合理性与可行性，确保采取的各项成本降低措施所带来的经济效益大于其实施成本。

3. 相容性原则

物流成本分析要与企业的总体战略、经营目标以及物流系统的内在要求相符合，保证成本控制策略与企业整体发展战略相一致。

4. 协调性原则

强调物流活动的各个环节及其与供应链上下游之间的成本协调性，避免局部优化造成整体成本的上升。

5. 与技术经济指标相结合原则

在分析物流成本时，不仅要考虑传统意义上的财务成本，还要结合物流技术和效率指标，将技术进步带来的成本节约因素纳入考量。

6. 成本责任制原则

在物流成本管理中，明确各级部门和个人在物流成本控制方面的责任，通过建立健全成本责任制，促进全员参与成本管理。

7. 全程成本观念

物流成本分析应贯穿于物流活动的全过程，包括采购、生产、储存、装卸、运输、配送等各个环节，全方位审视物流活动产生的所有成本。

通过遵循以上原则，企业能够更有效地进行物流成本分析，从而发现问题，提出改进措施，促进物流成本效率与效益的提升，达到降本增效的目的。

## 任务实施

阅读任务描述内容，回答以下问题。

1. 物流成本分析的含义是什么？

______________________________

______________________________

______________________________

2. 小王在进行物流成本分析时，一般应怎么做？

______________________________

______________________________

______________________________

3. 小王在进行物流成本分析时应遵守哪些原则？

______________________________

## 任务评价

在完成上述任务后，教师组织三方评价，并对学生任务执行情况进行点评。学生完成考核评价表（见表5-1）的填写。

表5-1　考核评价表

<table>
<tr><td>班级</td><td></td><td>团队名称</td><td colspan="4"></td></tr>
<tr><td>团队成员</td><td colspan="6"></td></tr>
<tr><td colspan="2">考核项目</td><td>要求</td><td>分值</td><td>学生自评（30%）</td><td>团队互评（30%）</td><td>教师评定（40%）</td></tr>
<tr><td rowspan="3">知识能力</td><td>物流成本分析的内容</td><td>分析正确</td><td>20分</td><td></td><td></td><td></td></tr>
<tr><td>物流成本分析的程序</td><td>分析合理</td><td>20分</td><td></td><td></td><td></td></tr>
<tr><td>物流成本分析的原则</td><td>分析合理</td><td>30分</td><td></td><td></td><td></td></tr>
<tr><td rowspan="3">职业素养</td><td>团队协作精神</td><td>相互协作、相互帮助</td><td>10分</td><td></td><td></td><td></td></tr>
<tr><td>工作态度</td><td>严谨认真</td><td>10分</td><td></td><td></td><td></td></tr>
<tr><td>沟通表达能力</td><td>用词准确、表述流畅</td><td>10分</td><td></td><td></td><td></td></tr>
<tr><td colspan="3">合计</td><td>100分</td><td></td><td></td><td></td></tr>
</table>

## 牛刀小试

### 一、单选题

1.（　　）是企业在经营管理中，针对物流活动全过程涉及的各种费用进行分析，以揭示物流成本的构成、水平及其变化趋势，进而探寻影响物流成本高低的各种内部和外部因素。

A. 物流成本控制　B. 物流成本分析　C. 物流成本核算　D. 物流成本预测

2. 物流成本分析的作用不包括（　　）。

A. 揭示物流成本的真实状况　B. 找出成本变动的原因

C. 物流成本核算　D. 提高决策质量

3.（　　）是按照物流成本的不同性质和功能进行分类，如运输成本、仓储成本、订单处理成本、包装成本、装卸搬运成本等，然后将相关成本归集到对应的类别中。

A. 物流成本分析与计算　　B. 物流成本分类与归集

C. 物流成本数据收集与整理　　D. 物流成本差异分析

**二、多选题**

1. 物流成本分析的原则有（　　）。

A. 经济可行性原则　B. 相容性原则　C. 管理有用原则　D. 协调性原则

2. 物流成本分析的内容包括（　　）。

A. 物流成本结构分析　　B. 物流成本动因分析

C. 物流成本效益分析　　D. 趋势分析

3. 物流成本分析的一般程序包括（　　）。

A. 确定物流成本分析的目的　　B. 物流成本数据收集与整理

C. 物流成本分类与归集　　D. 发现问题与提出改进措施

**三、简答题**

1. 物流成本分析的内容有哪些?

2. 物流成本分析的一般程序是什么?

**四、案例分析题**

**“全球织网”发展一体化供应链业务，京东物流2024要这么干!**

2023年对物流行业来说是非比寻常的一年。这一年，物流业稳步增长，总收入超过13万亿元；这一年，我国快递年业务量首次突破1 200亿件。同样是在这一年，京东物流营收、净利润均刷新历史纪录，并展现了强劲的增长速度，交出了一份相当亮眼的财报。

2024年3月6日，京东物流发布了2023年业绩公告，引发市场高度关注。具体来看，2023年，京东物流全年总收入为1 666亿元，同比增长21.3%。2023年经调整后的净利润再创历史新高，达27.6亿元，同比增长218.8%；全年未经调整净利润扭亏为盈，首次实现双盈利，全年营收、增长、净利润均超市场预期。

与此同时，继2023年第三季度实现上市以来第三季度最好的盈利水平后，京东物流2023年第四季度实现上市以来最好的盈利水平，实现收入472.01亿元，同比增长9.7%。市场分析认为，免邮门槛下降和放宽3P（第三方）卖家物流供应商是主要诱因。能取得如此亮眼的成绩，除了京东母集团鼎力支持外，还少不了外部客户的力挺。财报数据显示，2023年，京东物流外部客户收入达到1 166亿元，同比增长30.8%，占总收入的比重达70%。来自京东集团的收入则同比增长3.7%，为500.63亿元，占比总营收的30%。

讨论：京东物流绩效提升的原因是什么?

# 任务二　物流成本分析方法

## 任务描述

在现今激烈的市场竞争环境下，有效控制和优化物流成本已经成为企业提升运营效率、增强竞争力的关键环节之一。试想一家生产型企业，其产品从原材料采购、生产加工，到最终送达消费者手中，整个过程涉及了各种各样的物流活动，如运输、仓储、装卸搬运、包装、信息处理等，每个环节都会产生相应的成本。如何精确地量化并科学地分析这些物流成本，找出成本过高或者效率低下的环节，并据此制定出有效降低成本的策略呢？

这就是物流成本分析的重要任务。通过物流成本分析，我们将系统性地梳理企业的物流运作流程，细分各项物流成本，识别主要的成本驱动因素，挖掘潜在的改进空间，从而帮助企业实现物流成本的有效管理和持续优化。

## 知识链接

物流成本分析的方法总体上分为定性与定量两种，它们在理解和优化物流成本结构时起到互补作用。

物流成本的定性分析侧重于探讨物流成本各构成部分的性质、特点以及成本发生的原因、机制和相互关系。它关注的是物流过程中的非量化因素，例如服务质量、流程效率、供应链协同效应、风险管理等方面的影响。定性分析可能会通过案例研究、专家访谈、问卷调查等方式获取数据，进而描述和解释物流成本的形成背景、潜在问题及改进方向。

物流成本的定量分析则聚焦于物流成本具体数值的衡量和计算，通过对各项成本进行精确计量，如运输费、仓储费、装卸搬运费、包装费、管理费等，并使用数学模型、统计技术评估这些成本之间的关系和变化趋势。定量分析旨在提供可以量化的数据支持决策，比如通过建立成本函数、预测模型或成本效益分析精确计算降低成本的可能性和最优策略。

结合定性与定量分析，物流企业可以全面地了解和掌握物流成本的各个方面，不仅明确各项成本的具体数额，还能深入理解成本背后的因素及可能改善的空间，从而制定更有效的物流成本控制和优化措施。例如，在实际操作中，企业可以通过定量分析精确计算运输距离、装载率、周转次数等因素对总成本的影响程度，同时借助定性分析研究市场环境变化、技术创新、政策调整等因素对物流成本的影响。

### ✣ 知识点 1：物流成本定性分析方法（考证必备知识点）

1. 因果分析法

通过对物流成本各构成部分进行梳理，探讨它们之间可能存在的因果关系，分析某项成本上升或下降的原因，如运输成本上升可能是因为油价上涨、运输距离增加或是运输效率低等原因。

2. SWOT 分析法

通过分析物流成本方面的优势（Strengths）、劣势（Weaknesses）、机会（Opportunities）和威胁（Threats），从战略层面评估物流成本管理的状态和前景。

3. 问题树分析法

从一个中心问题出发，逐步细分出引发该问题的所有可能原因，并形成类似树枝状的结构图，便于直观展示物流成本问题的多层次、多维度成因。

4. 专家访谈与问卷调查法

通过与行业专家、企业管理层或一线员工的深度访谈，了解物流成本管理的现状、存在问题及改进建议，或者通过发放问卷获取相关人员对物流成本的认识和评价。

5. 案例研究法

深入研究同类企业的成功或失败案例，从中获取有效降低成本的经验教训，对照本企业情况进行借鉴和参考。

定性分析方法主要用于揭示物流成本背后深层次的原因，以及指导未来改进的方向，但往往需要结合定量分析方法，如因素分析法、指标对比分析法等，才能更准确、全面地分析和控制物流成本。

### ✣ 知识点 2：物流成本定量分析方法（考证必备知识点）

物流成本定量分析方法主要用于精确衡量和评估物流活动中的各项成本，并探究其变动趋势和影响因素。按照物流成本分析的时间分类，物流成本事前分析方法有量本利分析法、差量分析法与价值工程分析法等，物流成本事中分析方法常见的有作业成本法①等，物流成本事后分析方法有因素分析法、指标对比分析法、趋势分析法等。

1. 物流成本事前分析方法

1）量本利分析法

量本利分析是对业务量、成本、利润之间相互关系进行分析的简称，是指在成本按性态划分的基础上，以数学模型与图形揭示固定成本、变动成本、业务量、售价、销售收入和利润等变量之间的内在规律性联系。同时它在企业预测、决策、计划和控制等方面应用广泛。

① 作业成本法前文已有介绍，这里不再赘述。

量本利分析法的公式如下。

$$S = P \times Q \tag{5.1}$$

$$C = F + V \times Q \tag{5.2}$$

$$I = S - C = Q \times P - (F + V \times Q) \tag{5.3}$$

式中：$S$—— 销售收入；

$P$—— 售价；

$Q$—— 销量；

$C$—— 总成本；

$F$—— 固定成本；

$V$—— 单位变动成本；

$V \times Q$—— 总变动成本；

$I$—— 利润。

当盈亏平衡时，$I=0$，企业不亏不盈（保本点）。

$$P \times Q = F + V \times Q \tag{5.4}$$

盈亏平衡点对应的销量为

$$Q_0 = F \div (P - V) \tag{5.5}$$

目标利润为

$$I_0 = (P - V) \times Q - F \tag{5.6}$$

若需要确定实现目标利润（$I_0$）条件下的销量（$Q^*$），则上述公式可变为

$$Q^* = (F + I_0) \div (P - V) \tag{5.7}$$

量本利分析法的图示如图 5-1 所示。

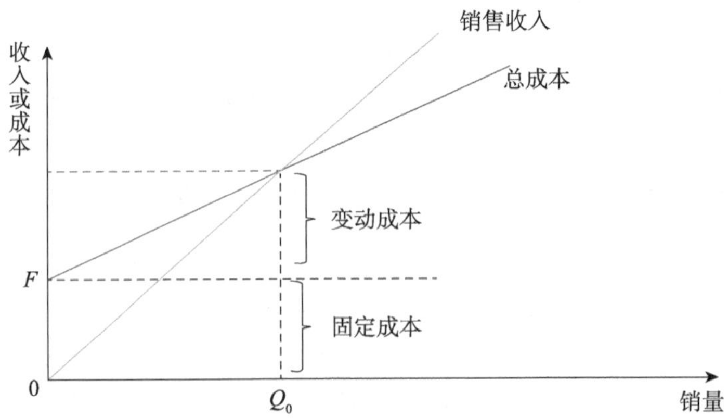


**图 5-1　量本利分析法的图示**

量本利分析法还可以对企业经营状态作出分析，预测一定销量下的利润水平。企业的经营状况可以通过经营安全率加以判定，经营安全率的计算公式为

$$L = (Q_1 - Q_0)/Q_1 \times 100\% \tag{5.8}$$

式中：$L$—— 经营安全率；

$Q_1$—— 实际销量（销售收入）；

$Q_0$—— 盈亏平衡点对应的销量（销售收入）。

经营安全率是反映企业经营状况的重要指标，可以根据相关数据判断企业的经营安全状态，如表 5-2 所示。

**表 5-2　经营安全率**

| 经营安全率（%） | >30 | 25~30 | 15~<25 | 10~<15 | <10 |
|---|---|---|---|---|---|
| 企业经营状态 | 安全 | 较安全 | 不太好 | 要警惕 | 危险 |

**【案例分析】** 某电商企业的物流部门目前每月的运营成本如下。

产品售价（$P$）：每件产品售价为 80 元；

固定成本（$F$）：包括仓库租金、员工基本工资、信息系统维护费用等，总计为 200 000元。

单位变动成本（$V$）主要包括以下几项。

商品采购成本：每件 54 元；

运输成本：平均每件快递费为 4 元；

包装材料成本：平均每件消耗 1 元的包装材料；

订单处理人工费：每处理 1 个订单平均需要 1 元的人工成本。

请问：

（1）该企业每个月至少需要完成多少订单才能实现盈亏平衡?

（2）若该企业目前每月的平均销量为 12 500 件，则该企业的经营安全状态如何?

解析：（1）计算盈亏平衡点。

$F$ = 200 000 元；

$V$ = 54+4+1+1 = 60（元/件）；

$P$ = 80 元/件；

根据量本利公式，当 $P \times Q = F + V \times Q$ 时，达到盈亏平衡点，即此时的销量 $Q_0 = F \div (P - V) = 200\ 000 \div (80-60) = 10\ 000$（件）时，才能实现盈亏平衡。

（2）根据经营安全率公式，可得该企业目前的经营安全率为

$L = (Q_1 - Q_0)/Q_1 \times 100\% = (12\ 500 - 10\ 000)/12\ 500 \times 100\% = 20\%$，根据经营安全率表，该企业的经营状态不太好。

**【知识拓展】**

## 相关因素变动对物流成本指标的影响

在对物流成本进行量本利分析时，各因素均是已知且固定的，但在实际工作中各因素

长期来看均有浮动，当因素变动时，成本指标也会发生变化。了解各因素与成本指标之间的变化规律，对物流成本分析与控制实践很有帮助，接下来分析各因素变动对成本相关指标的影响情况。

（1）价格变动

价格变动对盈亏平衡点和利润的影响最为直接。在成本水平和销量既定的条件下，当单价上涨时，盈亏平衡点和保利点下降，利润总额增加；单价下降时，则盈亏平衡点和保利点上升，利润总额减少。价格变动时的量本利分析如图 5-2 所示。

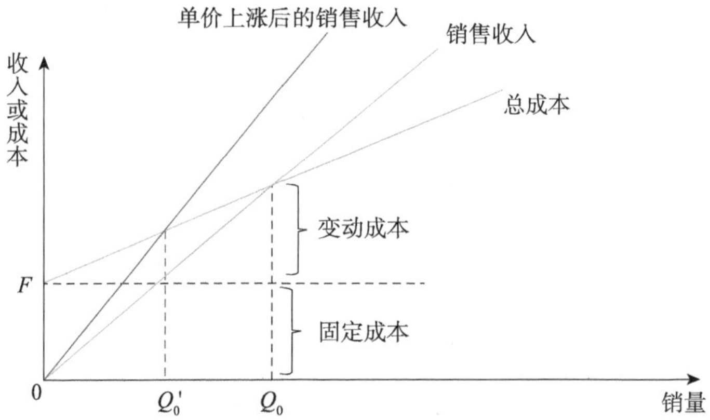


**图 5-2　价格变动时的量本利分析**

（2）单位成本变动

在销量既定的条件下，当单位变动成本上升时，盈亏平衡点和保利点上升，利润总额减少；当单位变动成本下降时，盈亏平衡点和保利点也随之下降，利润总额增加。单位变动成本变动时的量本利分析如图 5-3 所示。

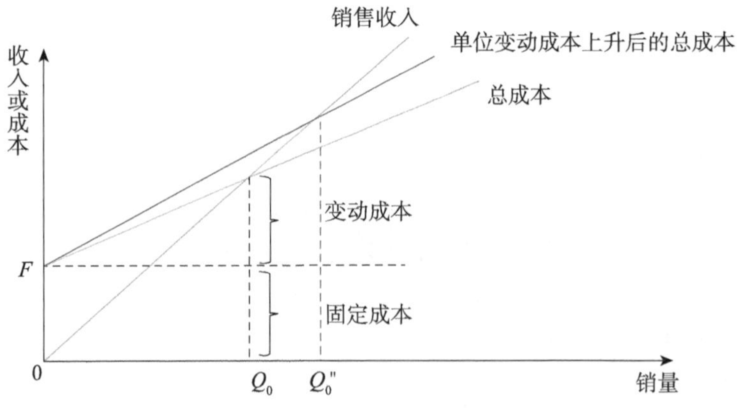


**图 5-3　单位变动成本变动时的量本利分析**

(3) 固定成本变动

在其他条件不变的情况下，当固定成本减少时，盈亏平衡点和保利点下降，利润总额增加；当固定成本增加时，盈亏平衡点和保利点上升，利润总额减少。固定成本变动直接影响成本的起点，对利润总额的影响最为直接。固定成本变动时的量本利分析如图 5-4 所示。

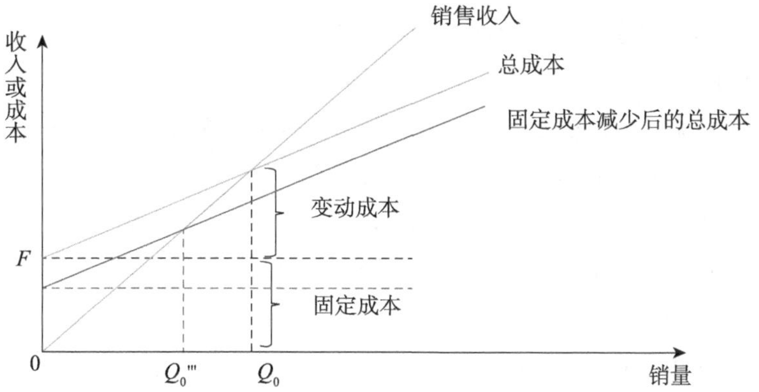


**图 5-4　固定成本变动时的量本利分析**

2）差量分析法

差量分析法是对两个备选方案的差量收入与差量成本进行比较，以确定最优方案的决策方法。在这里，“差量收入”和“差量成本”是指两个备选方案之间的预期收入或预期成本的差异数。决策时，若差量收入大于差量成本，则前一个方案较优；反之，则后一个方案较优。

差量分析法的基本思路：

首先，分别计算不同备选方案下物流总成本的数额，并以总成本最低的方案作为首选方案；

其次，要实施某方案时，可以计算方案实施后有哪些物流成本会下降且下降多少，哪些会上升，上升多少；

最后，比较并判断，只要上升的成本数小于下降的成本数，该方案就可取。

**【案例分析】** 某企业的生产点位于甲地，其产品的消费者较为分散，企业采用将产品直接送往各个零售点的方式供货。由于零售点没有充足的储存空间，因此企业必须进行多频次、小批量配送。据统计，企业每年要运输 2 010 次，平均每次运输 200 件，每件产品的平均运输成本为 9. 8 元。现企业希望通过建立中转仓库来降低成本。经考虑企业在乙地找到了可以租赁的仓库。该仓库年租金为 700 元/立方米，如果企业租赁 1 000 立方米的仓库。便可以先将产品以 800 件/次的批量从甲地运往乙地，每件产品的运输成本是 2. 9 元。产品进入租赁仓库后，企业再根据零售地的要求将产品配送至各零售网点，每次运送 200 件，每年运送 2 010 次，平均每件产品运输成本为 2 元。乙地仓库除租金以外的仓储成本是 450 000 元/年，装卸作业和库存持有成本是 250 000 元/年。

请分析该企业是否应该在乙地租赁仓库。

解析：(1) 计算没有租赁中转仓库时，企业一年的运输成本为

9.8×200×2 010=3 939 600（元）

(2) 当选择租赁中转仓库时，企业一年的运输成本为

200×2 010×（2.9+2）=1 969 800（元）

(3) 差量分析，若选择租赁中转仓库模式，运输成本节约了

3 939 600−1 969 800=1 969 800（元）

虽然租赁中转仓库的运输成本节约了，但企业的仓储成本增加了

700×1 000+450 000=1 150 000（元）

装卸作业及库存持有成本增加了 250 000 元。

综合得知，由于租赁仓库增加的物流成本为

1 150 000+250 000=1 400 000（元）

1 400 000+1 969 800−3 939 600=−569 800（元）

所以企业选择租赁中转仓库的做法是正确的。

3）价值工程分析法

(1) 价值工程分析法的含义

价值工程分析法是谋求以最低的产品全寿命周期成本，可靠地实现使用者所需的必要功能，对产品的功能成本进行有组织的系统分析的一种技术方法。

$$价值(V)=\frac{产品功能(F)}{全寿命周期成本(C)} \tag{5.9}$$

其中，全寿命周期成本（$C$）是产品从设计制造到交付使用，再到报废为止的全过程的生产费用和使用费用之和，即 $C=C_{生}+C_{使}$。

最低的全寿命周期成本 $B$ 点所对应的功能水平（$F_0$）是从成本方面考虑的最为适宜的功能水平，具体如图 5-5 所示。

$B$ 点以左——功能低下，增加的成本会转移到用户身上。

$B$ 点以右——功能提高，以适应追求功能而不惜花钱的用户的需求。

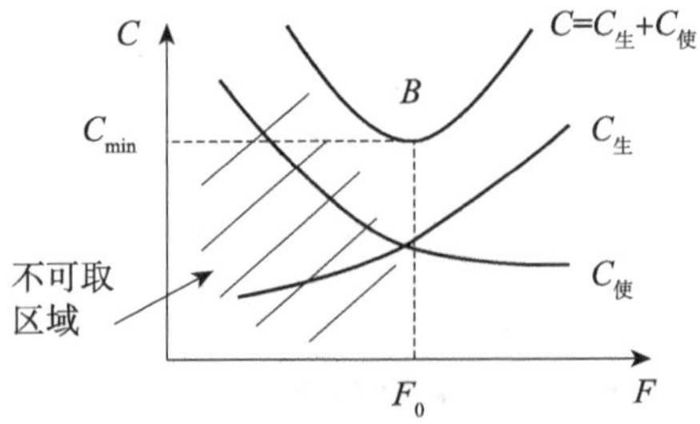


**图 5-5　价值工程分析法**

根据公式，提高价值的途径有以下几种。

①保持产品功能不变的前提下，尽量降低成本。

②在成本不变的条件下，尽量提高产品的功能。

③在提高产品功能的同时，又降低产品的成本（提高价值最理想的途径）。

④产品功能较大幅度提高，产品成本较少提高。

⑤产品功能略有下降，产品成本大幅度降低。

（2）价值工程分析程序（见表 5-3）

**表 5-3　价值工程分析程序**

| 阶段 | 步骤 | 应回答的问题 |
|---|---|---|
| 准备阶段 | ①对象选择<br>②组成价值工程小组<br>③制订工作计划 | 价值工程分析的对象是什么 |
| 分析阶段 | ④收集整理信息资料<br>⑤功能系统分析<br>⑥功能评价 | 该对象的用途是什么？<br>成本和价值是多少 |
| 创新阶段 | ⑦方案创新<br>⑧方案评价<br>⑨提案编写 | 是否有替代方案？<br>新方案的成本是多少 |
| 实施阶段 | ⑩审批<br>⑪实施与检查<br>⑫成果鉴定 | |

价值工程分析的思路：提出问题→分析问题→解决问题。

价值工程分析的工作重点：对象选择与资料收集、功能分析与评价、方案创新与方案评价。

（3）价值工程分析法的特点

①着眼于全寿命周期成本。

②以提高价值为目标，反映了生产者和用户的共同利益。

③以功能分析为核心。

④是有组织的集体创造活动。

⑤一般应用在方案的研究设计阶段。

（4）对象选择的原则

①优先考虑在企业生产经营上迫切且会对国计民生有重大影响的项目。

②在改善价值方面有较大潜力的产品或项目。

（5）选择方法

①ABC 分析法（成本比重法）。

ABC 分析法（成本比重法）是意大利经济学家帕累托创造的，现已被广泛使用，尤其在材料成本分析中。

将各零部件按其成本大小进行排序，按相应的原则分类，如表 5-4 所示。

表 5-4　　ABC 分析法

| 零部件种类 | 零部件数量 $n$ | 零部件成本 $C$ | 研究对象的选择 |
|---|---|---|---|
| A | 少，10%~20% | 高，70%~80% | 重点对象 |
| B | 其余 | 其余 | 一般对象 |
| C | 多，70%~80% | 低，10%~20% | 不作为对象 |

ABC 分析示意，如图 5-6 所示。

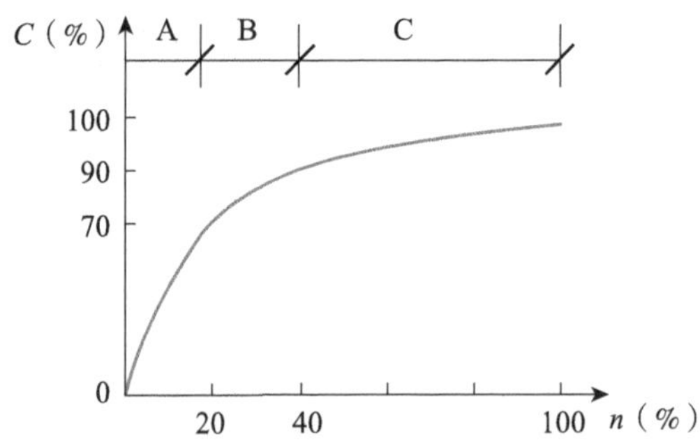


图 5-6　ABC 分析示意

**【案例分析】**某建筑工程，结构为钢筋混凝土框架，材料、机械、人工费总计为 216 357.83元，建筑面积为 1 691.73m²，各部分费用及占比如表 5-5 所示。

表 5-5　　各部分费用及占比

| 名称 | 代号 | 费用（元） | 百分比（%） |
|---|---|---|---|
| 基础 | A | 29 113.01 | 13.46 |
| 墙体 | B | 41 909.53 | 19.37 |
| 框架 | C | 75 149.86 | 34.73 |
| 楼地面 | D | 10 446.04 | 4.83 |
| 装饰 | E | 20 571.49 | 9.51 |
| 门窗 | F | 33 777.31 | 15.61 |
| 其他 | G | 5 390.59 | 2.49 |
| 总计 | | 216 357.83 | 100 |

解析：按费用（或百分比）大小排序如表 5-6 所示。

由表 5-6 可知：应选框架、墙体、门窗作为研究对象。

表 5-6　　住宅建筑成本降序排列

| 名称 | 代号 | 费用（元） | 百分比（%） | 累计百分比（%） |
|---|---|---|---|---|
| 框架 | C | 75 149. 86 | 34. 73 | 34. 73 |
| 墙体 | B | 41 909. 53 | 19. 37 | 54. 1 |
| 门窗 | F | 33 777. 31 | 15. 61 | 69. 71 |
| 基础 | A | 29 113. 01 | 13. 46 | 83. 17 |
| 装饰 | E | 20 571. 49 | 9. 51 | 92. 68 |
| 楼地面 | D | 10 446. 04 | 4. 83 | 97. 51 |
| 其他 | G | 5 390. 59 | 2. 49 | 100 |
| 总计 | | 216 357. 83 | 100 | — |

这种方法的缺点是没有将费用与功能联系起来共同考虑，容易忽视功能重要但成本不高的对象。

②价值系数法。

价值系数法的计算程序主要有以下三步。

第一步，用强制确定法（又称 FD 法或 0—1 评分法）计算功能系数。

由 5~10 位专家按功能的重要程度两两比较，重要者得 1 分，不重要者得 0 分，自己与自己比较不得分，用“×”表示。

再累计，用公式计算，功能系数的计算公式为

$$功能系数(f_i) = 零部件得分累计 \div 总分 \tag{5.10}$$

注：强制确定法不能直接反映功能差异很大或很小的零部件之间的关系。

**【案例分析】**某个产品有五个零部件，相互间进行功能重要性对比。以某位专家给出的分值为例，如表 5-7 所示。

表 5-7　　重要性对比

| 零部件名称 | A | B | C | D | E | 累计得分 |
|---|---|---|---|---|---|---|
| A | × | 1 | 1 | 0 | 1 | 3 |
| B | 0 | × | 1 | 0 | 1 | 2 |
| C | 0 | 0 | × | 1 | 0 | 1 |
| D | 1 | 1 | 0 | × | 1 | 3 |
| E | 0 | 0 | 1 | 0 | × | 1 |
| 总分 | | | | | | 10 |

请10位专家进行评定，把10人的评价得分汇总，求出功能系数，结果如表5-8所示。

表5-8　各零部件的功能系数

| | 一 | 二 | 三 | 四 | 五 | 六 | 七 | 八 | 九 | 十 | 得分总数 | 功能系数 |
|---|---|---|---|---|---|---|---|---|---|---|---|---|
| A | 3 | 4 | 4 | 4 | 4 | 4 | 4 | 3 | 4 | 4 | 38 | 0.38 |
| B | 2 | 3 | 3 | 2 | 3 | 3 | 1 | 2 | 3 | 2 | 24 | 0.24 |
| C | 1 | 1 | 0 | 1 | 2 | 0 | 1 | 1 | 0 | 2 | 9 | 0.09 |
| D | 3 | 2 | 3 | 3 | 1 | 3 | 4 | 3 | 2 | 2 | 26 | 0.26 |
| E | 1 | 0 | 0 | 0 | 0 | 0 | 0 | 1 | 1 | 0 | 3 | 0.03 |
| 合计 | 10 | 10 | 10 | 10 | 10 | 10 | 10 | 10 | 10 | 10 | 100 | 1.00 |

注：一~十分别表示十位专家。

第二步，求成本系数。

$$\text{成本系数}(C)=\text{零部件成本}\div\text{总成本} \tag{5.11}$$

第三步，求价值系数。

$$\text{价值系数}(V)=\text{功能系数}(f_i)\div\text{成本系数}(C) \tag{5.12}$$

价值系数示意如图5-7所示，最后按以下原则进行选择（3种情况）：

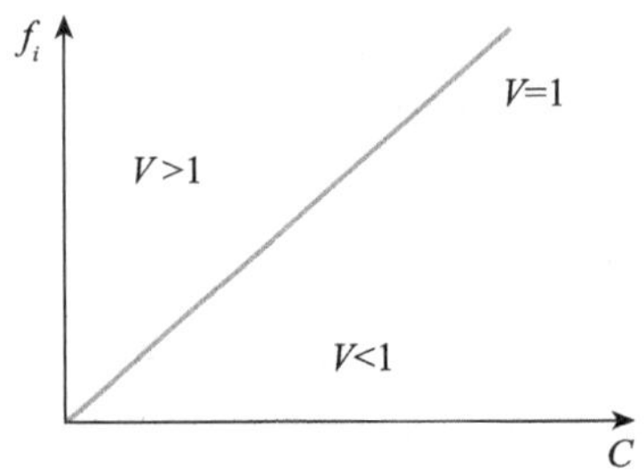


图5-7　价值系数示意

$V<1$，成本偏高，应作为分析对象。

$V>1$，较理想，但若$V$很大，可能存在质量隐患，则要慎重考虑。

$V=1$，重要性与成本相符，是合理的，不必分析。

（6）收集整理信息资料

收集整理资料时要注意目的性、可靠性和适时性。

（7）功能成本分析

功能成本分析是价值工程活动的中心环节，包括功能分类、功能定义、功能整理、功能评价。

①功能分类是功能成本分析的基础，说明某个产品或零部件在整体中的职能或所起的作用。

进行功能分类时，可按以下情况分类。

a. 按性质特点可分为使用功能与美学功能。

b. 按重要程度可分为基本功能和辅助功能。

c. 按用户要求可分为必要功能和非必要功能。

d. 按功能定量可分为过剩功能和不足功能。

②功能定义是用词语表达研究对象的功能或作用。

③功能整理是按一定的逻辑关系，把产品各构成要素的功能连接起来，构成一个功能系统图，是功能评价和方案创新设计的依据。

④功能评价是定量的分析过程，是功能分析的关键。

功能评价的目的是找出低功能区域或 $V<1$ 的部分，明确需要改进的具体对象。

功能评价的步骤包括计算功能的实际成本；计算功能的目标成本（功能评价值）；计算功能价值和改善期望值，选择功能价值低、改善期望值大的功能作为改善对象。

功能评价公式为

$$V = \frac{f_i}{C} = \frac{C_m}{C_p} \tag{5.13}$$

式中：$C_m$ ——目标成本；

$C_p$ ——实际成本。

$\Delta C = C_p - C_m$ ，是改善期望值。

三种情况 $\left\{\begin{array}{l} V<1\text{——作为功能改进对象} \\ V>1\text{——一般性考虑对象} \\ V=1\text{——不作为功能改进对象} \end{array}\right\}$ 综合参考 $\Delta C$。

计算功能的实际成本时，应将产品的成本转移分配到各项功能中去，如表 5-9 所示。

**表 5-9　功能成本分析**

| 零部件 | 成本（元） | 功能领域 | | | |
|---|---|---|---|---|---|
| | | F1 | F2 | F3 | F4 |
| A | 200 | 200 | | | |
| B | 400 | 200 | 150 | 50 | |
| C | 200 | 50 | | 150 | |
| D | 300 | | 200 | 50 | 50 |
| 成本比例（%） | | 40.9 | 31.8 | 22.7 | 4.5 |

目标成本 $C_m$ 是实现功能的最低成本，确定目标成本 $C_m$ 有 3 种方法：

- 方案估算法，在几个可行方案中选取最低的成本作为 $C_m$ 。
- 最低现状成本法，以同类产品中成本最低的作为功能评价标准，用该预先制定的成本标准求出不同功能程度的指标 $C_m$ ，如图 5-8 所示。

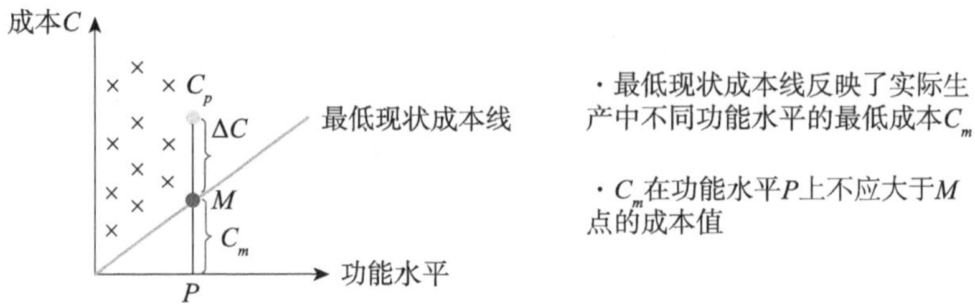


**图 5-8 最低现状成本分析**

- 根据功能重要程度进行分配：强制确定法、比率法。

强制确定法又有 0—1 评分法、0—4 评分法、0—9 评分法三种。

0—4 评分法、0—9 评分法与 0—1 评分法相似，但其评分标准不同。

0—4 评分法的标准：
- 非常重要的一方为 4 分，另一方则为 0 分；
- 比较重要的一方为 3 分，另一方则为 1 分；
- 两者同样重要，则各得 2 分。

例如，各种功能的重要性关系为：

F3 相对于 F4 非常重要；

F3 相对于 F1 比较重要；

F2 和 F5 同样重要；

F4 和 F5 同样重要。

用 0—4 评分法计算各功能的权重，如表 5-10 所示。

**表 5-10 功能系数**

| 功能领域 | F1 | F2 | F3 | F4 | F5 | 得分总数 | 功能系数 |
|---|---|---|---|---|---|---|---|
| F1 | — | 3 | 1 | 3 | 3 | 10 | 0. 25 |
| F2 | 1 | — | 0 | 2 | 2 | 5 | 0. 125 |
| F3 | 3 | 4 | — | 4 | 4 | 15 | 0. 375 |
| F4 | 1 | 2 | 0 | — | 2 | 5 | 0. 125 |
| F5 | 1 | 2 | 0 | 2 | — | 5 | 0. 125 |
| 合计 | | | | | | 40 | 1. 000 |

比率法的步骤如下例。

例如，设某新设备共有 FA1、FA2、FA3、FA4、FA5 五个功能领域，其重要性关系为：

FA1 的重要性为 FA2 的 2 倍；

FA3 的重要性为 FA2 的 2 倍；

FA3 的重要性为 FA4 的 3 倍；

FA4 的重要性是 FA5 的 1.5 倍。

若该产品目标成本为 100 元，则各功能领域的目标成本可根据其重要性来进行分配。

列出功能评价表，如表 5-11 所示。

表 5-11 功能评价表

| 功能领域 | 重要性互比值 | 修正重要性互比值 | 重要程度系数 | 目标成本（元） |
|---|---|---|---|---|
| FA1 | 2.0 | 4.50 | 4.50/13.75 =0.33 | 0.33×100=33 |
| FA2 | 0.5 | 2.25 | 0.16 | 16 |
| FA3 | 3.0 | 4.50 | 0.33 | 33 |
| FA4 | 1.5 | 1.50 | 0.11 | 11 |
| FA5 | — | 1.00 | 0.07 | 7 |
| 合计 | — | 13.75 | 1.00 | 100 |

（8）方案创新与评价

①方案创新的方法有以下几种。

头脑风暴法（BS 法）——针对问题提出各自的想法，但不能互相批评。

哥顿法（模糊目标法）——把要研究的问题适当抽象，以利于拓展思路，一般用于开发新产品的方案。

德尔菲法——通过信函或其他联络方式，背对背地发表自己的建议和意见，由组织单位整理各方建议，选取最优方案。

②方案评价分为概略评价和详细评价，这两种评价都有自己的技术、经济和社会三个方面的评价，最后综合起来再对方案进行综合评价。

**【案例分析】** 某监理工程师针对某商住楼，提出了 A、B、C 三个方案，进行技术、经济分析并经专家调整后得出如表 5-12 所示数据。请利用价值工程分析法进行方案选择。

表 5-12 价值工程得分

| 方案功能 | 方案功能得分 | | | 方案功能重要程度 |
|---|---|---|---|---|
| | A | B | C | |
| $F_1$ | 9 | 9 | 8 | 0.25 |
| $F_2$ | 8 | 10 | 10 | 0.35 |

续 表

| 方案功能 | 方案功能得分 | | | 方案功能重要程度 |
|---|---|---|---|---|
| | A | B | C | |
| $F_3$ | 10 | 7 | 9 | 0.25 |
| $F_4$ | 9 | 10 | 9 | 0.10 |
| $F_5$ | 8 | 8 | 6 | 0.05 |
| 单方造价 | 1 325 | 1 118 | 1 226 | 1.00 |

问题：

1. 计算方案成本系数、功能系数和价值系数，并确定最优方案。

2. 简述价值工程的工作步骤和阶段划分。

解析：方案成本系数、功能系数和价值系数计算结果如表 5-13 所示，最优方案为 B 方案。

表 5-13　价值工程各系数计算结果

| 方案 | 单方造价 | 成本系数 | 功能系数 | 价值系数 | 最优方案 |
|---|---|---|---|---|---|
| A | 1 325 | 0.361 | 0.332 | 0.92 | |
| B | 1 118 | 0.305 | 0.333 | 1.09 | B |
| C | 1 226 | 0.334 | 0.335 | 1.00 | |
| 合计 | 3 669 | 1.000 | 1.000 | — | — |

价值工程的分析步骤如下：

（1）计算功能得分：

∅A = 9×0.25+8×0.35+10×0.25+9×0.1+8×0.05 = 8.85

同理，∅B = 8.90，∅C = 8.95

（2）功能总得分：

8.85+8.9+8.95 = 26.7

（3）功能系数：

$f_A = 8.85 \div 26.7 = 0.332$，同理，$f_B = 0.333$，$f_C = 0.335$

（4）成本系数：

$C_A = 1\ 325 \div 3\ 669 = 0.361$；同理，$C_B = 0.305$，$C_C = 0.334$

（5）价值系数：

$V_A = f_A \div C_A = 0.332 \div 0.361 = 0.92$

同理，$V_B = 1.09$，$V_C = 1.00$

经以上分析可知，B 方案为最优。

2. 物流成本事后分析方法

1）因素分析法

因素分析法又称连环替代法，是依据分析指标与其影响因素的关系，从数量上确定各因素对分析指标影响方向和影响程度的一种分析方法。此方法的原理是在分析多种因素影响事物变动时，为了观察某一因素变动的影响而将其他因素固定下来，如此逐项分析，逐项替代，主要适用于几个相互联系的因素共同影响某经济指标的成本分析。

因素分析法的一般步骤如下。

第一步：指标分解，将综合性指标分解为相互联系的各个因素，并按照一定的顺序排列，使其成为能用数学公式表达的因素分解式。

第二步：依次替代，以计划指标体系为基础，确定各因素替代顺序，并按照此顺序逐一进行替代计算。在计算某一因素对指标的影响时，要使其他因素保持不变。

第三步：比较替代结果，将每次替代的结果与替代前的指标数据比较，这一差额即为该因素变动对综合性指标的影响数值。

第四步：综合影响数值，将各个因素变动对综合性指标的影响数值相加，其代数和应等于综合性指标实际数与计划数的总差异。

步骤演示：

设物流成本指标 $N=a\times b\times c$，则其计划成本与实际成本的指标分别为：

计划成本 $N_1=a_1\times b_1\times c_1$

实际成本 $N_2=a_2\times b_2\times c_2$

计划成本与实际成本的差额为 $D=N_2-N_1$。

计算程序：

计划成本指标：$a_1\times b_1\times c_1=N_1$。

第一次替换：$a_2\times b_1\times c_1=N_3$，$N_3-N_1=a$ 变动的影响。

第二次替换：$a_2\times b_2\times c_1=N_4$，$N_4-N_3=b$ 变动的影响。

第三次替换：$a_2\times b_2\times c_2=N_2$，$N_2-N_4=c$ 变动的影响。

以上三个因素变动的总和为 $(N_3-N_1)+(N_4-N_3)+(N_2-N_4)=D$。

通过以上替代计算，可确定每个影响因素对指标变动的影响程度，以及各因素所占差异的比重与因素变动对指标的总体影响。

**【案例分析】** 某物流企业配送中心的直接人工成本如表 5-14 所示，请采用因素分析法进行物流成本数据分析。

表 5-14　　配送中心的直接人工成本

| 计划成本 | | | 实际成本 | | |
|---|---|---|---|---|---|
| 单价 | 日工作时长 | 服务天数 | 单价 | 日工作时长 | 服务天数 |
| 10 元/小时 | 10 小时 | 100 天 | 15 元/小时 | 8 小时 | 110 天 |

解析：直接人工总成本=单价×日工作时长×服务天数

计划成本 $N_1=10\times10\times100=10\ 000$（元）

实际成本 $N_2=15\times8\times110=13\ 200$（元）

计划成本与实际成本的差异 $D=N_2-N_1=13\ 200-10\ 000=3\ 200$（元）

第一次替代（单价对成本的影响）

$N_3=15\times10\times100=15\ 000$（元）

$D_1=N_3-N_1=15\ 000-10\ 000=5000$（元）

第二次替代（日工作时长对成本的影响）

$N_4=15\times8\times100=12\ 000$（元）

$D_2=N_4-N_3=12\ 000-15\ 000=-3\ 000$（元）

第三次替代（服务天数对成本的影响）

$N_2=15\times8\times110=13\ 200$（元）

$D_3=N_2-N_4=13\ 200-12\ 000=1\ 200$（元）

成本总差异为 $D_1+D_2+D_3=5\ 000+（-3\ 000）+1\ 200=3\ 200$（元）。

**【知识拓展】**

物流成本的影响因素有很多，包括运输成本、仓储成本、包装成本、库存成本等，通过因素分析法，可以对这些因素进行量化分析，了解它们对物流成本的影响程度和变化趋势，在进行因素分析时，先需要确定物流成本的计算方法和指标体系，然后收集相关数据，并进行数据清洗和整理。接下来，利用统计分析方法对数据进行分析，找出主要的影响因素和变化趋势。通过因素分析法，企业可以了解不同因素对物流成本的贡献程度，进而制定相应的成本控制策略。例如，如果发现运输成本是物流成本的主要影响因素，企业可以考虑优化运输路线、提高运输效率、降低运输成本。因素分析法是一种重要的工具，可以帮助企业进行成本控制和效率提升。通过深入分析物流成本的影响因素，企业可以制定有效的管理策略，实现物流成本优化和降低。

**【案例分析】**某物流公司 2023 年的物流总成本为 500 万元，相较于 2022 年的 400 万元，增加了 100 万元。为了查明成本增加的原因，公司决定采用因素分析法对几个关键成本构成部分进行分析，收集的物流成本如表 5-15 所示。

表 5-15　　　　某公司物流总成本信息

单元：万元

| 类别 | 2022 年物流总成本 | 2023 年物流总成本 |
| --- | --- | --- |
| 运输成本 | 200 | 250 |
| 仓储成本 | 100 | 120 |
| 人工成本 | 80 | 100 |
| 管理成本及其他间接成本 | 20 | 30 |

解析：通过因素分析法（连环替代法），分别计算各因素变动所引起的物流总成本变化情况。

首先，固定其他因素，仅分析运输成本的变动影响。

运输成本增加 50 万元，对物流总成本增长的贡献率为 50÷100＝50%。

其次，继续固定除仓储成本外的其他因素，分析仓储成本的变动影响：

仓储成本增加 20 万元，对物流总成本增长的贡献率为 20÷100＝20%。

再次，分析人工成本变动的影响：

人工成本增加 20 万元，对物流总成本增长的贡献率为 20÷100＝20%。

最后，分析管理成本及其他间接成本变动的影响：

管理成本及其他间接成本增加 10 万元，对物流总成本增长的贡献率为 10÷100＝10%。

综合上述分析，可以得到各因素对物流总成本增长的具体贡献程度，以及应该针对哪些环节重点进行成本控制或优化。在这个案例中，运输成本的增长是导致物流总成本上升最主要的因素，因此，公司应着重考虑运输策略、运输效率和运输费用等方面是否存在问题并寻求解决方案。同时，对于仓储成本和人工成本的增长也不能忽视，需要检查库存周转率、人员配置及工作效率等因素是否存在改善空间。

2）指标对比分析法

指标对比分析法是物流成本管理中常用的一种工具，它通过对不同时间段、不同业务单元或者不同操作环节的物流成本数据进行对比，揭示成本结构的变化、效率差异以及潜在的改善空间。

对物流成本指标的对比分析可以采用以下几种形式。

（1）实际指标与计划指标对比

这个对比可用于说明企业业绩的计划完成情况和程度，分析实际指标与计划指标的差异，为进一步的财务分析提供依据。但在进行此项比较时，应注意计划本身的先进性与可行性。

（2）本期实际指标与前期实际指标对比

这种形式的对比通常用于衡量企业在一定时间跨度内的业绩变化和发展趋势。通过比较，可以清晰地看出企业在不同时期经营状况的变化，如成本是否得到有效控制、收入是否增长、盈利能力是否提升等。如果连续多期进行对比，可以揭示长期趋势，如上升趋势、下降趋势或周期性波动等，这对于预测未来走势和制定战略具有重要意义。

（3）本期实际指标与同行业先进水平或平均水平对比

本期实际指标与同行业先进水平或平均水平对比是指将本企业或组织在某一特定时期的实际运营指标与同行业内公认的先进水平或平均水平进行比较，以评估本企业在该行业中的竞争地位及发展潜力。通过此项分析，企业可了解自己在行业内的位置，明确自身的竞争优势和短板，找出与同行业先进水平之间的差距，明确改进方向和目标，为制定追赶策略提供依据。

（4）指标的纵向与横向比较

指标的纵向比较主要指同一指标在不同时间点上的比较，目的是观察和分析该指标随时间推移的发展变化趋势、周期性波动特征以及揭示其内在规律。这种比较通常用于监测企业发展、行业走势、政策效果、市场变化、宏观经济状况等，常见的指标纵向比较项目如表 5-16 所示。

**表 5-16　常见的指标纵向比较项目**

| 指标纵向比较项目 | 含义 |
|---|---|
| 增减量 | 下年实际发生额-上年实际发生额 |
| 增减率 | （下年实际发生额-上年实际发生额）/上年实际发生额 |
| 平均发展速度 | 各期实际发展速度之和 / 期数 |
| 定基发展速度 | 报告期水平与某一固定时期水平之比 |
| 同比发展速度 | 指本期发展水平与上年同期发展水平时比 |
| 同比增长速度 | （本期发展水平-同期发展水平）÷同期发展水平×100% |
| 环比发展速度 | 报告期水平与前一期水平之比 |
| 环比增长速度 | 逐期增长量与前一期发展水平之比 |

指标的横向比较主要是指在同一时间点或同一时间段内，不同企业之间针对同一类指标或多个相关指标进行的比较分析。这种比较可以帮助我们了解和评估各个企业在特定环境下的相对表现和地位，如各项物流活动成本占当年物流总成本的比重，运输成本与仓储成本之差等。

**【案例分析】**某零售企业在过去三个年度内的物流成本数据如下：

2021 年度：物流总成本为 1 500 万元，其中运输成本为 900 万元，仓储成本为 300 万元，订单处理和包装成本为 300 万元。

2022 年度：物流总成本增加至 1 650 万元，其中运输成本上升至 1 100 万元，仓储成本下降至 250 万元，订单处理和包装成本保持不变。

2023 年度：实施了新的物流优化项目后，物流总成本降至 1 450 万元，运输成本减少到 960 万元，仓储成本降至 240 万元，订单处理和包装成本由于技术升级而降至 250 万元。

通过对比分析，我们可以得出以下结论和启示。

①逐年对比。

2022 年度相较于 2021 年度，物流总成本增长了 10%，主要是由运输成本大幅上升导致的，造成运输成本上升的原因可能是运输频次增多、油价上涨或运输效率下降等。

2023 年度经过物流优化后，总成本下降了 12.12%，尤其是运输成本显著降低，表明优化措施取得了效果。

②分项对比。

仓储成本在 2022 年度和 2023 年度持续下降，可能得益于库存管理水平的提高或库存周转率的提升。

订单处理和包装成本在 2023 年度明显下降，这突显出引入自动化设备和进行技术改造对减少人力成本和提高作业效率的作用。

通过这样的对比分析，企业可以有针对性地查找高成本的原因并制定相应改进策略。比如针对运输成本的上升，研究运输模式的调整、路线优化等措施；对于仓储成本的降低，可以继续推广有效的库存管理经验和做法；而对于订单处理和包装成本的减少，则可以考虑进一步扩大技术创新的应用范围。

3）趋势分析法

趋势分析法是企业成本分析中常见的一种方法。它是指标对比分析法的延伸，是将连续数年（一般是 3 年以上）的财务报表以某年作为基期，计算每期各项指标对基期同一指标的趋势百分比，借以表示其在各期间的上、下变动趋势，从而判断企业的经营成果和财务状况。在实际工作中，一般选择第一年作为基期，如果第一年不适宜，也可选择其他年份，利用回归分析、指数平滑、移动平均等统计方法预测未来的财务表现或业务指标趋势。其计算公式如下

$$\text{某期增长趋势百分比} = (\text{本期金额} \div \text{基期金额}) \times 100\% - 100\% \tag{5.14}$$

**【案例分析】** 某企业 2019—2023 年的收入资料如表 5-17 所示。

**表 5-17　某企业收入资料**

| 年份（年） | 2019 | 2020 | 2021 | 2022 | 2023 |
|---|---|---|---|---|---|
| 收入（元） | 100 000 | 120 000 | 126 000 | 148 000 | 160 000 |

设以 2019 年为基期，2023 年增长趋势百分比为

（160 000÷100 000）×100%−100%＝60%

如分别以上年为基期，则各年增长趋势百分比为

2020 年比 2019 年的收入增长＝（120 000÷100 000）×100%−100%＝20%

2021 年比 2020 年的收入增长 =（126 000÷120 000）×100%－100% = 5%

2022 年比 2021 年的收入增长 =（148 000÷126 000）×100%－100% ≈ 17%

2023 年比 2022 年的收入增长 =（160 000÷148 000）×100%－100% ≈ 8%

## 任务实施

阅读任务描述内容，回答以下问题。

1. 物流成本分析有哪些方法？分别适合哪些情况？

______________________________

______________________________

______________________________

2. 可以从哪些方面实现物流的降本增效？

______________________________

______________________________

______________________________

## 任务评价

在完成上述任务后，教师组织三方评价，并对学生任务执行情况进行点评。学生完成考核评价表（见表 5-18）的填写。

表 5-18　　考核评价表

| 班级 | | 团队名称 | | | | |
|---|---|---|---|---|---|---|
| 团队成员 | | | | | | |
| 考核项目 | | 要求 | 分值 | 学生自评（30%） | 团队互评（30%） | 教师评定（40%） |
| 知识能力 | 物流成本分析方法的特征 | 分析正确 | 20 分 | | | |
| | 物流成本分析方法的适用条件 | 分析合理 | 20 分 | | | |
| | 物流降本增效的措施 | 分析合理 | 30 分 | | | |
| 职业素养 | 团队协作精神 | 相互协作、相互帮助 | 10 分 | | | |
| | 工作态度 | 严谨认真 | 10 分 | | | |
| | 沟通表达能力 | 用词准确、表述流畅 | 10 分 | | | |
| 合计 | | | 100 分 | | | |

## 牛刀小试

**一、单选题**

1.（　　）是对成本、业务量、利润之间相互关系进行分析的简称，在企业预测、决策、计划和控制等方面应用广泛。

A. 指标对比分析法　　B. 差量分析法　　C. 量本利分析法　　D. 标准成本法

2.（　　）又称连环替代法，是依据分析指标与其影响因素的关系，从数量上确定各因素对分析指标影响方向和影响程度的一种分析方法。

A. 因素分析法　　B. 差量分析法　　C. 量本利分析法　　D. 标准成本法

3.（　　）是将连续数年（一般是 3 年以上）的财务报表以某年作为基期，计算每期各项指标对基期同一指标的趋势百分比，借以表示其在各期间的上、下变动趋势，从而判断企业的经营成果和财务状况。

A. 趋势分析法　　B. 因素分析法　　C. 差量分析法　　D. 指标分析法

**二、多选题**

1. 物流成本分析的分类中，按物流成本分析时间可以分为（　　）。

A. 事前分析　　B. 事后分析　　C. 事中分析　　D. 局部成本分析

2. 因素分析法的一般步骤包括（　　）。

A. 指标分解　　B. 依次替代　　C. 比较替代结果　　D. 综合影响数值

3. 指标对比分析法包括（　　）。

A. 实际指标与计划指标对比

B. 本期实际指标与前期实际指标对比

C. 本期实际指标与同行业先进水平或平均水平对比

D. 指标的纵向与横向比较

**三、简答题**

1. 量本利分析法中，价格的波动会给哪些指标带来怎样的变化？

2. 指标的纵向比较内容有哪些？

**四、计算题**

1. 某企业年产 A 半成品 1 000 件，该半成品售价为 10 元，单位变动成本为 6 元。A 半成品若进一步加工为 B 产品，则其单价为 15 元，单位变动成本增加 3 元，另外还需增加固定成本 1 000 元。请用差量分析法分析是否要对 A 半成品进行进一步加工。

2. 某产品单价为 8 元，单位变动费用为 5 元，年销售额为 8 000 元，则该企业的固定成本不能大于多少？

3. 某物流公司包装材料费用的相关数据如表 5-19 所示，请采用因素分析法分析各因素变动对包装材料总费用的影响。

**表 5-19　　企业成本情况**

| 分析指标 | 计划数量 | 实际数量 |
|---|---|---|
| 产品产量（件） | 1 100 | 1 400 |
| 单位产品包装材料消耗定额（件） | 18 | 20 |
| 包装材料单价（元/件） | 16 | 15 |

# 任务三　物流成本效率与效益分析

## 任务描述

有一家名为“优速购”的电商平台，其主营业务是在全国范围内销售家电产品，近一年订单量激增，但同时也发现物流成本持续攀升。该公司物流体系涵盖了采购、仓储、分拣、包装、运输、配送等一系列环节，公司希望借助物流成本效率与效益分析，找到成本控制的关键点，进一步优化整个物流链路，提高经济效益。

优速购平台2022年的物流总成本为2亿元，而在2023年，物流总成本上升至2.5亿元，同比增长25%。然而，销售额只增长了15%。为了解决这个问题，公司决定对物流各个环节的成本效率与效益进行深入分析。具体分析内容包括以下5个方面。

1. 运输成本分析

调查运输方式、线路规划、运输频率、满载率等因素对成本的影响，分析是否有改进空间，如能否通过合理调配运输资源、优化配送路径等方式降低运输成本。

2. 仓储成本分析

查看仓库租赁费用、库存周转率、存货积压状况等，评估仓储设施利用率和库存管理水平，寻找降低库存持有成本和提高仓储运作效率的方法。

3. 作业成本分析

统计分拣、包装等操作环节的人工成本、设备折旧成本、材料损耗成本等，通过精益管理理念，如引入自动化设备、优化作业流程等举措，减少无效工作时间和资源浪费。

4. 管理成本分析

审视物流信息系统的运行成本，考察信息化水平是否有助于降低管理成本，以及客户服务满意度对重复运输、退货等的影响，考虑如何通过提升信息系统效能和客户服务质量间接降低物流成本。

5. 效益分析

对比分析物流成本投入与企业收益之间的关系，例如，为提高配送速度而增加的物流成本是否带来了明显的销售额增长或客户忠诚度提升？或者通过节约物流成本，释放出来的资金能否被有效利用以获得更高的投资回报？

通过以上物流成本效率与效益的分析，该公司将能明确指出当前物流体系中的成本瓶颈和改进方向，制定出更有效的物流成本控制策略，从而在保证服务质量的前提下，最大限度地提升物流效益，助力企业健康发展。

## 知识链接

### ✣ 知识点 1：物流成本效率分析

1. 物流成本效率分析的含义

物流成本效率分析是获取企业物流成本效率指标状况和问题，为企业进行相关物流成本决策、改进物流系统、实现总体物流成本的降低、提高物流效率提供依据的分析。

2. 物流成本效率分析的原则

第一，以各部门或各物流活动过程为单位评价物流运营过程，提高责任意识及完成企业下达的任务的意识，进而提高公司的整体业绩。

第二，通过合理的效率分析方式，整合企业目标与员工个人目标，以便提高员工的积极性。

第三，必须明确企业经营方针及计划目标，以便根据公司的发展方向判断效率的高低。

第四，要建立完善的评估制度，设定各部门所考核的评估项目或基准值。

第五，以分析结果评价实绩，并迅速采取对策提高效率。

3. 物流成本效率指标分类

物流成本效率相关指标涵盖了多个维度，可以从经济性、技术性和社会性三个方面进行度量，以下是一些具体的物流成本效率指标。

1）经济性指标

物流总成本：运输成本、仓储成本、装卸搬运成本、包装成本、信息处理成本、订单处理成本等各项直接与间接成本。

物流成本率：物流成本占销售额的比重，反映物流成本对产品或服务最终价格的影响程度。

固定成本与可变成本结构分析：如基建投资、固定资产占用成本、人员薪酬、燃料消耗、物流设备折旧与维修费用、外付物流费用（如港口费、过路过桥费等）。

第三方物流服务经济效益：引入第三方物流后节省的成本、增加的收益。

时间节约的经济效益：通过优化物流流程减少的时间成本所带来的收益。

库存持有成本：库存资金占用成本、储存成本、陈旧报废损失等。

物流资产周转率：如资金周转指数、设备利用率指数等，用以衡量物流资源利用效率。

2）技术性指标

运输效率：运输时间、每辆车的周转量、平均运输距离、空驶率等。

仓储效率：仓储区面积利用率、库存周转率、出入库准确率、货物储存密度等。

订单处理效率：订单处理时间、订单延迟率、订单缺货率等。

信息系统应用效果：信息化管理带来的成本节省和效率提升。

3）社会性指标

客户服务满意度：物流服务质量对客户满意度和忠诚度的影响。

环境保护与社会责任：如节能减排、低碳物流、绿色包装等环保成本及社会效益。

运输安全性：事故率、货物破损率、安全运输里程等，反映了物流操作的安全管理水平和社会责任。

通过多维度的指标，企业可以综合分析其物流系统的运行效率，并据此制定相应的改进策略以降低成本、提高效率、增强竞争力。

### ✣ 知识点 2：物流成本效益分析

物流成本效益分析是指对企业物流活动中产生的全部成本与其产生的经济效益进行全面、系统的量化评估和比较，目的是揭示物流活动的真实成本结构，发现成本控制的薄弱环节，优化资源配置，提高物流活动的整体效益。

#### 1. 物流成本率

1）公式及含义

$$\text{物流成本率} = \text{物流成本} \div \text{销售额} \times 100\% \tag{5.15}$$

该指标反映企业物流成本在销售额中所占的比重，是一种结构百分比。其中，企业总成本包括主营业务成本、销售费用、财务费用、管理费用、营业外支出、其他业务支出。通过在较长时间内对这种结构百分比的趋势分析，或通过对同行业的多个不同企业间这种结构百分比的比较分析，可以确定这种结构百分比的大致区间。

2）适用范围

该指标用来分析物流成本占销售额的比率。通过该指标可以判断企业物流成本的比例。该指标不受进货成本变动的影响，得出的数值比较稳定，因此适合作为企业物流过程物流合理化的评价指标。

3）使用的前提条件

该指标不受进货成本变动的影响，得出的数值比较稳定，因此适合作为连锁企业配送中心物流合理化指标。

4）缺陷

原材料价格和品种以及物流服务价格和品种等发生变化时，会使企业销售额发生改变，进而影响该指标；发生大额且与物流成本无关的期间费用增减变动时，也会使企业物流成本发生变化，进而影响该指标，使企业不同期间或同行业不同企业间该指标的可比性受到影响。

#### 2. 物流成本利润率

1）公式及含义

$$\text{物流成本利润率} = \text{利润总额} \div \text{物流成本} \times 100\% \tag{5.16}$$

该指标反映每单位物流成本所获取的利润额，反映了物流成本的盈利能力。物流成本利润率越大，说明单位物流成本的获利能力越强。

物流成本与利润总额之间是此消彼长的关系，物流成本耗费大必然获利少。因此，该指标既可以评价企业的获利能力，也可以评价企业对物流成本的控制能力和管理水平。

2）适用范围

该指标适用于生产制造、流通和物流企业评价单位物流成本的盈利能力。可用于同一企业不同期间的比较，也可用于行业内不同企业之间的比较。

3）使用的前提条件

可比性是使用该指标的前提，这里的可比性体现在两个方面：一是不同比较对象间利润总额基本构成要素的内容和含义应大致相同，若遇大额特殊偶然因素，应剔除；二是该指标中，利润总额所包含的盈利因素应与物流成本相对应，对于与物流成本无关的其他业务利润和投资收益，应剔除。

4）缺陷

企业在使用该指标时，应对利润总额进行分析，尤其是单纯的收入或单纯的成本费用因素发生变动时，由于其对利润总额影响较大且不太可能相互抵消，更应注意分析和调整。另外，由于利润总额中包括物流成本，所以在该指标分母发生变化的同时，分子也会发生小幅同向变化，会强化整个指标的变化，也就是说，该指标反映物流成本的变化最为敏感。

3. 物流效用增长率

该指标反映企业物流成本变化和销售额变化的关系，其理想值应该小于1，但如果该指标大于1，则说明物流成本增长的速度大于销售额增加的速度，应引起企业重视，考虑物流成本是否具有可降低的空间，其公式可表示为

$$物流效用增长率=\frac{物流成本本年比上年增长率}{销售额本年比上年增长率}\times 100\% \tag{5.17}$$

## 任务实施

阅读任务描述内容，回答以下问题。

1. 优速购公司要进行的成本分析有哪些指标可以参考？

______________________________

______________________________

______________________________

2. 优速购公司当前物流体系中的成本瓶颈和改进方向有哪些？

______________________________

______________________________

______________________________

## 任务评价

在完成上述任务后，教师组织三方评价，并对学生任务执行情况进行点评。学生完成考核评价表（见表 5-20）的填写。

表 5-20　　考核评价表

| 班级 | | 团队名称 | | | | |
|---|---|---|---|---|---|---|
| 团队成员 | | | | | | |
| 考核项目 | | 要求 | 分值 | 学生自评（30%） | 团队互评（30%） | 教师评定（40%） |
| 知识能力 | 物流成本效率分析的原则 | 分析正确 | 20 分 | | | |
| | 物流成本效益指标分析 | 分析合理 | 20 分 | | | |
| | 优速购公司当前物流体系中的成本瓶颈和改进方向分析 | 分析合理 | 30 分 | | | |
| 职业素养 | 团队协作精神 | 相互协作、相互帮助 | 10 分 | | | |
| | 工作态度 | 严谨认真 | 10 分 | | | |
| | 沟通表达能力 | 用词准确、表述流畅 | 10 分 | | | |
| 合计 | | | 100 分 | | | |

## 牛刀小试

### 一、单选题

1.（　　）是获取企业物流成本效率指标状况和问题，为企业进行相关物流成本决策、改进物流系统、实现总体物流成本的降低、提高物流效率提供依据的分析。

A. 物流成本效益分析　　B. 物流成本效率分析

C. 物流成本利润率分析　　D. 物流销售增长率分析

2.（　　）通常不是直接定义的财务比率，但在分析物流成本对企业整体运营效率的影响时，可以理解为物流成本与销售收入之间的关系。

A. 产值物流成本率　　B. 物流成本利润率

C. 物流效用增长率　　D. 单位销售额物流成本率

3.（　　）是指对企业物流活动中产生的全部成本与其产生的经济效益进行全面、系统的量化评估和比较，目的是揭示物流活动的真实成本结构，发现成本控制的薄弱环节，优化资源配置，提高物流活动的整体效益。

A. 物流成本效率分析　　B. 物流效用增长率分析

C. 物流成本效益分析　　D. 物流成本率分析

**二、多选题**

1. 物流成本效率指标中的经济性指标包括（　　）。

A. 物流总成本　　B. 物流成本率

C. 时间节约的经济效益　　D. 库存持有成本

2. 物流成本效率指标中的技术性指标包括（　　）。

A. 运输效率　　B. 仓储效率　　C. 订单处理效率　　D. 信息系统应用效果

3. 物流成本效率指标中的社会性指标包括（　　）。

A. 客户服务满意度　　B. 环境保护与社会责任

C. 事故率　　D. 货物破损率

# 专业技能实训：企业物流成本分析

## 任务描述

某企业2023年的物流总成本为1 110万元，比2022年增加了100万元，为了找出成本增加的原因，公司整理了相关成本数据，如表5-21所示。

表5-21　　某企业2022年与2023年物流成本相关数据

| 成本项目 | | 2023年成本（万元） | 2022年成本（万元） |
|---|---|---|---|
| 物流功能成本 | 运输成本 | 280 | 240 |
| | 仓储成本 | 190 | 160 |
| | 包装成本 | 90 | 100 |
| | 装卸搬运成本 | 80 | 70 |
| | 流通加工成本 | 100 | 100 |
| | 物流信息成本 | 60 | 50 |
| | 物流管理成本 | 40 | 30 |
| | 合计 | 840 | 750 |
| 存货相关成本 | 流动资金占用成本 | 90 | 90 |
| | 存货风险成本 | 90 | 80 |
| | 存货保险成本 | 70 | 70 |
| | 合计 | 250 | 240 |
| 其他成本 | | 20 | 20 |
| 物流总成本 | | 1 110 | 1 010 |

## 任务实施

请用所学知识对以上物流成本进行分析，找出导致成本增加的主要因素，提出合理解决方案。

## 任务评价

在完成上述任务后，教师组织三方评价，并对学生任务执行情况进行点评。学生完成考核评价表（见表 5-22）的填写。

表 5-22　考核评价表

| 班级 | | 团队名称 | | | | |
|---|---|---|---|---|---|---|
| 团队成员 | | | | | | |
| 考核项目 | | 要求 | 分值 | 学生自评（30%） | 团队互评（30%） | 教师评定（40%） |
| 知识能力 | 物流成本分析 | 分析全面 | 20 分 | | | |
| | 物流成本分析方法 | 方法正确 | 20 分 | | | |
| | 物流成本分析结果 | 结果正确 | 30 分 | | | |
| 职业素养 | 团队协作精神 | 相互协作、相互帮助 | 10 分 | | | |
| | 工作态度 | 严谨认真 | 10 分 | | | |
| | 沟通表达能力 | 用词准确、表述流畅 | 10 分 | | | |
| 合计 | | | 100 分 | | | |

06
PROJ

# 项目六 物流成本绩效考核与评价

◎知识目标

- 了解物流成本效益评价指标的含义；
- 了解物流作业评价指标的含义；
- 了解物流非财务评价指标的含义；
- 掌握平衡计分卡的逻辑关系；
- 掌握关键绩效指标法；
- 掌握层次分析法。

※能力目标

- 能设置物流绩效评价指标体系；
- 能进行物流成本绩效分析；
- 能根据企业实际情况，设计企业综合评价体系，评价企业物流成本。

◎思政目标

- 具备抽象思维，能透过现象把握本质；
- 能理论联系实际，能运用所学理论解决实际问题；
- 树立起正确的人生观、价值观，增强全心全意为人民服务的意识；
- 能够形成全面的物流成本绩效管理观念。

## 知识图谱

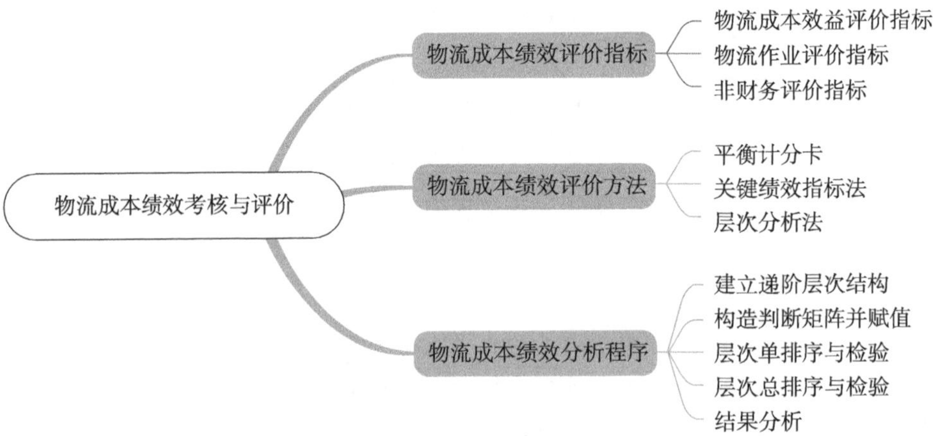
物流成本绩效考核与评价
物流成本绩效评价指标
物流成本效益评价指标
物流作业评价指标
非财务评价指标
物流成本绩效评价方法
平衡计分卡
关键绩效指标法
层次分析法
物流成本绩效分析程序
建立递阶层次结构
构造判断矩阵并赋值
层次单排序与检验
层次总排序与检验
结果分析

## 岗位分析

### 岗位：物流成本绩效专员

**岗位职责：**收集、整理物流成本绩效考核方法和考核依据，根据公司考核制度协助制定物流成本绩效的考核指标；协助设计物流成本绩效考核策划方案，参加物流成本绩效考核方案的实施工作；整理和分析考核信息，反馈各部门考核结果，维护物流成本绩效信息数据。

**典型工作任务：**物流成本绩效考核方案设计；物流成本绩效考核方案实施；物流成本绩效考核数据统计。

**职业素质：**责任意识、服务意识、效率意识、成本管理意识、法律意识。

**职业能力：**能够编制和实施物流成本绩效考核方案。

**可持续发展能力：**具有全局协调能力。

## 项目导读

中国对外贸易运输（集团）总公司（简称中国外运集团）是一家国有大型外贸运输企业，是我国最大的国际货运代理企业和第三大船东，也是一个准物流企业。自 1998 年开始，中国外运集团开展了确定企业发展总定位、总方向的战略研究工作，提出了要把中国外运集团从一个传统的外贸运输企业建成由多个物流主体组成的、按照统一的服务标准流程和规范体系运作的国际化、综合性的大型物流企业集团，并制定了一个为期 3 年的战略目标和实施步骤。

该战略第一次提出了中国外运集团的经营理念：我们今天和未来所做的一切，都是以降低客户的经营成本为目标，为客户提供安全、迅速、准确、节省、方便、满意的物流服务。

1. 确立低成本目标

中国外运集团提出了降低客户经营成本的目标，在传统的外贸运输服务中，客户成本的降低往往意味着运费收入的减少，这是与运输提供者市场交易的目标相矛盾的。那么，中国外运集团是如何以此来实现产业升级的呢?

1）降低客户经营成本的目标

顺应现代物流的要求，中国外运集团提出了降低客户经营成本的目标。因为降低客户经营成本是现代物流的本质特征和最终目标，也是中国外运集团赢得市场的关键所在。

2）降低客户经营成本的方法

降低客户经营成本主要通过动态的物流成本分析来实现，主要表现为：

①降低直接的运输及配送费用。

②“零库存”的成本效应。实现企业的“零库存”是降低客户成本的核心因素，可以降低资金成本和风险成本。

当然，“零库存”的目标是相对的，而不是绝对的，实际上存在着库存成本与运输成本的均衡问题。所以，如何确定企业的最佳库存量，也是中国外运集团为客户提供的物流服务之一。

③优化资金流，提高企业的资金效率。

3）降低客户经营成本的条件

对于一个企业来说，实施全方位的物流管理与经营是一项复杂的系统工程，需要一定的基础条件和开拓创新的精神，真正达到降低客户经营成本的目标，需要具备以下条件：

①高效率的综合运输、配送体系；

②全过程的信息跟踪与服务能力；

③具有综合服务功能的物流中心；

④贴近客户的供应链分析与管理能力。

中国外运集团的物流系统构造基本上是按照上述目标设置的。

2. 运营实践

1）物流体系建设

中国外运集团物流体系建设的总体目标是：按照现代物流的标准和要求，以信息技术为依托，建立统一的作业流程和操作规范，根据市场和客户的要求，确定主导物流产品，培育和发展集团的物流产业竞争能力。

为此，中国外运集团正在积极推进以下几个方面的工作。

①物流信息服务与信息管理创新。

②物流配送体系的建设。具体做法是：

- 以所在省市为主要经营地域，建立区域性的货物集散与仓储配送中心；
- 建立区域集散中心之间的低成本运输通道；
- 建立货物集散中心的信息中心；
- 建立货物集散中心和中心城市的客户服务中心。

③建设物流中心。

④提高物流成本分析与供应链管理能力。

2）物流服务实践

中国外运集团在客户物流服务方面的措施主要是实施大客户战略，建立大客户服务体系。下面以该集团下属公司为摩托罗拉公司提供的物流服务为例，简单介绍中外运集团为客户服务的实践。

①制定科学规范的操作流程。

②提供 24 小时的全天候服务。

③提供门到门的延伸服务。

④提供创新服务。最大限度地减少货损，维护货主的信誉。

⑤充分发挥中国外运集团的网络优势。

⑥对客户实行全程负责制。

思考：中国外运集团如何建立科学系统的评价体系，降低企业物流成本，提高运作效率？

# 任务一　物流成本绩效评价指标

## 任务描述

上海钢银电子商务股份有限公司（以下简称“钢银电商”）于2008年正式注册成立，是国内大型B2B（企业与企业之间的）钢铁全产业链智慧服务平台，也是国内位居前列的千亿级钢铁电商平台。钢银电商凭借多年的行业深耕和智慧服务，逐渐发展成为国内产业互联网的标杆性企业。2015年12月21日，钢银电商获准在新三板挂牌，并于2016年6月入围新三板创新层。

钢银电商依托科技串联上下游，整合产业链资源，以交易为核心构建了集数据信息、交易结算、供应链产品、仓储加工、物流配送、软件运营服务（SaaS）六大服务于一体的钢铁全产业链智慧生态服务体系，依托互联网、物联网、大数据、云计算等新兴技术优势，打造了“交易+供应链”的双轮驱动商业模式，让钢铁交易更便捷、更安全。

1. 产品体系：深耕6大核心智慧服务，实现产业数字供应链四流合一

钢银电商以科技赋能产业，不断探索大数据、人工智能、区块链等新兴技术在钢铁电商行业的运用。先后推出了覆盖产业链全场景的系列产品和服务，将平台的运营经验共享并服务于产业用户，推动产业的融合发展。

通过整合整个钢铁产业，平台将钢铁从生产到配送的各个环节进行整合，形成全产业供应链流程协同创新服务，打造了一个集信息流、资金流、物流、票据流四流合一的产业数字供应链平台，最终完成产品与服务需求的快速迭代。

1）实时性数据信息服务

作为国内首家公开实时交易数据的钢铁电商平台，钢银电商发挥互联网大数据优势，推出“钢银数据”，为用户提供涵盖全国44个城市、主流品种以及钢厂在平台的实时成交情况。结合价格、涨跌、成交等多维度数据，自动生成分析内容，首次实现了产业大数据的智能化应用，协助客户在销售策略与渠道管理方面进行科学化分析和决策，充分利用大数据促进产业升级。

2）标准化交易结算服务

开创寄售模式先河，钢银电商面向钢铁产业上下游用户推出从卖家挂牌到买家下单，再到卖场审核、生成合同、支付结算、买家提货、二次结算、开具发票等一系列标准化的一站式交易结算服务。标准、便捷的交易结算服务，打破了钢铁行业存在的信息隔离、地域限制、渠道垄断等。平台挖掘买卖客户需求，实现精准匹配，大大缩减流通层级，提升了产业整体的运行效率。

3）场景化供应链产品服务

钢银电商在夯实交易流程、提升交易效率的同时，深挖客户痛点，借助科技手段、整合能力和风控能力，将供应链服务嵌入不同的交易场景中，开发出“帮你采、任你花、订单融”等一系列场景化的供应链服务产品。同时，连接银行等金融机构，打通客户与银行的沟通渠道，通过平台将银行机构与产业客户串联，实现了银行资金与产业需求的有效连接，解决了产业用户资金及货物两大难题。

4）智能化仓储加工服务

钢银电商与钢联物联网等第三方仓储平台战略合作，依托云仓储和物联网应用技术，面向大宗商品的仓储、加工等环节，开展货物资源整合，优化货物资源结构，将仓库网络与交易网络、信息网络、物流网络相连，具备智能、便捷、安全、高效等特性，实现仓储监管网络化，仓储管理智能化。

5）网格化物流配送服务

为打造钢铁全流程服务闭环，让钢铁交易更便捷、更安全，钢银电商注资成立第四方物流平台“及韵物流”，为钢铁产业用户提供覆盖全国的陆运、水运及多式联运物流解决方案。通过系统建模对车辆、线路、往返路程等因素进行统一平台化配置和科学调度，为钢铁产业上下游用户提供优质的网格化物流配送服务。

6）生态型软件运营服务

依托平台多年的钢铁产业深耕和领先的技术优势，钢银电商倾力打造了“钢银云”系列智慧化软件运营服务。“钢银云”系列软件运营服务以促进钢铁产业链用户信息化管理升级为核心目标，目前包含“钢银云·贸易”“钢银云·加工”两款核心产品，旨在通过云端技术让钢铁产业生产、贸易、加工等各类企业轻松获得低成本、专业型、智慧型的轻量化企业管理系统。

2. 创新亮点：科技为翼，推动钢铁产业链高质量发展

钢银电商作为钢铁行业数字化转型升级的建设者，重视科技力量，持续加大研发投入，推进数字供应链创新，不断探索大数据、人工智能、区块链等新兴技术在钢铁电商行业的运用，致力于通过互联网技术给传统行业赋能，对其进行优化。

1）科技赋能，推动数字产业链协同发展

钢银电商厚植产业大数据发展根基，在产品研发与技术创新过程中，从产业视角洞察用户需求，以交易为核心构建了钢铁全产业链智慧生态服务体系，通过“1+N”全场景解决方案，用科技串联上下游，缩短了产业链条，实现高标准、高效率、高品质的“智慧服务”，通过平台数字化升级逐步形成完善的数字供应链体系。目前，钢银电商已拥有60项以上的知识产权，创新成果全面覆盖现货交易、仓储物流、风险控制等多个领域，实现了钢铁产业链各环节的信息共享，缩短了产业链条上的中间环节，提升了行业运行效率。目前钢银电商平台人均效能达到传统钢贸行业的8.5倍。凭借在互联网科技领域的创新探

索，钢银电商科技公司入选“科技型中小企业”，并成功入选“2020年上海市高新技术企业”和“软件企业”名单。科技赋能产业，让钢银电商所构建的全产业链智慧生态体系实现了钢材更为精细化、扁平化的交易和流通，有效推动产业链协同发展。

2）数字风控，打造良好的行业营商环境

钢银电商借助大数据、云计算等技术构建了完善的数字化信用体系，在模型设计上，将多维信息融合，独创母子模型结构。公司与企业情报分析平台“风报”合作，实现更科学、更合理、更客观的客户风险识别和评估，加强数字化风控预警与联动。在客户准入方面，与央行企业征信备案机构——“天眼查”合作，确保企业信息的真实性，同时为平台用户提供更便捷的线上操作体验。在业务管理方面，与国内电子签名行业领跑者“e签宝”合作，引入安全可靠、合法合规的电子签名技术，通过时间戳、区块链存证等技术实时加固信息，保障合同真实完整。在此基础上公司获得了上海市守合同重信用企业、中国AAA级信用企业、中国大宗商品现代流通诚信市场、宝山区信用红名单等多项荣誉，目前钢银电商BCS信用体系已被纳入上海市商务诚信公众服务平台市场信用子平台，进一步推进信用信息资源整合，共同助力推进“政府率先应用、驱动行业应用、激活市场应用”的社会信用新局面，可以为钢铁相关产业、研究机构、政府机关对本行业的分析、评判提供借鉴和帮助，为钢铁产业供应链协同与稳定发展提供有力的支持。

3）上云赋智，助力行业数字化转型升级

钢银电商以钢铁企业需求为导向，运用云计算等“硬核”技术，始终战斗在为社会服务的一线，围绕用户实际应用场景，为钢贸企业提供优质服务；推出以轻量化角度管理钢贸企业全局进销存业务的钢银云SaaS产品，为全国13万中小钢贸企业提供基于云端技术的智慧云管理服务。首先，从采购、库存、销售、财务、客商、报表六大核心功能出发，搭建可视化线上工作台。其次，针对钢贸企业三大痛点定制方案：在货物方面，支持一键查货、一键赎货，管理在厂、在途、在库货物等；在财务方面，推出财务结算中台，准确管理资金账户；在客户方面，推出客商账户概念，助力企业管好财务流水。最后，通过SaaS将服务渗透企业内部管理，帮助钢贸企业及时根据市场调整生产、销售、采购策略，灵活定价。2020年，上海钢联携手钢银电商启动“钢银云计划”，成为首批“数字化转型伙伴行动”倡议单位。目前“钢银云SaaS”实现了从0到1的突破，也完成了从信息化到数字化的重要跨越，成功服务了多家大中小型钢贸企业，帮助企业运营管理效率成倍提升，加速了行业的数字化转型升级。

3. 绩效分析：持续升级平台服务能力，构建产业协同发展新生态

目前，钢银电商平台企业用户数超过14万家，合作钢厂超350家，国内有50个服务站点，员工人数超1 000人，高端互联网研发人才近200人，人均效能超4.27万吨，是传统行业的8.5倍。2020年，钢银电商交易结算量为4 358.41万吨，单日寄售交易结算量破32.32万吨，再创行业新高；结算金额为1 643.63亿元，利润总额为3.75亿元，同比

增长 36.48%。2021 年上半年核心指标依旧增长亮眼：结算金额为 1 041.60 亿元，同比增长 35.81%；利润总额为 1.96 亿元，同比增长 20.66%。公司连续 6 年上榜中国互联网百强，位列大宗首位，成为中国产业新经济发展标杆企业。

未来，钢银电商将进一步借力互联网新兴技术，增强核心优势，以大宗商品流通数据为基础，用科技赋能产业用户，以产业互联网平台强大的链接能力为基础，以高质量的产业数字化服务为抓手，充分发挥平台资源优势、技术优势和服务能力，联通产业上下游，驱动钢铁全产业链畅通运行，真正达成钢铁数字供应链服务协同创新的目标，助力中国钢铁行业的数字化转型升级。

要求：请以小组为单位，认真阅读案例，对钢银电商物流绩效指标进行分析，回答“任务实施”中的问题。

## 知识链接

物流成本绩效评价指标主要包括三个方面的指标，如图 6-1 所示。

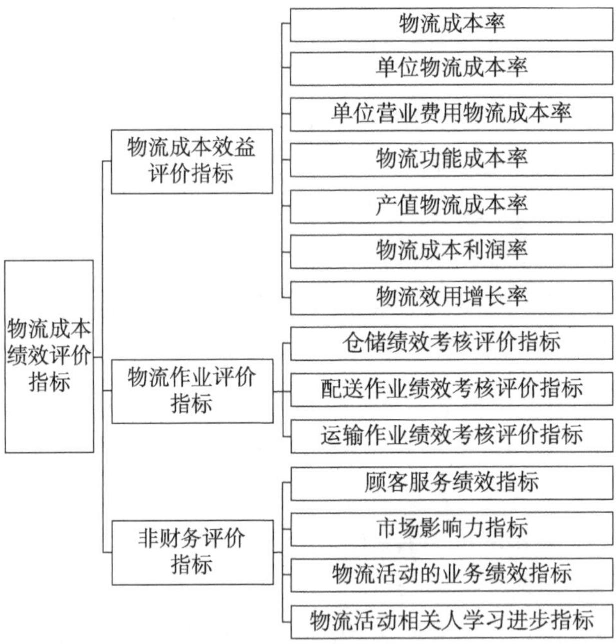


**图 6-1　物流成本绩效评价指标**

### ✣ 知识点 1：物流成本效益评价指标（考证必备知识点）

物流成本效益评价指标是以企业的整体物流成本为依据，通过计算物流成本和其他要素的关系，分析和评价企业物流活动水平的指标。

1. 物流成本率

物流成本率反映企业物流成本在销售额中所占的比重。

$$物流成本率=物流成本÷销售额×100\% \tag{6.1}$$

2. 单位物流成本率

单位物流成本率是指物流成本与企业总成本之间的比率，通常用于考察物流成本占企业总成本的比重。

$$单位物流成本率=物流成本÷企业总成本×100\% \tag{6.2}$$

3. 单位营业费用物流成本率

单位营业费用物流成本率是指物流成本与营业费用（销售费用+一般管理费用）之间的比率。

$$单位营业费用物流成本率=物流成本÷（销售费用+一般管理费用）×100\% \tag{6.3}$$

该指标用来分析物流成本占营业费用的比重。

4. 物流功能成本率

物流功能成本率是指物流职能成本与物流总成本的比率，可以明确包装费、运输费、保管费、装卸搬运费、流通加工费、信息流通费、物流管理费等各物流职能成本占物流总成本的比率。

$$物流功能成本率=物流职能成本÷物流总成本×100\% \tag{6.4}$$

5. 产值物流成本率

该指标用来分析企业创造单位产值需要支出的物流成本。

$$产值物流成本率=物流成本÷企业总产值×100\% \tag{6.5}$$

6. 物流成本利润率

物流成本利润率可用来分析一定时期生产和销售产品获得的利润总额与所发生的物流成本的比率。

$$物流成本利润率=利润总额÷物流成本×100\% \tag{6.6}$$

7. 物流效用增长率

该指标用于分析企业物流成本变化和销售变化的关系。

$$物流效用增长率=\frac{物流成本本年比上年增长率}{销售额本年比上年增长率}×100\% \tag{6.7}$$

**✣ 知识点 2：物流作业评价指标（考证必备知识点）**

1. 仓储绩效考核评价指标

仓储绩效用于评价各项仓储资源（人力、空间、设备等）利用效率及有效输出的结果。国家标准《仓储绩效指标体系》（GB/T 30331—2021）给出了仓储作业绩效指标体系和指标计算方法，该标准适用于仓储作业的绩效管理。仓储绩效考核评价指标体系如图 6-2所示。

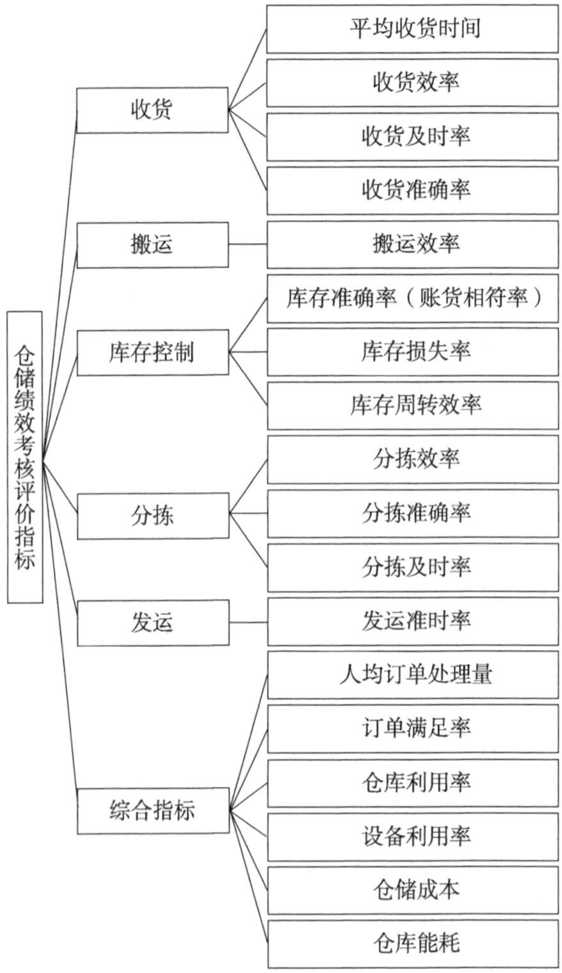


**图 6-2　仓储绩效考核评价指标体系**

1）平均收货时间

$$平均收货时间=收货总工时/收货总次数 \tag{6.8}$$

平均收货时间：单位为小时每次（h/次）。

收货总工时：单位为小时（h）。

收货总次数：单位为次。

**应用目的：**平均收发货时间是指仓库收发每笔货物（即每张出入货单据上的货物）平均使用的时间，其中收货总次数可用收货总订单个数等进行计算。

2）收货效率

$$收货效率=收货总量/收货总工时 \tag{6.9}$$

收货效率：单位为吨每小时（t/h）［或件每小时（件/h）、托盘个数每小时（个/h）、订单行数每小时（行/h）、订单个数每小时（个/h）］。

收货总量：单位为吨（t）［或件、托盘个数（个）、订单行数（行）、订单个数（个）］。

收货总工时：单位为小时（h）。

**应用目的：**分析仓库单位时间内平均收货量，其中订单行是组成订单的基本单元，一个订单通常由一个或多个订单行组成，每行描述一种货物的名称、规格、单位、数量等信息。

3）收货及时率

$$收货及时率=规定时间完成收货量/收货总量 \tag{6.10}$$

规定时间完成收货量：单位为吨（t）［或件、托盘个数（个）、订单行数（行）、订单个数（个）］。

收货总量：单位为吨（t）［或件、托盘个数（个）、订单行数（行）、订单个数（个）］。

**应用目的：**分析统计期内，规定时间完成收货量占收货总量的比例。

4）收货准确率

$$收货准确率=准确收货量/收货总量 \tag{6.11}$$

准确收货量：单位为吨（t）［或件、托盘个数（个）、订单行数（行）、订单个数（个）］。

收货总量：单位为吨（t）［或件、托盘个数（个）、订单行数（行）、订单个数（个）］。

**应用目的：**分析统计期内，准确收货量占收货总量的比例。

5）搬运效率

$$搬运效率=搬运总量/搬运总工时 \tag{6.12}$$

搬运效率：单位为吨每小时（t/h）［或件每小时（件/h）、托盘个数每小时（个/h）］。

搬运总量：单位为吨（t）［或件、托盘个数（个）］。

搬运总工时：单位为小时（h）。

**应用目的：**分析统计期内，单位时间的平均搬运量。

6）库存准确率（账货相符率）

$$库存准确率=账货相符量/库存总量 \tag{6.13}$$

账货相符量：单位为吨（t）［或件、托盘个数（个）、元］。

库存总量：单位为吨（t）［或件、托盘个数（个）、元］。

**应用目的：**分析统计期内，库存货物账货相符量占库存总量的比例。

7）库存损失率

$$库存损失率=库存损失量/库存总量 \tag{6.14}$$

库存损失量：单位为吨（t）［或件、托盘个数（个）、元］。

库存总量：单位为吨（t）［或件、托盘个数（个）、元］。

**应用目的：**分析统计期内，因作业不当造成货物霉变、残损等损失的库存量占库存总量的比例。

8）库存周转效率

$$库存周转效率=出库量/平均库存量 \tag{6.15}$$

库存周转效率：单位为次/年［或次/季、次/月］。

出库量：单位为吨（t）［或件、托盘个数（个）］。

平均库存量：单位为吨（t）［或件、托盘个数（个）］，平均库存量=（期初库存+期末库存）/2，或平均库存量=$\sum$每日库存/30。

**应用目的：**分析统计期内，出库量与平均库存量的比值。

9）分拣效率

$$分拣效率=分拣总量/分拣总工时 \tag{6.16}$$

分拣效率：单位为吨每小时（t/h）［或件每小时（件/h）、托盘个数每小时（个/h）、订单行数每小时（行/h）、订单个数每小时（个/h）］。

分拣总量：单位为吨（t）［或件、托盘个数（个）、订单行数（行）、订单个数（个）］。

分拣总工时：单位为小时（h）。

**应用目的：**分析统计期内，单位时间内的平均分拣量。

10）分拣准确率

$$分拣准确率=分拣准确量/分拣总量 \tag{6.17}$$

分拣准确量：单位为吨（t）［或件、托盘个数（个）、订单行数（行）、订单个数（个）］。

分拣总量：单位为吨（t）［或件、托盘个数（个）、订单行数（行）、订单个数（个）］。

**应用目的：**分析统计期内，分拣准确量占分拣总量的比例。

11）分拣及时率

$$分拣及时率=规定时间完成分拣量/分拣总量 \tag{6.18}$$

规定时间完成分拣量：单位为吨（t）［或件、托盘个数（个）、订单行数（行）、订单个数（个）］。

分拣总量：单位为吨（t）［或件、托盘个数（个）、订单行数（行）、订单个数（个）］。

**应用目的：**分析统计期内，规定时间完成分拣量占分拣总量的比例。

12）发运准时率

$$发运准时率 = 准时发运量/订单总量 \tag{6.19}$$

准时发运量：单位为吨（t）［或件、托盘个数（个）、订单个数（个）、发运网点数（个）］。

订单总量：单位为吨（t）［或件、托盘个数（个）、订单个数（个）、发运网点数（个）］。

**应用目的：**分析统计期内，准时发运量占订单总量的比例。

13）人均订单处理量

$$人均订单处理量 = 订单总量/作业总人数 \tag{6.20}$$

人均订单处理量：单位为吨每人（t/人）［或件每人（件/人）、托盘个数每人（个/人）、订单行数每人（行/人）、订单个数每人（个/人）］。

订单总量：单位为吨（t）［或件、托盘个数（个）、订单行数（行）、订单个数（个）］。

作业总人数：单位为人。

**应用目的：**分析统计期内，订单总量与作业总人数的比值。

14）订单满足率

$$订单满足率 = 按订单要求完成发货量/订单总量 \tag{6.21}$$

按订单要求完成发货量：单位为吨（t）［或件、托盘个数（个）、订单行数（行）、订单个数（个）、元］。

订单总量：单位为吨（t）［或件、托盘个数（个）、订单行数（行）、订单个数（个）、元］。

**应用目的：**分析统计期内，按订单要求完成发货量占订单总量的比例。

15）仓库利用率

$$仓库利用率 = 实际使用仓库面积/仓库总面积 \tag{6.22}$$

实际使用仓库面积：可用容积、货位等进行计算，单位为平方米（$m^2$）。

仓库总面积：可用容积、货位等进行计算，单位为平方米（$m^2$）。

**应用目的：**分析统计期内，实际使用仓库面积占仓库总面积的比例。

16）设备利用率

$$设备利用率 = 设备实际使用时间总和/设备可使用时间总和 \tag{6.23}$$

设备实际使用时间总和：单位为小时（h）。

设备可使用时间总和：单位为小时（h）。

**应用目的：**分析统计期内，设备实际使用时间总和占设备可使用时间总和的比例。

17）仓储成本

$$仓储成本 = 仓储总成本/仓库总面积 \tag{6.24}$$

仓储成本：单位为元每平方米（元/$m^2$），仓储成本包括仓储业务人员费用、仓储设施的折旧费、维修保养费、水电费、燃料费与动力消耗费、安保费、相关税金、业务费等。

仓储总成本：单位为元。

仓库总面积：可用容积、货位等进行计算，单位为平方米（$m^2$）。

**应用目的：**分析统计期内，单位面积仓库的仓储运营成本。

18）仓库能耗

$$仓库能耗=仓库总能耗/仓库总面积 \tag{6.25}$$

仓库能耗：单位为千瓦时每平方米（$kW \cdot h/m^2$）。

仓库总能耗：单位为千瓦时（$kW \cdot h$）。

仓库总面积：单位为平方米（$m^2$）。

**应用目的：**分析统计期内，单位面积仓库消耗的能源量。

### 2. 配送作业绩效考核评价指标

配送作业绩效考核评价指标体系如图 6-3 所示。

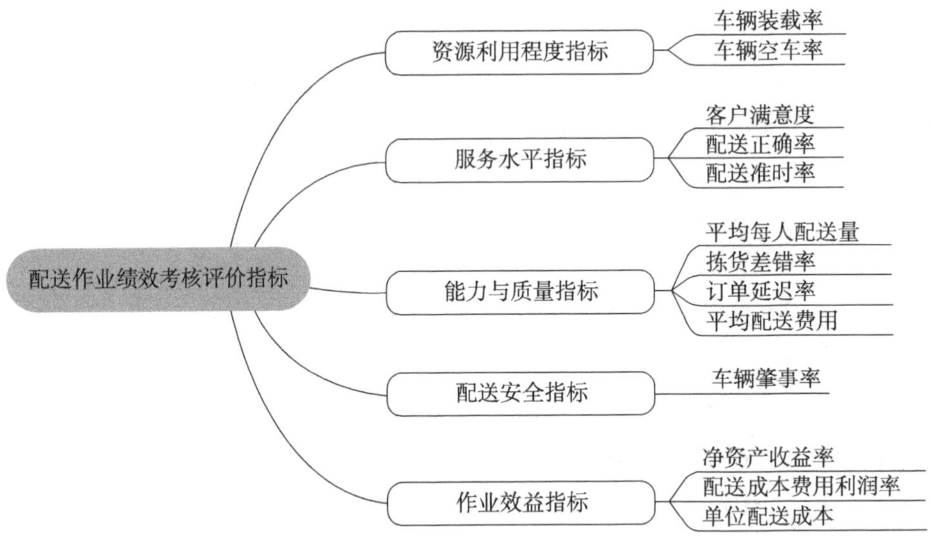


**图 6-3　配送作业绩效考核评价指标体系**

1）资源利用程度指标

（1）车辆装载率

车辆装载率是衡量车辆使用效率的基本指标。

$$车辆装载率=车辆实际装载量\div车辆最大装载量\times100\% \tag{6.26}$$

注：装载量是指装载体积或装载的重量。

（2）车辆空车率

车辆空车率是衡量车辆利用率的基本指标。

$$车辆空车率=空车行驶距离\div配送总距离\times100\% \tag{6.27}$$

2）服务水平指标

（1）客户满意度

客户满意度是指客户对物流企业所提供的物流服务的满意程度。

$$客户满意度=\frac{客户抱怨次数}{物流企业服务次数}\times100\% \tag{6.28}$$

（2）配送正确率

配送正确率是衡量配送服务水平的重要指标。

$$配送正确率=配送正确笔数\div配送总笔数\times100\% \tag{6.29}$$

（3）配送准时率

配送准时率是衡量配送服务水平的重要指标，准时到货是指比预定时间提早少于 30 分钟或迟到少于 30 分钟到货。

$$配送准时率=实际准时到货次数\div总到货次数\times100\% \tag{6.30}$$

3）能力与质量指标

（1）平均每人配送量

平均每人配送量是用于评价配送人员的工作量，衡量其负荷能力和作业绩效的指标。

$$平均每人配送量=出货量总计\div配送人员数 \tag{6.31}$$

（2）拣货差错率

拣货差错率是衡量拣货作业的质量，以评估拣货员的细心程度或自动化设备的正确性功能的指标。

$$拣货差错率=拣取错误笔数\div订单总笔数\times100\% \tag{6.32}$$

（3）订单延迟率

订单延迟率是用来分析订单处理质量的指标。

$$订单延迟率=延迟交货订单数\div订单数量\times100\% \tag{6.33}$$

（4）平均配送费用

平均配送费用是指配送每吨货物每月平均所需的费用开支。配送过程中消耗一定数量的活劳动和物化劳动的货币形式即为各项配送费用。这些费用包括在货物配送过程中消耗的材料费、燃料费、人工工资和福利费、固定资产折旧费、修理费、照明费、租赁费以及应分摊的管理费等，这些费用的总和构成配送总的费用。

$$平均配送费用=每月配送费用总额\div月平均配送量 \tag{6.34}$$

平均配送费用是配送经济核算的主要经济指标之一。

4）配送安全指标

配送安全指标主要有车辆肇事率。车辆肇事率是衡量配送人员安全驾驶水平的基本指标。

$$车辆肇事率=车辆肇事次数\div总配送次数\times100\% \tag{6.35}$$

5）作业效益指标

（1）净资产收益率

净资产收益率是评价配送企业一定时期内净利润总额与平均净资产额的比率，是反映企业资本获利能力的一个重要指标。企业通过对该指标的综合对比分析，可以看出自己获利能力在同行业中所处的地位，以及与同类企业的差异水平。

$$净资产收益率=净利润总额\div平均净资产额\times100\% \tag{6.36}$$

（2）配送成本费用利润率

配送成本费用利润率是本期配送利润总额与本期配送成本费用的比率，是反映企业资本获利能力的一个重要指标，是配送企业在一定时间内为获得利润而付出的代价。

$$配送成本费用利润率=本期配送利润总额\div本期配送成本费用\times100\% \tag{6.37}$$

配送成本费用利润率是从企业内部管理方面对资本收益状况的进一步修正，通过收益与支出的比较，客观评价企业的获利能力，有利于加强内部管理，节约支出，提高收益，该指标越高，企业付出的代价越少，获利能力越强。

（3）单位配送成本

单位配送成本是商品配送费用总额与商品配送总额的比率，是反映配送企业经营效益的一个重要指标，反映配送企业在一定时间内为获得利润而付出的代价。

$$单位配送成本=商品配送费用总额\div商品配送总额 \tag{6.38}$$

单位配送成本越小越好，说明在内部管理方面，以及节约支出和提高收益方面获得明显效果。

3. 运输作业绩效考核评价指标（见图6-4）

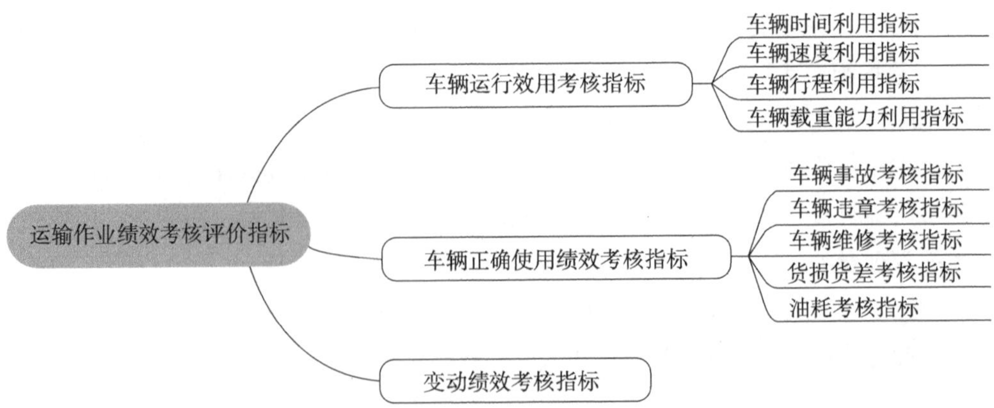


图6-4　运输作业绩效考核评价指标

1）车辆运行效用考核指标

车辆运行效用考核和车辆正确使用绩效考核都是固定考核，是车辆考核中最重要的部分。

常见的车辆运行效用考核指标包括车辆时间利用指标、车辆速度利用指标、车辆行程利用指标、车辆载重能力利用指标。

（1）车辆时间利用指标

$$车辆工作率=工作车日÷总车日×100\% \quad (6.39)$$

$$车辆完好率=完好车日÷总车日×100\% \quad (6.40)$$

$$平均车日出车时间=计算期每日出车时间累计÷同期工作车日总数 \quad (6.41)$$

$$出车时间利用率=运行时间÷出车时间×100\% \quad (6.42)$$

注：出车时间=纯运行时间+停歇时间。

$$昼夜时间利用率=平均每日出车时间÷24（小时）×100\% \quad (6.43)$$

在车辆完好率基本不变的前提下，车辆工作率主要取决于运输组织与管理水平，尽量减少和避免导致车辆停驶的各种因素是提高车辆工作率的前提。为此，应加强运输企业生产调度管理工作，提高驾乘人员的技术水平，加强计划运输和货源组织工作，加强与相关部门和单位的沟通和协作。

（2）车辆速度利用指标

$$技术速度=总行程÷同期运行时间 \quad (6.44)$$

$$营运速度=总行程÷同期出车时间 \quad (6.45)$$

$$平均车日行程=计算期总行程÷同期工作车日总数 \quad (6.46)$$

（3）车辆行程利用指标

$$总行程=平均车日行程×工作车日总数 \quad (6.47)$$

$$行程利用率=载重行程÷总行程×100\% \quad (6.48)$$

（4）车辆载重能力利用指标

$$吨位利用率=实际载重量÷额定载重量×100\% \quad (6.49)$$

2）车辆正确使用绩效考核指标

车辆正确使用绩效考核内容包括驾驶员驾驶车辆的过程中所造成的事故、损坏、违章等情况。

（1）车辆事故考核指标

车辆事故考核主要考核车辆事故频率，车辆事故频率是当月事故次数与当月车辆使用时间的比率，它是反映车辆安全状况的指标。该指标计算公式如下

$$车辆事故频率=当月事故次数÷当月车辆使用时间 \quad (6.50)$$

（2）车辆违章考核指标

车辆违章频率是用来衡量驾驶员是否按照国家相关法律法规正确驾驶的指标。该指标

计算公式如下

$$车辆违章频率=当月违章次数÷当月行驶里程×100\% \tag{6.51}$$

(3) 车辆维修考核指标

车辆维修考核通过车辆维修费用率来体现，该指标计算公式如下

$$车辆维修费用率=当月维修费用÷当月行驶里程×100\% \tag{6.52}$$

(4) 货损货差考核指标

货损货差率是用来衡量该运输车辆当月是否有货损货差现象的指标，该指标计算公式如下

$$货损货差率=货损货差金额÷运输总金额×100\% \tag{6.53}$$

(5) 油耗考核指标

油耗考核指标可以衡量当月该车辆是否有滥用情况发生，可有效监控车辆的使用效率，该指标可采用下述计算公式

$$油耗考核=车辆每单位里程的实际油耗÷车辆标准油耗 \tag{6.54}$$

注：车辆标准油耗是车辆每单位里程的油耗量。

3）变动绩效考核指标

除了车辆运行效用考核和车辆正确使用绩效考核，还有变动考核，该类考核是前两类的辅助补充。

**✣ 知识点 3：非财务评价指标**

1. 顾客服务绩效指标

1）顾客保持率

顾客保持率是指企业继续保持与老客户交易关系的比例，也可理解为顾客忠诚度，企业留住老顾客的能力是企业保持市场份额的关键。实际上，留住老顾客比开发新顾客要容易得多，成本也低廉得多。

$$顾客保持率=本期老顾客数量÷上期顾客总数量×100\% \tag{6.55}$$

2）新顾客吸引率

$$新顾客吸引率=本期新获得的顾客数÷本期顾客总数×100\% \tag{6.56}$$

3）顾客满意度

$$顾客满意度=本期满意顾客数量÷本期顾客总数×100\% \tag{6.57}$$

2. 市场影响力指标

1）市场占有率

$$市场占有率=本企业产品所占的市场份额÷同行业市场总份额×100\% \tag{6.58}$$

2）市场增长率

$$市场增长率=\frac{比较期市场销售量-前期市场销售量}{前期市场销售量}×100\% \tag{6.59}$$

3）市场应变能力

市场应变能力主要指市场变化时，企业应对顾客和市场的柔性能力。

**3. 物流活动的业务绩效指标**

1）物流准时率

$$物流准时率=准时完成的物流工作量\div物流工作总量\times100\% \tag{6.60}$$

2）物流准确率

$$物流准确率=准确完成的物流工作量\div物流工作总量\times100\% \tag{6.61}$$

3）物流安全率

$$物流安全率=安全完成的物流工作量\div物流工作总量\times100\% \tag{6.62}$$

**4. 物流活动相关人学习进步指标**

物流活动相关人学习进步指标包括人员综合素质、员工培训率、新技术开发能力和物流创新能力等。

## 任务实施

阅读任务描述内容，回答以下问题。

1. 钢银电商的物流绩效指标包括哪些内容？

2. 分析钢银电商提高物流绩效的措施。

## 任务评价

在完成上述任务后，教师组织三方评价，并对学生任务执行情况进行点评。学生完成考核评价表（见表6-1）的填写。

表 6-1　　　　　　　　　　　　　　　**考核评价表**

| 班级 | | 团队名称 | | | | |
|---|---|---|---|---|---|---|
| 团队成员 | | | | | | |
| 考核项目 | | 要求 | 分值 | 学生自评（30%） | 团队互评（30%） | 教师评定（40%） |
| 知识能力 | 物流绩效考核要点分析 | 分析正确 | 20 分 | | | |
| | 分析导致物流绩效较低的原因 | 分析合理 | 20 分 | | | |
| | 分析提升物流绩效的措施 | 分析合理 | 30 分 | | | |
| 职业素养 | 团队协作精神 | 相互协作、相互帮助 | 10 分 | | | |
| | 工作态度 | 严谨认真 | 10 分 | | | |
| | 沟通表达能力 | 用词准确、表述流畅 | 10 分 | | | |
| 合计 | | | 100 分 | | | |

## 牛刀小试

**一、单选题**

1. 物流成本管理绩效评价指标属于（　　）。

A. 定量指标　　　　B. 定性指标

C. 定量与定性相结合的指标　　　　D. 相对数指标

2. 产值物流成本率属于哪一类物流成本评价指标？（　　）

A. 物流作业评价指标　　　　B. 物流成本效益评价指标

C. 非财务评价指标　　　　D. 资产评价指标

3. 仓储绩效考核指标有很多，其中库存准确率等指标属于仓储绩效考核的（　　）。

A. 收货指标　　B. 库存控制指标　　C. 搬运指标　　D. 作业效益指标

4. 配送绩效考核指标有很多，其中配送正确率、配送准时率等指标属于配送绩效考核的（　　）。

A. 资源利用程度指标　　　　B. 服务水平指标

C. 能力与质量指标　　　　D. 作业效益指标

5. 下列不属于顾客服务绩效评价指标的是（　　）。

A. 顾客保有率　　B. 顾客流动率　　C. 新顾客吸引率　　D. 顾客满意度

6. 下列不属于物流活动的业务绩效指标的是（　　）。

A. 物流准时率　　B. 物流准确率　　C. 物流经济率　　D. 物流安全率

**二、多选题**

1. 反映车辆速度利用程度的指标有（　　）。

A. 实载率　　B. 平均车日行程　　C. 营运速度　　D. 车辆工作率

2. 仓储绩效考核指标有很多，其中资金利用率、收入利润率等指标属于（　　）。

A. 资源利用程度指标　　B. 服务水平指标

C. 能力与质量指标　　D. 作业效益指标

**三、判断题**（对的打“√”，错的打“×”）

（　　）1. 在车辆完好率基本不变的前提下，工作率的高低主要取决于运输组织与管理水平，尽量减少和避免导致车辆停驶的各种因素。

（　　）2. 净资产收益率是评价配送企业一定时期内净利润与累计净资产额的比率。

# 任务二　物流成本绩效评价方法

## 任务描述

以下是重庆 A 公司物流绩效考核方案。

**一、考核目的**

为进一步优化物流部员工绩效管理体系，提高考核效率和考核效果，提升部门管理水平，有效促进部门业绩目标的实现，特制定本方案。

**二、考核原则**

1. 全面绩效管理

物流部将实行全面的绩效管理，一线员工、二线员工和基层管理人员绩效考核全面实施，激发全员工作积极性。其基本准则如下。

（1）全员绩效：只要有价值的岗位都必须实行绩效管理。

（2）全面绩效：只要有价值的工作都必须实行绩效管理。

2. 绩效管理两手抓

绩效管理实行两手抓：一是直接的利益驱动，即薪酬全绩效，做价值管理；二是文化驱动，通过积分制管理，实行全方位管理和评价。

3. 绩效管理透明化

绩效管理实行透明化，一是员工随时可查绩效管理相关数据，二是员工可自己计算绩效薪酬。

4. 定位不定岗

物流部员工实行定位不定岗，即物流部员工只根据其具备的专业技能和工作经验，结合部门岗位需求对员工进行工作职责定位，并不完全限定其工作范围，根据工作需要和安排，员工可参与所有岗位的工作，且根据岗位指标单价或产值量化计算，谁做谁得，多劳多得，发挥员工工作积极性。

5. 绩效考核可操作

绩效考核方案设计以客观、公正、科学、简便为基本原则，确保绩效考核实施可操作性，能落地执行，对于有些需要考核但不便于落地执行的暂不纳入直接绩效考核，而采用积分管理方式进行文化驱动。

**三、考核对象**

物流部员工实行全面绩效考核管理，纳入绩效考核的人员为物流部一线员工，如收货员、验收员、拣货员、司机、配送员、复核员、调度员、养护员等，其绩效考核以计件提成为主。

**四、考核周期**

本方案实行月度考核兑现。

**五、适用范围**

本方案适用于重庆 A 公司物流部门。

**六、考核标准及计分方法**

物流部员工绩效考核指标及评价标准如表 6-2 所示。

**表 6-2　　物流部员工绩效考核指标及评价标准**

| 考核项目 | 考核内容 |
| --- | --- |
| 一、收、发、存货方面 | 入库、出库、退货数据准确率为 95% |
| | 配货、验货的准确率为 100% |
| | 严格遵循销售单和调拨单出库发货 |
| | 保持所辖物资库存准确率为 100% |
| | 库存货物数量不能够满足销售需求量时要及时报告 |
| 二、日常管理作业 | 保持物资码放整齐，不得东倒西歪，保持仓库通道畅通 |
| | 保证货物安全，做到防破损、防变形、防潮 |
| | 货物要按照种类、入库先后顺序，按常用、不常用从外到内、分类摆放 |
| | 保持地面干净、整洁、无异物 |
| | 严禁卧、踏、坐在货物上 |
| | 上班时间不得离岗 |
| | 保持所辖物品分类摆放整齐，无散乱现象 |
| | 文件、工具、设备、办公用品、个人物品按位置摆放，用完立即摆回原位，并保持干净、整齐、有序 |
| | 所辖物品不得有包装箱张开现象 |
| | 对所辖库区要每天清洁 |
| 三、单据账务 | 单据要按照类型、日期、序号顺序装订、存放，保证整齐、无遗失 |
| 四、其他方面 | 产品知识考核（每季度考核一次），得分不得低于 70 分 |
| | 要严格遵循公司的相关制度及作业流程 |
| | 同事之间要团结一致、互相帮助，不得与同事吵架 |
| | 不得迟到、早退 |
| | 要服从、尊重上级领导，按时完成领导交付的工作任务 |
| | 要积极参加公司组织的各项活动 |
| | 注意个人形象，不得衣冠不整 |
| | 在公共场所，不得高声喧哗、嬉戏打闹 |

续 表

| 考核项目 | 考核内容 |
|---|---|
| 五、奖励加分 | 切合公司现状对公司流程管理等提出建议并被采纳 |
| | 努力学习，积极上进，被评为“优秀员工” |
| | 遇有突发事件，勇于负责，并措施得当，使公司减少或免于损失 |

## 知识链接

### ✣ 知识点 1：平衡计分卡

平衡计分卡（Balanced Score Card）又称 BSC 模型。

BSC 模型从财务、客户、内部业务流程、学习与成长四个维度来衡量、评价绩效。

1. 平衡计分卡的框架及其逻辑关系

1）平衡计分卡的框架

平衡计分卡的表现形式是一张二维的表格，如表 6-3 所示。其纵向是财务、客户、内部业务流程、学习与成长四个层面，横向是目标、指标、目标值、行动方案和预算五个要素。由于战略地图和平衡计分卡是配套使用的，因此在战略地图被开发出来之后，平衡计分卡四个层面的目标也就随之确定，也就是说，制作平衡计分卡的过程实际上就是针对每个目标确定其指标、目标值、行动方案和预算。

**表 6-3　　平衡计分卡**

| 要素层面 | 目标 | 指标 | 目标值 | 行动方案 | 预算 |
|---|---|---|---|---|---|
| 财务 | | | | | |
| 客户 | | | | | |
| 内部业务流程 | | | | | |
| 学习与成长 | | | | | |

2）平衡计分卡的逻辑关系

平衡计分卡的逻辑关系包括两个方面：一是四个层面及其目标之间在纵向上的因果关系与战略地图是一致的，这里不再赘述；二是目标、指标、目标值、行动方案和预算之间的横向推导关系。具体来说，目标是战略与绩效指标之间的桥梁，它说明了战略期望达成什么，要想实现战略，组织在各层面中要做好哪些事情；指标则紧随目标，用以衡量该目标的实现程度；目标值是针对指标而言的，说明了该目标在特定指标上的期望绩效水平；行动方案说明了组织怎么做才能实现预期的战略目标，制定行动方案要综合考虑目标、指标和目标值；预算则说明了实施行动方案所需的人、财、物等资源。由于指标是由目标推导出来的，而目标之间具有因果关系，因此指标之间也形成了一定的关联关系。从整体上看，平衡计分卡的逻辑关系是一个由纵向因果关系、横向推导关系以及指标关联关系构成的网状结构，如图 6-5 所示。

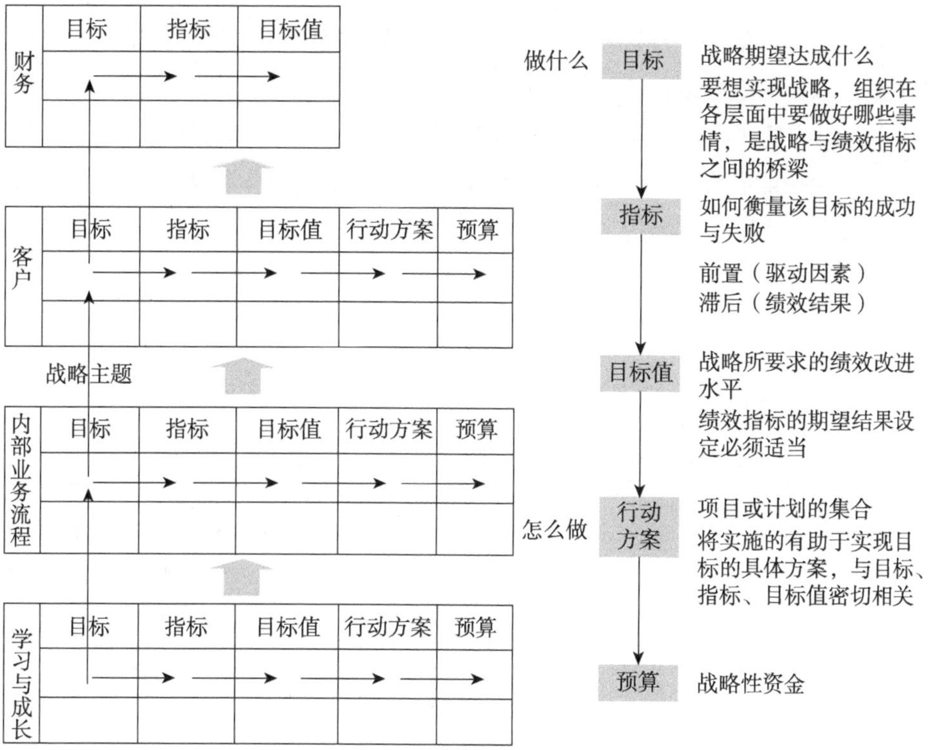


**图 6-5　平衡计分卡的逻辑关系**

2. 平衡计分卡的构成要素

从上述的框架中可以看出，平衡计分卡的基本构成要素包括目标、指标、目标值、行动方案和预算。在很多情况下，明确绩效管理责任制也是平衡计分卡的重要构成要素。

1）目标及其类型

目标是组织在一定时期的特定绩效领域内所希望取得的理想成果，是战略的重要组成部分。目标指出了组织有效实施战略必须要做好的事情，是对组织使命、愿景和战略的展开和具体化，在战略与用于绩效评价的指标之间架起了一座桥梁，它们比战略的内容具体，但比绩效指标抽象。通过战略地图，组织的战略在组织、部门和个人三个层面均被具体化为一整套财务目标、客户目标、内部业务流程目标、学习与成长目标。这些目标围绕战略主题，并与之协同，形成若干战略绩效领域，共同支撑组织战略的实现。下面我们将根据目标的具体类型对平衡计分卡中的目标进行分析。

①长期目标、中期目标、短期目标。从价值创造周期来看，平衡计分卡中内部业务流

程层面的目标可以被划分为长期目标、中期目标和短期目标。平衡计分卡的构成是以战略主题为基本单元，而单个战略主题的确定主要是对内部业务流程层面中少数关键的流程进行组合，继而通过因果关系链与财务、客户以及学习与成长的目标进行连接，这就意味着内部业务流程中价值创造的长短波将决定不同战略主题在时间期限上的区分。不同时限战略主题的组合能够从整体上直接反映战略的意图，保证组织在短期利益和长远发展之间取得有效平衡，从而实现股东价值的持续增长。得益于运营管理流程改善的成本节约，一般在6~12个月内能显现成效；源于客户管理流程改善的收入增长通常需要12~24个月显现成效；创新流程一般需要24~48个月才能产生收入和利润改善；法规和社会流程的好处是能规避诉讼和倒闭以及提高组织的社会形象，但这需要更长时间才能获得，如图6-6所示。

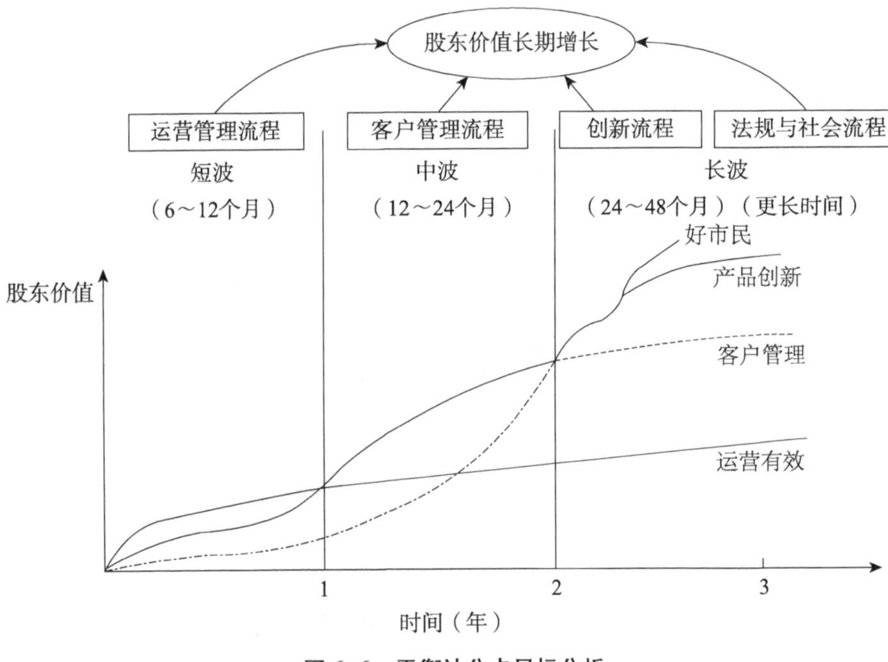


**图6-6　平衡计分卡目标分析**

②组织目标、部门目标、个人目标。从组织的纵向协同来看，平衡计分卡是通过分层进行承接和分解的方式，把战略转化为组织目标、部门目标和个人目标的。根据组织不同层级的主要作用，这三类目标的侧重点有所不同。组织目标主要是创造企业价值，即把各个分散的业务单元和职能部门的不同工作协同起来，实现“1+1>2”的功效；部门目标主要创造客户价值，即通过生产以及提供产品和服务传递客户价值主张，从而创造企业利润；个人目标则是落实战略，即通过决策和执行具体落实战略行动方案和运营计划。

③共享目标、分享目标、特有目标。从组织的横向协同来看，平衡计分卡是按照分工与协作相结合的原则，把部门和个人的目标划分为共享目标、分享目标和特有目标的。共

享目标是指目标所确定的事项是一个整体，不可分解，是需要不同部门或不同员工合作才能完成的目标。分享目标是指目标所确定的事项虽然是一个整体，但是可以分解，是不同部门或不同员工根据各自的职责承担部分任务，按照各自所处的流程节点位置进行衔接和配合完成的目标。特有目标则是根据职责、权限的划分，由单个部门或员工独立完成的目标，该目标的完成通常不需要他人协作。

2）指标及其类型

指标是衡量目标实现程度的标尺，是对绩效因子或绩效维度进行提炼后形成的评判绩效状况的媒介。通常对单个指标进行评价所形成的结果只能反映绩效的某个方面，只有从工作的数量、质量、时间、成本、效率、效果等不同维度进行指标的设计和组合，组织才能得到一个综合的评价结果，从而使其真实地反映目标的预期绩效与实际绩效的吻合程度。因此，在平衡计分卡中，指标也被划分为不同类别。

①财务指标与非财务指标。平衡计分卡在保留财务指标的同时，将非财务指标划分为客户类指标、流程类指标和无形资产类指标，从而形成一个基于目标因果关系链的有机指标体系。

②主观判断指标与客观指标。将指标分为定性指标和定量指标是管理实践中最为常见的做法。实际上，定性指标和定量指标都能转化为数值形式，这就模糊了两者之间的界限。为避免这一现象，平衡计分卡将指标分为主观判断指标和客观指标。两者的区别在于，组织对主观判断指标的评价建立在对数据和信息的综合分析之上，受制于评价者的知识、经验和主观感受，而对客观指标的评价则依赖于直接的数据。

③前置指标与滞后指标。平衡计分卡为了凸显价值创造过程中绩效结果和驱动因素之间的因果关系，将指标划分为前置指标和滞后指标，并力求在两者之间取得平衡。平衡计分卡把前置指标纳入组织绩效管理的体系，弥补了以往的绩效管理工具只重视滞后指标的片面性，使那些对组织有利的、不容易被发现和评价的行为能够得以衡量，如表 6-4 所示。

**表 6-4　　前置指标与滞后指标**

| 项目 | 前置指标 | 滞后指标 |
|---|---|---|
| 定义 | 驱动或导致滞后指标绩效的指标，通常评价中间过程和活动的绩效 | 一段时期结束时的结果指标，通常具有历史绩效的特征 |
| 举例 | 花在客户身上的时间；<br>书面提议；<br>缺勤率 | 市场份额；<br>销售额；<br>员工满意度 |
| 优势 | 起预测作用，允许组织根据结果随时调整 | 易于辨别和确认 |
| 劣势 | 难以辨别和确认，许多新指标在组织中缺乏历史数据支持 | 侧重于历史，无法反映现时活动，缺乏预测力 |

④计分卡指标和仪表盘指标。计分卡指标涉及财务、客户、业务流程和无形资产四个层面，通常是战略性的、结果性的、员工的日常行为不能直接影响的指标，多为聚焦于跨业务和跨职能的滞后指标。其更新频率往往是以月或年为周期，作用在于牵引组织将资源投入有限的战略重点上，它对关系组织战略成败的、具有战略意义的目标进行衡量。而仪表盘指标主要涉及内部业务流程，通常是运营性的、过程性的、员工的日常行为可以影响的指标，多为聚焦于局部的部门、职能和流程的前置指标。其更新频率往往是以天甚至小时为周期，作用在于规范员工的具体行为和监测日常运营过程。计分卡指标和仪表盘指标通过目标的衔接相互连接在一起，形成一个有机的整体，而非是主次有别的、互不关联的不同指标。计分卡指标和仪表盘指标的比较如表 6-5 所示。

**表 6-5　计分卡指标和仪表盘指标的比较**

| 计分卡指标 | 仪表盘指标 |
| --- | --- |
| 战略性的 | 运营性的 |
| 包括财务、客户及人力资本开发等指标 | 可能没有财务、客户或人力资本开发等指标 |
| 结果性的 | 过程性的 |
| 员工的日常行为不能直接影响的指标 | 员工的日常行为可以影响的指标 |
| 更新频率以月或年为周期 | 更新频率以天甚至小时为周期 |
| 聚焦于跨业务和跨职能的结果指标 | 聚焦局部的部门、职能和流程绩效 |
| 多为滞后指标 | 多为前置指标 |
| 引导资源分配和衡量目标绩效 | 规范员工行为和监测运营过程 |

⑤评价指标和监控指标。组织的经营管理所涉及的指标可以说是成百上千，十分复杂。为了从这些名目繁多的指标中找出对战略成败最具影响的指标，平衡计分卡主张将绩效指标划分为评价指标和监控指标。评价指标又称战略指标，是指那些为了取得竞争优势而界定一个战略的指标，这类指标一般均需纳入绩效评价量表，以便组织定期对目标进行衡量。监控指标又称诊断指标，是指那些可以监控组织是否按部就班地运转并在出现异常现象时需要立刻注意的指标。平衡计分卡中的指标多是帮助组织达成战略成功的战略性指标，而不是那些监控组织运行的诊断性指标。正是在此基础上，我们才能将平衡计分卡的指标控制在极为有限的数量范围之内。

3. 平衡计分卡的设计与实施

设计平衡计分卡，须先从澄清及转化组织的愿景及战略展开，列出推行平衡计分卡方案的理由，引导管理程序，最终目的是动员组织转向新的战略方向。其程序为澄清战略并建立共识、凝聚焦点、发展领导能力、战略沟通及协调、教育组织、设定战略性目标、校准计划和投资、建立回馈制度等。

卡普兰和诺顿认为在建立平衡计分卡之初，须先成立“平衡计分卡推行小组”，以汇总出企业完整的信息及企业的近期目标及长期战略，再依下列实施步骤推行平衡计分卡：筹备阶段、第一次访谈、第一次主管讨论会、第二次访谈、第二次主管讨论会、第三次主管讨论会、实施阶段、定期检讨。

在实际应用过程中，企业需要综合考虑所处的行业环境、自身的优势与劣势以及所处的发展阶段、自身的规模与实力等。总结成功实施平衡计分卡企业的经验，一般包括以下步骤：

（1）公司的愿景与战略的建立与倡导。公司首先要建立愿景与战略，使每个部门可以采用一些绩效衡量指标去完成公司的愿景与战略；另外，也可以考虑建立部门级战略。同时，成立平衡计分卡推行小组或委员会解释公司的愿景和战略，并建立财务、客户、内部业务流程、学习与成长四个方面的具体目标。

（2）绩效指标体系的设计与建立。本阶段的主要任务是依据企业的战略目标，结合企业长短期发展的需要，为四类具体的目标找出其最具有意义的绩效衡量指标。对于所设计的指标，要自上而下，从内部到外部进行交流，征询各方面的意见，吸收各方面、各层次的建议。这种沟通与协调完成之后，使所设计的指标体系达到平衡，从而能全面反映和代表企业的战略目标。

（3）加强企业内部沟通与教育。利用各种不同沟通渠道，如定期或不定期的刊物、信件、公告栏、标语、会议等，让各层管理人员知道公司的愿景、战略。

（4）确定每年、每季、每月的绩效衡量指标的具体数字，并与公司的计划和预算相结合。注意各类指标间的因果关系、驱动关系与连接关系。

（5）绩效指标体系的完善与提高。首先，对于平衡计分卡，在该阶段应重点考察指标体系设计得是否科学，能否真正反映本企业的实际。其次，要关注的是采用平衡计分卡后，对于绩效评价的不全面之处，以便补充新的测评指标，从而使平衡计分卡不断完善。最后，要关注的是已设计指标的不合理之处，要坚决取消或改进，只有经过这种反复认真的改进才能使平衡计分卡更好地为企业战略目标服务。

4. 平衡计分卡在物流成本管理绩效评价中的意义

（1）可以从战略角度评价物流成本管理的绩效。

（2）可以从物流活动过程角度评价物流成本管理的绩效。

（3）可以更全面地评价物流成本管理的绩效。

（4）可以避免物流成本管理的短期效益，追求物流成本管理的长期效益。

**✣ 知识点 2：关键绩效指标法（考证必备知识点）**

关键绩效指标（KPI）法是根据宏观的战略目标，经过层层分解之后提出的具有可操作性的战术目标，并将其转化为若干个考核指标，然后借用这些指标，从多个维度，对组织或员工个人的绩效进行考核的一种方法。

关键绩效指标（KPI）是用来衡量某一职位工作人员工作绩效表现的量化指标，它来自对企业总体战略目标的分解，反映最能有效影响企业价值创造的关键驱动因素。基于这样的关键绩效指标对员工的绩效进行评价，就可以保证真正对组织有贡献的行为受到鼓励。

1. 关键绩效指标确立的 SMART 原则

关键绩效指标的确立有一个很重要的原则，即 SMART 原则，其具体内容如表 6-6 所示。

表 6-6　关键绩效指标确立的 SMART 原则

| SMART 原则 | 内容说明 |
| --- | --- |
| Specific（明确的、具体的） | 指绩效指标要切中特定的工作目标，不是笼统的，而是应该适度细化，并且随情境变化而发生变化 |
| Measurable（可度量的） | 指绩效指标或者是数量化的，或者是行为化的，同时需要验证这些绩效指标的数据或信息是可以获得的 |
| Attainable（可实现的） | 指绩效指标在付出努力的情况下可以实现，主要是为了避免设立过高或过低的指标，从而失去了设立该考核指标的意义 |
| Relevant（相关性的） | 指绩效指标是实实在在的，可以通过证明和观察得到，而并非假设的 |
| Time - bound（有时限的） | 指在绩效指标中要使用一定的时间单位，即设定完成这些绩效指标的期限，这也是关注效率的一种表现 |

2. 提取关键绩效指标的方法

图 6-7 给出了 4 种提取关键绩效指标的方法，并对鱼骨分析法和目标分解法进行了简要的说明。

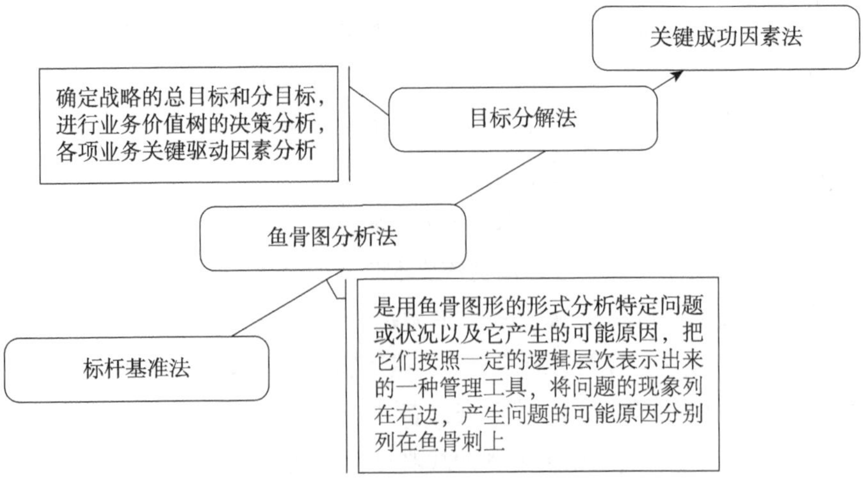


图 6-7　提取关键绩效指标的方法

提取关键绩效指标的方法有很多，关键成功因素法便是其一。运用该方法建立 KPI，先要分析完成该目标有哪些影响因素，然后选出其中关键的若干因素，再针对这些影响因素的衡量指标，确定 KPI。如某企业的战略目标是跨入同行业的前列，其中很重要的一个影响因素就是利润增长率，现就该因素提取其关键绩效指标，如图 6-8 所示。

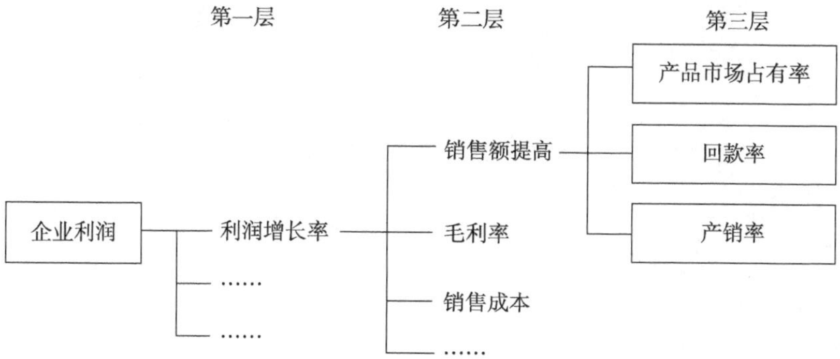


**图 6-8 企业利润增长法**

**【案例分析】**某企业在过去几年的经营过程中，效益呈上升趋势。可近来却发展缓慢，于是，公司召开会议共同探讨如何有效地解决这一问题。

1. 运用头脑风暴法收集相关信息（见表 6-7）

**表 6-7 头脑风暴法**

| 人员 | 影响企业效益的因素 |
| --- | --- |
| A | 产品质量下降 |
| B | 生产技术与同行业领先水平相比，有较大的差距，售后服务水平差 |
| C | 人力资源管理存在诸多问题 |
| D | 影响企业效益的其他因素 |

2. 运用鱼骨图分析法，寻找主要影响因素

将上述收集到的信息归纳为以下四个方面：产品质量、生产技术、售后服务、人力资源管理，其中每个因素都包含着诸多子因素，如表 6-8 所示。

**表 6-8 鱼骨图分析因素表**

| 目标 | 主要影响因素 | 各子因素 |
| --- | --- | --- |
| 企业取得良好的效益 | 产品质量 | 次品率偏高 |
| | 生产技术 | 设备更新不及时，先进生产技术引进的力度较弱 |
| | 售后服务 | 服务态度较差，部分人员工作技能尚需提高 |
| | 人力资源管理 | 关键人才培养不及时，各部门培训计划没有认真落实，绩效考核工作重形式 |

将表中的这些因素用鱼骨图的形式表现出来，制订相应的行动计划。

在图6-9中，图的右边即鱼头部分，是此次活动的目标——企业取得良好的效益，图的左边，罗列出了达到目标要采取的行动。

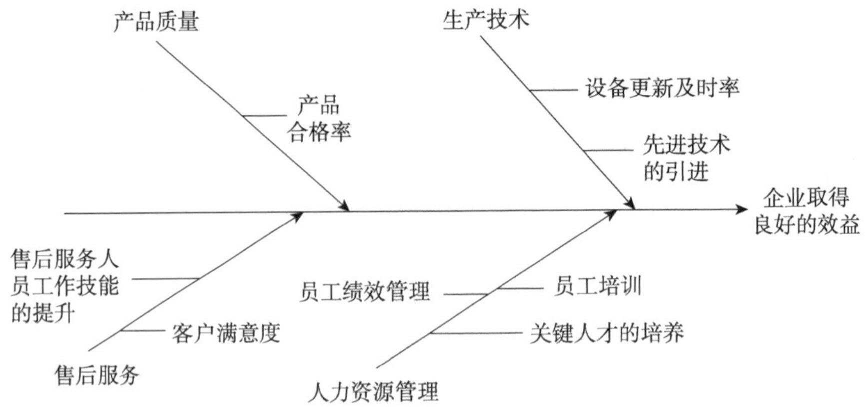


**图6-9 鱼骨分析图样例**

根据制订的行动计划，找出衡量指标，即所谓的关键绩效指标，如图6-10所示。

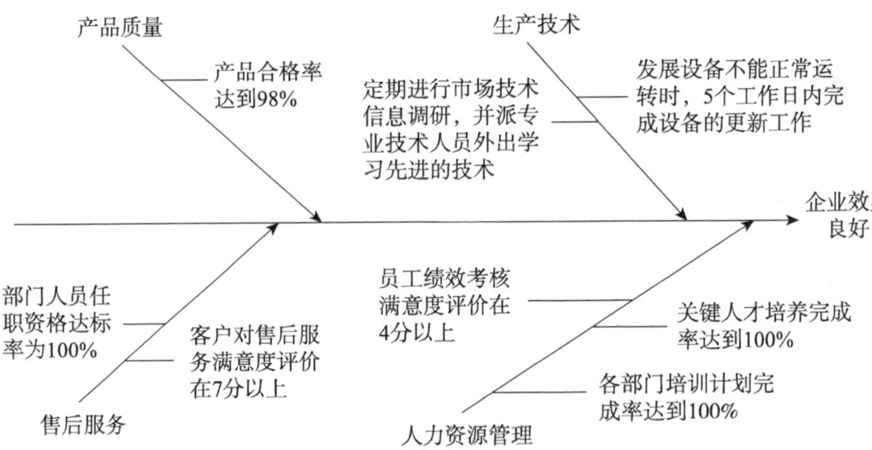


**图6-10 治疗指标鱼骨分析图样例**

### ✣ 知识点3：层次分析法

1. 层次分析法的概念

层次分析法（Analytic Hierarchy Process，AHP），在20世纪70年代初期由美国匹兹堡大学运筹学家托马斯·萨蒂提出。它是一种应用网络系统理论和多目标综合评价方法，提出的一种层次权重决策分析方法。由于它在处理复杂的决策问题上的实用性和有效性，很快在世界范围得到重视。它的应用已遍及经济计划和管理、能源政策和分配、行为科学、军事指挥、运输、农业、教育、人才、医疗和环境等领域。

该方法以其定性与定量相结合地处理各种决策因素的特点，以及其系统灵活简洁的优点，迅速在我国社会经济各个领域得到重视和广泛应用，如工程计划、资源分配、方案排序、政策制定、冲突问题、性能评价、能源系统分析、城市规划、经济管理、科研评价等领域。

层次分析法根据问题的性质和要达到的总目标，将问题分解为不同的组成因素，并按照因素间的相互关联、影响以及隶属关系，将因素按不同层次聚集组合，形成一个多层次的分析结构模型，最终使问题归结为最低层（供决策的方案、措施等）相对于最高层（总目标）的相对重要权值的确定或相对优劣次序的排定。

2. 层次分析法的基本步骤

运用层次分析法构造系统模型时，大体可以分为几个步骤，如图 6-11 所示。

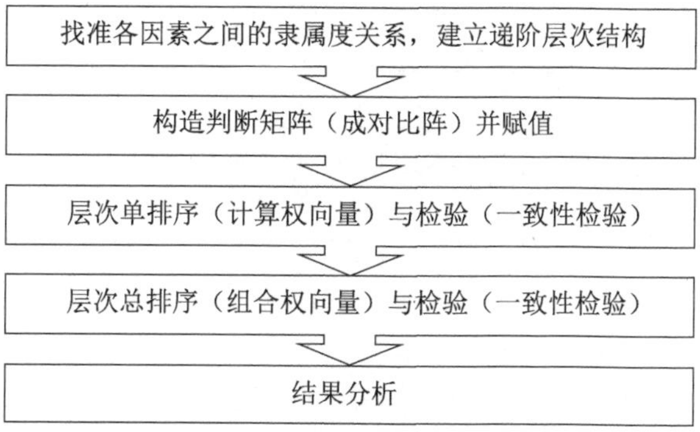


**图 6-11　层次分析法的步骤**

（1）建立递阶层次结构

将决策的目标、考虑的因素（决策准则）和决策方案，按它们之间的相互关系分为最高层、中间层和最低层，绘出层次结构图。

最高层：决策的目的、要解决的问题。

中间层：考虑的因素、决策的准则。

最低层：决策时的备选方案。

对于相邻的两层，称高层为目标层，低层为因素层。

（2）构造判断矩阵（成对比阵）并赋值

从层次结构模型的第 2 层开始，对于从属于（或影响）上一层每个因素的同一层诸因素，构造判断矩阵，直到最下层。

在确定各层次各因素之间的权重时，如果只是定性的结果，则常常不容易被别人接受，因而提出了一致矩阵法，即

①不把所有因素放在一起比较，而是两两相互比较；

②此时应采用相对尺度，以尽可能减少性质不同的诸因素相互比较的困难，以提高准确度。

（3）层次单排序（计算权向量）与检验（一致性检验）

能否确认层次单排序，需要进行一致性检验，所谓一致性检验是指确定样本不一致的允许范围。

（4）层次总排序（组合权向量）与检验（一致性检验）

（5）结果分析

## 任务实施

阅读任务描述内容，回答以下问题。

1. 重庆 A 公司员工物流绩效考核指标包括哪些内容？

2. 如何选用合适的方法对重庆 A 公司员工进行物流绩效考核？

3. 分析提高重庆 A 公司员工物流作业效率的对策。

## 任务评价

在完成上述任务后，教师组织三方评价，并对学生任务执行情况进行点评。学生完成考核评价表（见表 6–9）的填写。

表 6–9　　考核评价表

<table>
<tr><td>班级</td><td></td><td>团队名称</td><td colspan="4"></td></tr>
<tr><td>团队成员</td><td colspan="6"></td></tr>
<tr><td colspan="2">考核项目</td><td>要求</td><td>分值</td><td>学生自评（30%）</td><td>团队互评（30%）</td><td>教师评定（40%）</td></tr>
<tr><td rowspan="3">知识能力</td><td>物流绩效考核评价方法优点分析</td><td>分析正确</td><td>20 分</td><td></td><td></td><td></td></tr>
<tr><td>平衡计分卡构成要素分析</td><td>分析合理</td><td>20 分</td><td></td><td></td><td></td></tr>
<tr><td>关键绩效指标的设计</td><td>设计合理</td><td>30 分</td><td></td><td></td><td></td></tr>
</table>

续　表

| 考核项目 | | 要求 | 分值 | 学生自评（30%） | 团队互评（30%） | 教师评定（40%） |
|---|---|---|---|---|---|---|
| 职业素养 | 团队协作精神 | 相互协作、相互帮助 | 10 分 | | | |
| | 工作态度 | 严谨认真 | 10 分 | | | |
| | 沟通表达能力 | 用词准确、表述流畅 | 10 分 | | | |
| 合计 | | | 100 分 | | | |

## 牛刀小试

**一、单选题**

1. 下列不是平衡计分卡的作用的是（　　）。

A. 从财务绩效评估指标分析企业生存能力

B. 从客户子模块指标分析企业竞争能力

C. 从内部经营分析企业综合提升力

D. 从学习创新设计分析企业持续发展的后劲

2. 平衡计分卡中，（　　）是组织在一定时期的特定绩效领域内所希望取得的理想成果。

A. 目标　　B. 指标　　C. 目标值　　D. 行动方案

3. （　　）是用来衡量某一职位工作人员工作绩效表现的量化指标，它来自对企业总体战略目标的分解，反映最能有效影响企业价值创造的关键驱动因素。

A. 平衡计分卡　　B. 层次分析法

C. 关键绩效指标法　　D. 数据包络分析法

**二、多选题**

1. 平衡计分卡应用在物流成本绩效评价时，主要从（　　）几个维度来衡量、评价绩效。

A. 财务　　B. 客户　　C. 内部业务流程　　D. 学习与成长

2. 物流绩效考核分析的绝对评价法有（　　）。

A. 目标管理法　　B. 关键绩效指标法

C. 等级评估法　　D. 平衡计分卡

**三、判断题**（对的打“√”，错的打“×”）

（　　）SMART 原则指绩效指标要切中特定的工作目标，不是笼统的，而是应该适度细化，并且随情境变化而发生变化。

# 任务三　物流成本绩效分析程序

## 任务描述

重庆 A 公司物流部门管理人员需要对仓储部门员工进行考核，选拔一名优秀员工，候选人为张雪、李虎、王俊三位员工。需要考虑收、发、存货方面的工作绩效、日常管理作业绩效及其他绩效等因素，这是多准则决策问题，考虑运用层次分析法解决。

## 知识链接

### 知识点 1：建立递阶层次结构

在仓储部门员工考核问题中，管理人员希望通过选拔优秀员工，对员工进行鼓励。为了实现这一目标，需要考虑的主要准则有四个，即收、发、存货方面的工作绩效、日常管理作业绩效及其他绩效。但问题绝不这么简单。通过深入思考，决策人员认为还必须考虑出入库准确率、配货准确率、持有库存准确率、货损率、货品整齐度、先进先出比率、单据遗失率、出勤率等因素（准则），从相互关系上分析，这些因素隶属于主要准则，因此放在下一层次考虑，并且分属于不同准则。

假设本问题只考虑这些准则，接下来需要明确为了实现决策目标、在上述准则下可以有哪些方案。本问题涉及三个候选人，为张雪、李虎、王俊三位员工，这三位员工作为措施层元素放在递阶层次结构的最下层。很明显，这三位员工与所有准则都相关。

将各个层次的因素按其上下关系摆放好位置，并将它们之间的关系用线连接起来。同时，为了方便后面的定量表示，一般从上到下用 A、B、C、D 代表不同层次，同一层次从左到右用 1、2、3、4 代表不同因素。这样构成的递阶层次结构如图 6-12 所示。

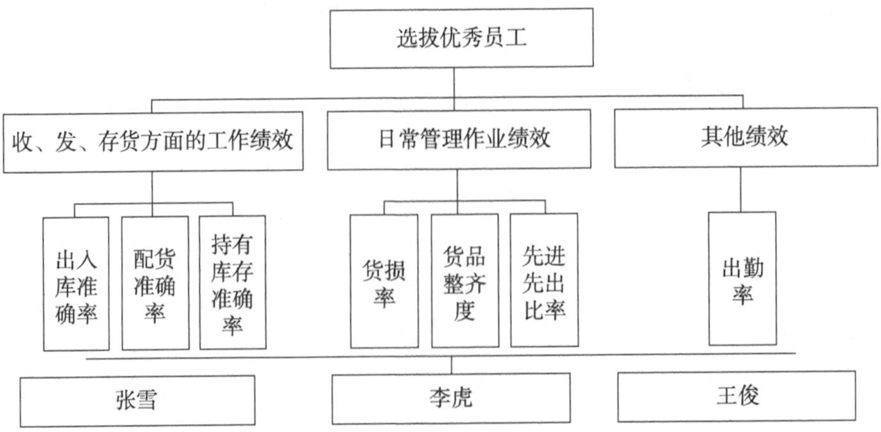


图 6-12　递阶层次结构

### ✣ 知识点 2：构造判断矩阵（成对比阵）并赋值

根据递阶层次结构就能很轻松地构造判断矩阵。

构造判断矩阵的方法是：每个具有向下隶属关系的元素（准则）作为判断矩阵的第一个元素（位于左上角），隶属于它的各个元素依次排列在其后的第一行和第一列。

大多采取的填写判断矩阵的方法是：向填写人（专家）反复询问，针对判断矩阵的准则，其中两个元素两两比较哪个重要，重要多少，对重要性程度按 1~9 赋值（重要性标度值见表 6-10）。

**表 6-10　　重要性标度值的含义**

| 重要性标度值 | 含义 |
|---|---|
| 1 | 表示两个元素相比，具有同等重要性 |
| 3 | 表示两个元素相比，前者比后者稍重要 |
| 5 | 表示两个元素相比，前者比后者明显重要 |
| 7 | 表示两个元素相比，前者比后者强烈重要 |
| 9 | 表示两个元素相比，前者比后者极端重要 |
| 2，4，6，8 | 表示上述判断的中间值 |
| 倒数 | 若元素 $i$ 与元素 $j$ 的重要性之比为 $a_{ij}$，则元素 $j$ 与元素 $i$ 的重要性之比为 $a_{ji}=1/a_{ij}$ |

填写后的判断矩阵为 $\boldsymbol{A}(a_{ij})_{n\times n}$，判断矩阵具有如下性质：

①$a_{ij}>0$。

②$a_{ji}=1/a_{ij}$。

③$a_{ii}=1$。

根据上面性质，判断矩阵具有对称性，因此在填写时，通常先填写 $a_{ii}=1$ 的部分，然后再判断及填写上三角形或下三角形的元素就可以了。

在特殊情况下，判断矩阵具有传递性，即满足等式：$a_{ij}\times a_{jk}=a_{ik}$。

当上式对判断矩阵所有元素都成立时，则称该判断矩阵为一致性矩阵。

**【案例分析】**物流部门优秀员工决策：构造判断矩阵并请专家填写。

征求专家意见，填写后的判断矩阵如表 6-11~表 6-20 所示。

**表 6-11　　判断矩阵表 1**

| 选拔优秀员工 | 收、发、存货方面的工作绩效 | 日常管理作业绩效 | 其他绩效 |
|---|---|---|---|
| 收、发、存货方面的工作绩效 | 1 | 3 | 5 |
| 日常管理作业绩效 | 1/3 | 1 | 3 |
| 其他绩效 | 1/5 | 1/3 | 1 |

表 6-12　　判断矩阵表 2

| 收、发、存货方面的工作绩效 | 出入库准确率 | 配货准确率 | 持有库存准确率 |
|---|---|---|---|
| 出入库准确率 | 1 | 3 | 1 |
| 配货准确率 | 1/3 | 1 | 1/3 |
| 持有库存准确率 | 1 | 3 | 1 |

表 6-13　　判断矩阵表 3

| 日常管理作业绩效 | 货损率 | 货品整齐度 | 先进先出比率 |
|---|---|---|---|
| 货损率 | 1 | 1 | 7 |
| 货品整齐度 | 1 | 1 | 3 |
| 先进先出比率 | 1/7 | 1/3 | 1 |

表 6-14　　判断矩阵表 4

| 出入库准确率 | 张雪 | 李虎 | 王俊 |
|---|---|---|---|
| 张雪 | 1 | 3 | 3 |
| 李虎 | 1/3 | 1 | 1 |
| 王俊 | 1/3 | 1 | 1 |

表 6-15　　判断矩阵表 5

| 配货准确率 | 张雪 | 李虎 | 王俊 |
|---|---|---|---|
| 张雪 | 1 | 3 | 5 |
| 李虎 | 1/3 | 1 | 3 |
| 王俊 | 1/5 | 1/3 | 1 |

表 6-16　　判断矩阵表 6

| 持有库存准确率 | 张雪 | 李虎 | 王俊 |
|---|---|---|---|
| 张雪 | 1 | 3 | 5 |
| 李虎 | 1/3 | 1 | 2 |
| 王俊 | 1/5 | 1/2 | 1 |

表 6-17　判断矩阵表 7

| 货损率 | 张雪 | 李虎 | 王俊 |
|---|---|---|---|
| 张雪 | 1 | 5 | 3 |
| 李虎 | 1/5 | 1 | 1 |
| 王俊 | 1/3 | 1 | 1 |

表 6-18　判断矩阵表 8

| 货品整齐度 | 张雪 | 李虎 | 王俊 |
|---|---|---|---|
| 张雪 | 1 | 1 | 3 |
| 李虎 | 1 | 1 | 3 |
| 王俊 | 1/3 | 1/3 | 1 |

表 6-19　判断矩阵表 9

| 先进先出比率 | 张雪 | 李虎 | 王俊 |
|---|---|---|---|
| 张雪 | 1 | 7 | 3 |
| 李虎 | 1/7 | 1 | 1/3 |
| 王俊 | 1/3 | 3 | 1 |

表 6-20　判断矩阵表 10

| 出勤率 | 张雪 | 李虎 | 王俊 |
|---|---|---|---|
| 张雪 | 1 | 5 | 3 |
| 李虎 | 1/5 | 1 | 1 |
| 王俊 | 1/3 | 1 | 1 |

### ✣ 知识点 3：层次单排序（计算权向量）与检验（一致性检验）

对于专家填写后的判断矩阵，利用一定数学方法进行层次单排序。

层次单排序是指每个判断矩阵各因素针对其准则的相对权重，所以本质上是计算权向量。计算权向量的方法有特征根法、和法、根法、幂法等，这里简要介绍和法。

和法的原理是，对于一致性判断矩阵，每列归一化后就是相应的权重。对于非一致性判断矩阵，每列归一化后近似其相应的权重，再对这 $n$ 个列向量求取算术平均值，将该算术平均值作为最后的权重。具体的公式是

$$W_i = \frac{1}{n}\sum_{j=1}^{n}\frac{a_{ij}}{\sum_{k=1}^{n}a_{kj}} \tag{6.63}$$

需要注意的是，在层层排序中，要对判断矩阵进行一致性检验。

在特殊情况下，判断矩阵具有传递性和一致性。一般情况下，并不要求判断矩阵严格满足这一性质。但从人类认识规律看，一个正确的判断矩阵的重要性排序具有一定逻辑规律，例如若A比B重要，B又比C重要，则从逻辑上讲，A应该比C明显重要，若两两比较时出现A比C重要的结果，则该判断矩阵违反了一致性准则，在逻辑上是不合理的。

在实际中要求判断矩阵满足大体上的一致性，因此需要进行一致性检验。只有通过一致性检验，才能说明判断矩阵在逻辑上是合理的，才能继续对结果进行分析。

一致性检验的步骤如下。

第一步，计算一致性指标 $C.I.$。

$$C.I. = \frac{\lambda_{max} - n}{n - 1} \tag{6.64}$$

第二步，查表确定相应的平均随机一致性指标 $R.I.$。

根据判断矩阵不同阶数查表6-21，得到平均随机一致性指标 $R.I.$。例如，对于3阶的判断矩阵，查表得到 $R.I. = 0.52$。

表6-21　平均随机一致性指标 *R.I.*

| 矩阵阶数 | 1 | 2 | 3 | 4 | 5 | 6 | 7 | 8 |
|---|---|---|---|---|---|---|---|---|
| R.I. | 0 | 0 | 0.52 | 0.89 | 1.12 | 1.26 | 1.36 | 1.41 |
| 矩阵阶数 | 9 | 10 | 11 | 12 | 13 | 14 | 15 | |
| R.I. | 1.46 | 1.49 | 1.52 | 1.54 | 1.56 | 1.58 | 1.59 | |

第三步，计算一致性比例 $C.R.$ 并进行判断。

$$C.R. = \frac{C.I.}{R.I.} \tag{6.65}$$

当 $C.R. < 0.1$ 时，认为判断矩阵的一致性是可以接受的，当 $C.R. > 0.1$ 时，认为判断矩阵不符合一致性要求，需要对该判断矩阵进行重新修正。

【案例分析】物流部门优秀员工决策：计算权向量及检验。

根据前面的数据计算所得的权向量及检验，结果如表6-22所示。

可以看出，所有单排序的 $C.R. < 0.1$，认为每个判断矩阵的一致性都是可以接受的。

表 6-22　　　　　　　　　　　　**计算权向量及检验结果**

| 选拔优秀员工 | 单（总）排序权值 | 收、发、存货方面的工作绩效 | 单排序权值 | 日常管理作业绩效 | 单排序权值 |
|---|---|---|---|---|---|
| 收、发、存货方面的工作绩效 | 0.637 0 | 出入库准确率 | 0.428 6 | 货损率 | 0.514 6 |
| 日常管理作业绩效 | 0.258 3 | 配货准确率 | 0.142 9 | 货品整齐度 | 0.387 9 |
| 其他绩效 | 0.104 7 | 持有库存准确率 | 0.428 6 | 先进先出比率 | 0.097 5 |
| *C. R.* | 0.000 0 | *C. R.* | 0.000 0 | *C. R.* | 0.000 0 |
| 出入库准确率 | 单排序权值 | 配货准确率 | 单排序权值 | 持有库存准确率 | 单排序权值 |
| 张雪 | 0.600 0 | 张雪 | 0.637 0 | 张雪 | 0.648 3 |
| 李虎 | 0.200 0 | 李虎 | 0.258 3 | 李虎 | 0.229 7 |
| 王俊 | 0.200 0 | 王俊 | 0.104 7 | 王俊 | 0.122 0 |
| *C. R.* | 0.000 0 | *C. R.* | 0.000 0 | *C. R.* | 0.000 0 |
| 货品整齐度 | 单排序权值 | 先进先出比率 | 单排序权值 | 出勤率 | 单排序权值 |
| 张雪 | 0.428 6 | 张雪 | 0.669 4 | 张雪 | 0.658 6 |
| 李虎 | 0.428 6 | 李虎 | 0.087 9 | 李虎 | 0.156 2 |
| 王俊 | 0.142 9 | 王俊 | 0.242 6 | 王俊 | 0.185 2 |
| *C. R.* | 0.000 0 | *C. R.* | 0.000 0 | *C. R.* | 0.000 0 |
| 货损率 | 单排序权值 | | | | |
| 张雪 | 0.658 6 | | | | |
| 李虎 | 0.156 2 | | | | |
| 王俊 | 0.185 2 | | | | |
| *C. R.* | 0.000 0 | | | | |

### ✣ 知识点 4：层次总排序（组合权向量）与检验（一致性检验）

总排序是指每个判断矩阵各因素针对目标层（最上层）的相对权重。这一权重的计算采用从上而下的方法，逐层合成。

很明显，第二层的单排序结果就是总排序结果。假定已算出第 $k-1$ 层 $m$ 个元素相对于总目标的权重 $w^{(k-1)}=(w_1^{(k-1)}, w_2^{(k-1)}, \cdots, w_m^{(k-1)})^{\mathrm{T}}$，第 $k$ 层 $n$ 个元素对于上一层（第 $k-1$ 层）第 $j$ 个元素的单排序权重是 $p_j^{(k)}=(p_{1j}^{(k)}, p_{2j}^{(k)}, \cdots, p_{nj}^{(k)})^{\mathrm{T}}$，其中不受 $j$ 支配的元素的权重为零。令 $P^{(k)}=(P_1^{(k)}, P_2^{(k)}, \cdots, P_n^{(k)})$，表示第 $k$ 层元素对第 $k-1$ 层元素的排序，则第 $k$ 层元素对于总目标的总排序为

$$w^{(k)}=(w_1^{(k)}, w_2^{(k)}, \cdots, w_n^{(k)})=p^{(k)}w^{(k-1)} \tag{6.66}$$

或

$$I = w_i^{(k)} = \sum_{j=1}^{m} p_{ij}^{(k)} w_j^{(k-1)},\ j = 1,\ 2,\ \cdots,\ n \tag{6.67}$$

同样，也需要对总排序结果进行一致性检验。

假定已经算出针对第 $k$-1 层第 $j$ 个元素为准则的 $C.I._j^{(k)}$、$R.I._j^{(k)}$ 和 $C.R._j^{(k)}$，$j$=1，2，…，$m$，则第 $k$ 层的综合检验指标为

$$C.I._j^{(k)} = (C.I._1^{(k)},\ C.I._2^{(k)},\ \cdots,\ C.I._m^{(k)})\ w^{(k-1)} \tag{6.68}$$

$$R.I._j^{(k)} = (R.I._1^{(k)},\ R.I._2^{(k)},\ \cdots,\ R.I._m^{(k)})\ w^{(k-1)} \tag{6.69}$$

$$C.R.^{(k)} = \frac{C.I.^{(k)}}{R.I.^{(k)}} \tag{6.70}$$

当 $C.R.^{(k)}<0.1$ 时，认为判断矩阵的整体一致性是可以接受的。

**【案例分析】**物流部门优秀员工决策：层次总排序及检验。

层次总排序及检验结果如表 6-23 和表 6-24 所示。

**表 6-23　　C 层次总排序（$C.R.$ = 0.000 0）**

| 持有库存准确率 | 出入库准确率 | 货损率 | 出勤率 | 货品整齐度 | 配货准确率 | 先进先出比率 |
|---|---|---|---|---|---|---|
| 0.001 8 | 0.000 0 | 0.014 5 | 0.014 5 | 0.000 0 | 0.019 3 | 0.035 0 |

**表 6-24　　D 层次总排序（$C.R.$ =0.0000）**

| 张雪 | 李虎 | 王俊 |
|---|---|---|
| 0.481 0 | 0.357 1 | 0.161 9 |

可以看出，总排序的 $C.R.<0.1$，认为判断矩阵的整体一致性是可以接受的。

**✣ 知识点 5：结果分析**

通过对排序结果的分析，得出最后的优秀员工为张雪。

**【案例分析】**物流部门优秀员工决策：结果分析。

从层次总排序的结果看，张雪的权重（0.481 0）大于其他两位员工的权重，因此，最后的优秀员工为张雪。

对于准则层 B 的 7 个因子，出入库准确率和货品整齐度的权重最低（0.000 0），配货准确率（0.019 3）和先进先出比率（0.035 0）的权重都比较高，说明在决策中比较看重配货准确率和先进先出比率。

## 任务实施

阅读任务描述内容，回答以下问题。

1. 物流部门优秀员工决策中，目标层包括哪些内容？

______________________________________________

______________________________________________

______________________________________________

2. 物流部门优秀员工决策中，准则层包括哪些内容？

______________________________________________

______________________________________________

______________________________________________

3. 物流部门优秀员工决策中，方案层包括哪些内容。

______________________________________________

______________________________________________

______________________________________________

4. 如何使用层次分析法选择物流部门优秀员工？

______________________________________________

______________________________________________

______________________________________________

## 任务评价

在完成上述任务后，教师组织三方评价，并对学生任务执行情况进行点评。学生完成考核评价表（见表 6-25）的填写。

表 6-25　　考核评价表

| 班级 | | 团队名称 | | | | |
|---|---|---|---|---|---|---|
| 团队成员 | | | | | | |
| 考核项目 | | 要求 | 分值 | 学生自评（30%） | 团队互评（30%） | 教师评定（40%） |
| 知识能力 | 物流绩效层次结构分析 | 分析正确 | 20 分 | | | |
| | 构造判断矩阵 | 构造正确 | 20 分 | | | |
| | 分析排序结果 | 分析合理 | 30 分 | | | |
| 职业素养 | 团队协作精神 | 相互协作、相互帮助 | 10 分 | | | |
| | 工作态度 | 严谨认真 | 10 分 | | | |
| | 沟通表达能力 | 用词准确、表述流畅 | 10 分 | | | |
| 合计 | | | 100 分 | | | |

## 牛刀小试

**一、单选题**

1. 在层次分析法中，当（　　）时，认为判断矩阵的一致性是可以接受的。

A. $C.R.<1$　　B. $C.R.<0.1$　　C. $C.R.<0.01$　　D. $C.R.<0.001$

2. 在层次分析法中，总排序是指每一个判断矩阵各因素针对（　　）的相对权重。

A. 目标层　　B. 准则层　　C. 方案层　　D. 决策层

**二、多选题**

1. 层次分析法包括（　　）。

A. 目标层　　B. 准则层　　C. 方案层　　D. 决策层

2. 层次分析法计算权向量的方法有（　　）。

A. 特征根法　　B. 和法　　C. 根法　　D. 幂法

# 专业技能实训：改进企业物流绩效

## 任务描述

某公司是一家综合性物流服务提供商，主要提供生产前、生产中及生产后的相关物流服务，以及汽车零部件的生产和供应等配套服务。通过分析表 6-26～表 6-29，就可以对该公司整车物流业务有大概的了解。

表 6-26　　自营物流与配送现状

| 运输物流资产 | 厂外运输能力 | 厂内运输能力 | 汽车维修能力 | 起重作业能力 |
|---|---|---|---|---|
| 850 万元 | 4 500 万吨/小时 | 5 万吨/小时 | 5 万小时 | 7000 台/时 |

表 6-27　　仓储现状

| 项目 | 期初金额（亿元） | 入库金额（亿元） | 出库金额（亿元） | 结余金额（亿元） |
|---|---|---|---|---|
| 外购原材料与产成品库存 | 0. 32 | 4. 32 | 4. 41 | 0. 23 |
| 外购配件库存 | 0. 53 | 9. 61 | 9. 63 | 0. 51 |
| 备品配件库存 | 0. 95 | 1. 84 | 1. 94 | 0. 85 |

表 6-28　　原材料库存现状

| 年份（年） | 2019 | 2020 | 2021 | 2022 | 2023 |
|---|---|---|---|---|---|
| 库存占用资金（亿元） | 0. 9 | 1. 06 | 1. 89 | 3. 06 | 4. 39 |

表 6-29　　市场占有率

| 年份（年） | 2019 | 2020 | 2021 | 2022 | 2023 |
|---|---|---|---|---|---|
| 产品市场占有率 | 78% | 79% | 76% | 78% | 74% |

## 任务实施

阅读任务描述内容，回答以下问题。

1. 该公司物流成本绩效考核指标包括哪些内容？

______________________________

______________________________

2. 该公司物流成本绩效有哪些方面需要改进？

3. 选择一个合适方法对该公司物流成本绩效进行考核。

4. 简述提升该公司物流成本绩效的对策。

## 任务评价

在完成上述任务后，教师组织三方评价，并对学生任务执行情况进行点评。学生完成考核评价表（见表6-30）的填写。

表 6-30 考核评价表

| 班级 | | | 团队名称 | | | | |
|---|---|---|---|---|---|---|---|
| 团队成员 | | | | | | | |
| 考核项目 | | 要求 | 分值 | 学生自评（30%） | 团队互评（30%） | 教师评定（40%） |
| 知识能力 | 物流成本绩效考核指标要点分析 | 分析正确 | 20 分 | | | |
| | 改进物流成本绩效要点分析 | 分析合理 | 20 分 | | | |
| | 提升物流成本绩效对策分析 | 分析合理 | 30 分 | | | |
| 职业素养 | 团队协作精神 | 相互协作、相互帮助 | 10 分 | | | |
| | 工作态度 | 严谨认真 | 10 分 | | | |
| | 沟通表达能力 | 用词准确、表述流畅 | 10 分 | | | |
| 合计 | | | 100 分 | | | |

# 主要参考文献


［1］全国物流标准化技术委员会．物流术语：GB/T 18354—2021［S］．北京：中国标准出版社，2021：8.

［2］全国物流标准化技术委员会．企业物流成本构成与计算：GB/T 20523—2006［S］．北京：中国标准出版社，2007：9.

［3］中华人民共和国财政部．企业会计准则：2023 年版［M］．上海：立信会计出版社，2023.

［4］全国物流标准化技术委员会．仓储绩效指标体系：GB/T 30331—2021［S］．北京：中国标准出版社，2021：12.

［5］全国物流标准化技术委员会．物流企业分类与评估指标：GB/T 19680—2013［S］．北京：中国标准出版社，2014：12.

［6］全国物流标准化技术委员会．第三方物流服务质量及测评：GB/T 24359—2021［S］．北京：中国标准出版社，2021：11.

［7］中华人民共和国商务部．运输通道物流绩效评估与监控规范：GB/T 28531—2012［S］．北京：中国标准出版社，2012：6.

［8］全国物流标准化技术委员会．社会物流统计指标体系：GB/T 24361—2009［S］．北京：中国标准出版社，2009：9.

［9］全国质量管理和质量保证标准化技术委员会．卓越绩效评价准则：GB/T 19580—2012［S］．北京：中国标准出版社，2012：3.

［10］全国质量管理和质量保证标准化技术委员会．卓越绩效评价准则实施指南：GB/Z 19579—2012［S］．北京：中国标准出版社，2012：3.

［11］全国资产管理标准化技术委员会．资产管理 财务与非财务职能在资产管理活动中的一致性指南：GB/T 40831—2021［S］．北京：中国标准出版社，2021：10.

［12］北京中物联物流采购培训中心．物流管理职业技能等级认证教材（中级）［M］．2 版．南京：江苏凤凰教育出版社，2021.

［13］王桂花，万里．物流成本管理［M］．北京：高等教育出版社，2021.

［14］王科，刘书．物流成本管理实务［M］．2 版．上海：上海交通大学出版社，2022.

［15］应玉萍．目标成本管理下连锁超市逆向物流成本控制策略分析[J]．市场瞭望，2023（18）：105-107.

［16］张川，张涛．企业物流成本控制研究综述：进展、评价与建议[J]．财务研究，2019（2）：82-90.

［17］中华人民共和国财政部．关于印发《管理会计应用指引第 100 号——战略管理》等 22 项管理会计应用指引的通知：财会〔2017〕24 号[EB/OL]．（2017-09-29）［2024-05-07］．http：//kjs. mof. gov. cn/zhengcefabu/201710/t20171018_ 2727363. htm.

# 附 录

## 附录 A 企业常用会计科目表

表 A-1 企业常用会计科目表

| 编号 | 会计科目名称 | 编号 | 会计科目名称 |
|---|---|---|---|
| | 一、资产类 | 1471 | 包装物 |
| 1001 | 库存现金 | 1511 | 长期股权投资 |
| 1002 | 银行存款 | 1512 | 长期投资减值准备 |
| 1012 | 其他货币资金 | 1521 | 投资性房地产 |
| 1101 | 交易性金融资产 | 1531 | 长期应收款 |
| 1121 | 应收票据 | 1601 | 固定资产 |
| 1122 | 应收账款 | 1602 | 累计折旧 |
| 1123 | 预付账款 | 1603 | 固定资产减值准备 |
| 1131 | 应收股利 | 1604 | 工程物资 |
| 1132 | 应收利息 | 1605 | 在建工程 |
| 1221 | 其他应收款 | 1607 | 固定资产清理 |
| 1231 | 坏账准备 | 1701 | 无形资产 |
| 1401 | 材料采购 | 1702 | 累计摊销 |
| 1402 | 在途物资 | 1703 | 无形资产减值准备 |
| 1403 | 原材料 | 1711 | 商誉 |
| 1404 | 材料成本差异 | 1801 | 长期待摊费用 |
| 1405 | 库存商品 | 1811 | 递延所得税资产 |
| 1406 | 发出商品 | | 二、负债类 |
| 1407 | 商品进销差价 | 2001 | 短期借款 |
| 1412 | 周转材料 | 2201 | 应付票据 |

续 表

| 编号 | 会计科目名称 | 编号 | 会计科目名称 |
|---|---|---|---|
| 2202 | 应付账款 | | 五、成本类 |
| 2203 | 预收账款 | 5001 | 生产成本 |
| 2211 | 应付职工薪酬 | 5101 | 制造费用 |
| 2153 | 应付福利费 | 5201 | 劳务成本 |
| 2221 | 应交税费 | 5301 | 研发支出 |
| 2231 | 应付利息 | | 六、损益类 |
| 2232 | 应付股利 | 6001 | 主营业务收入 |
| 2241 | 其他应付款 | 6011 | 利息收入 |
| 2501 | 长期借款 | 6051 | 其他业务收入 |
| 2701 | 长期应付款 | 6111 | 投资收益 |
| 2901 | 递延所得税负债 | 6301 | 营业外收入 |
| | 三、共同类 | 6401 | 主营业务成本 |
| 3101 | 衍生工具 | 6402 | 其他业务支出 |
| 3201 | 套期工具 | 6403 | 营业税金及附加 |
| 3202 | 被套期项目 | 6411 | 利息支出 |
| | 四、所有者权益类 | 6601 | 销售费用 |
| 4001 | 实收资本 | 6602 | 管理费用 |
| 4002 | 资本公积 | 6603 | 财务费用 |
| 4101 | 盈余公积 | 6701 | 资产减值损失 |
| 4103 | 本年利润 | 6711 | 营业外支出 |
| 4104 | 利润分配 | 6801 | 所得税费用 |
| 4201 | 库存股 | 6901 | 以前年度损益调整 |

# 附录 B 企业会计报表（示例）

表 B-1 资产负债表

编制单位：重庆××股份有限公司 2022 年 12 月 31 日 单位：元

| 资产 | 期末余额 | 年初余额 | 负债和所有者权益 | 期末余额 | 年初余额 |
|---|---|---|---|---|---|
| 流动资产： | | | 流动负债： | | |
| 货币资金 | 3 938 550 | | 短期借款 | 288 400 | |
| 交易性金融资产 | 0 | | 交易性金融负债 | 0 | |
| 应收票据 | 17 360 | | 应付票据 | 19 600 | |
| 应收账款 | 79 800 | | 应付账款 | 73 160 | |
| 预付款项 | 37 600 | | 预收款项 | 18 335 | |
| 应收利息 | 0 | | 应付职工薪酬 | 7 000 | |
| 应收股利 | 0 | | 应交税费 | 28 000 | |
| 其他应收款 | 0 | | 应付利息 | 0 | |
| 存货 | 892 227 | | 应付股利 | 0 | |
| 一年内到期的非流动资产 | 0 | | 其他应付款 | 5 670 | |
| 其他流动资产 | 0 | | 一年内到期的非流动负债 | 185 000 | |
| 流动资产合计 | 4 965 537 | | 其他流动负债 | 0 | |
| 非流动资产： | | | 流动负债合计 | 625 165 | |
| 可供出售金融资产 | 0 | | 非流动负债： | | |
| 持有至到期投资 | 0 | | 长期借款 | 382 840 | |
| 长期应收款 | 0 | | 应付债券 | 0 | |
| 长期股权投资 | 174 200 | | 长期应付款 | 0 | |
| 投资性房地产 | 0 | | 专项应付款 | 0 | |
| 固定资产 | 1 852 880 | | 预计负债 | 0 | |
| 在建工程 | 0 | | 递延所得税负债 | 0 | |
| 工程物资 | 0 | | 其他非流动负债 | 0 | |
| 固定资产清理 | 0 | | 非流动负债合计 | 382 840 | |
| 油气资产 | 0 | | 负债合计 | 1 008 005 | |
| 生产性生物资产 | 0 | | 所有者权益： | | |

续　表

| 资产 | 期末余额 | 年初余额 | 负债和所有者权益 | 期末余额 | 年初余额 |
|---|---|---|---|---|---|
| 无形资产 | 17 300 | | 实收资本（或股本） | 5 769 351 | |
| 开发支出 | 0 | | 资本公积 | 140 000 | |
| 商誉 | 0 | | 减：库存股 | 0 | |
| 长期待摊费用 | 0 | | 盈余公积 | 89 600 | |
| 递延所得税资产 | 0 | | 未分配利润 | 2 961 | |
| 其他非流动资产 | 0 | | 所有者权益合计 | 6 001 912 | |
| 非流动资产合计 | 2 044 380 | | | | |
| 资产总计 | 7 009 917 | | 负债和所有者权益总计 | 7 009 917 | |

单位负责人：　　　　会计主管：　　　　复核：　　　　制表：

**表 B-2**　　　　**利润表**

编制单位：重庆××股份有限公司　　　　2022 年 12 月　　　　单位：元

| 项目 | 本期金额 | 上期金额 |
|---|---|---|
| 一、营业收入 | 3 765 000 | |
| 减：营业成本 | 1 986 000 | |
| 营业税金及附加 | 116 000 | |
| 销售费用 | 69 600 | |
| 管理费用 | 42 860 | |
| 财务费用 | 14 900 | |
| 资产减值损失 | | |
| 加：公允价值变动收益（损失以“-”号填列） | | |
| 投资收益（损失以“-”号填列） | | |
| 其中：对联营企业和合营企业的投资收益 | | |
| 二、营业利润（亏损以“-”号填列） | 1 535 640 | |
| 加：营业外收入 | 24 000 | |
| 减：营业外支出 | 6 000 | |
| 其中：非流动资产处置损失 | | |
| 三、利润总额（ 亏损总额以“-”号填列） | 1 553 640 | |
| 减：所得税费用 | 86 150 | |
| 四、净利润（净亏损以“-”号填列） | 1 467 490 | |

单位负责人：　　　　会计主管：　　　　复核：　　　　制表：

表 B-3 **现金流量表**

编制单位：重庆××有限公司 2022 年 12 月 单位：元

| 项目 | 本期金额 | 上期金额 |
|---|---|---|
| 一、经营活动产生的现金流量： | | |
| 销售商品、提供劳务收到的现金 | 26 000 | |
| 收到的税费返还 | 0 | |
| 收到的其他与经营活动有关的现金 | 0 | |
| 经营活动现金流入小计 | 36 000 | |
| 购买商品、接受劳务支付的现金 | 19 200 | |
| 支付给职工以及为职工支付的现金 | 2 000 | |
| 支付的各种税费 | 3 600 | |
| 支付的其他与经营活动有关的现金 | 0 | |
| 经营活动现金流出小计 | 34 620 | |
| 经营活动产生的现金流量净额 | 1 380 | |
| 二、投资活动产生的现金流量： | | |
| 收回投资收到的现金 | 2 000 | |
| 取得投资收益所收到的现金 | 180 | |
| 处置固定资产、无形资产和其他长期资产收回的现金净额 | 220 | |
| 收到的其他与投资活动有关的现金 | 0 | |
| 投资活动现金流入小计 | 2 400 | |
| 购建固定资产、无形资产和其他长期资产所支付的现金 | 2 260 | |
| 投资支付的现金 | 10 400 | |
| 取得子公司及其他营业单位支付的现金净额 | 0 | |
| 支付的其他与投资活动有关的现金 | 0 | |
| 投资活动现金流出小计 | 12 660 | |
| 投资活动产生的现金流量净额 | -10 260 | |
| 三、筹资活动产生的现金流量： | | |
| 吸收投资收到的现金 | | |
| 取得借款收到的现金 | 14 000 | |
| 收到的其他与筹资活动有关的现金 | | |
| 筹资活动现金流入小计 | 14 000 | |

续 表

| 项目 | 本期金额 | 上期金额 |
| --- | --- | --- |
| 偿还债务支付的现金 | | |
| 分配股利、利润或偿付利息支付的现金 | 1 600 | |
| 支付的其他与筹资活动有关的现金 | | |
| 筹资活动现金流出小计 | 1 600 | |
| 筹资活动产生的现金流量净额 | 12 400 | |
| 四、汇率变动对现金及现金等价物的影响 | 0 | |
| 五、现金及现金等价物净增加额 | 3 520 | |
| 加：期初现金及现金等价物余额 | 12 000 | |
| 六、期末现金及现金等价物余额 | 15 520 | |

参考答案